民营企业国有股权
及其效用研究

A STUDY ON THE EFFECTIVENESS OF
STATE OWNERSHIP IN PRIVATE SECTOR ENTERPRISES

余汉　宋增基◎著

社会科学文献出版社
SOCIAL SCIENCES ACADEMIC PRESS (CHINA)

　　本书的主要研究工作得到了中国博士后科学基金（项目编号：2018M643419）、国家社会科学基金（项目编号：14BGL047）的资助。在本书出版之际，感谢上述两个课题组成员冯业栋、张铄、曾根云、黄宇荐、杨百里、姜雪等的共同研究。最后，感谢重庆大学经济与工商管理学院对本书出版给予的资助。

内容提要

　　随着改革开放的持续深入与国家经济的高速增长，中国民营企业在当前呈现迅猛发展的良好态势，其经济规模明显扩大，公司治理结构不断改善，经营管理水平也不断提高。然而，与大型国有企业相比，民营企业在融资、进入相关行业等方面仍面临较多的限制。我国作为经济转型国家，政府依然掌控着国民经济发展急需的重要信息与资源，企业要想获取发展所需的关键经济资源必须经过政府审批，因此企业需要和政府处理好关系。于是，民营企业就会谋求与政府部门建立政治关联，从而使自身利益得到最大满足。

　　与以往研究将民营企业家个人政治身份作为公司的政治关联方式不同，本书将民营企业中含有的国有股权视为一种重要的政治关联机制，对非控股国有股权在民营企业中的股东行为、政治关联效应及其作用效果进行了理论分析与实证检验。研究发现，民营企业中具有董事会席位的国有股能够提高企业绩效，其机制在于：国有股权依靠其与政府的天然联系，能够为民营控股公司带来更多的银行贷款，并且增加了企业进入高壁垒行业的机会，这有助于企业获得更多的经济资源与发展空间，从而促进企业的经营发展。同时，具有董事会席位但并非公司控股股权的国有股，对企业的经营决策很难产生决定性影响，并不能够充分发挥其对民营企业控股股东的制衡作用，对民营控股股东的掏空行为的抑制作用并不明显。政治关联能够有效提升民营企业的私有产权水平，对其投资水平和技术创新都有着显著的正向影响。与此同时，国有股权的政治关联方式在提升民营企业私有产权保护水平上比民营企业家参政的效果更好。民营控股公司是否含有非控股国有股权对其是否发放现金股利有显著影响，含有非控股国有股权的民营企业更不倾向于发放现金股利。民营控股公司中非控股国有股权的持股比例对其是否发放现金股利有显著影响，非控股国有股权比例高的民营企业更不倾向于发放现金股利。民营控股公司是否含有非控股国有股权对其发放现金股利的力度有显著影响，含有非控股国有股权的民营企业发放每股股利的额度以及股利分配率可能会更低。民营控股公司中非控股国有股权的持股比例对其发放现金股利的力度有显著影响，非控股国有股权比例越高的民营企业发放每股股利的额度以及股利分配率可能会更低。此外，对全样本企业来说，企业净利润增长率与现金股利发放表现为不显著的正相关关系；但对含有非控股国有股权的民营企业来说，企业净利润增长率与现金股利发放力度呈显著的负相关关系。

与此同时，本书将民营企业家的社会资本视为一种重要的隐性政治资本。本书以中国民营控股上市公司为样本，对民营企业拥有不同类型的政治资本在企业运营过程中的作用机制及其效果进行了理论与实证研究。结果发现，民营企业拥有一定的政治资本能显著影响其定向增发的审批时间、审批结果及融资规模。其中，企业家社会资本能显著缩短定向增发的审批时间，而民营企业家参政和国有股权这两种显性政治资本则对审批时间不具有显著的影响。国有股权对融资额度的影响最为显著，民营企业家参政及企业家社会资本对融资额度则无显著影响。关于审批通过率，国有股权及民营企业家参政这些显性政治资本均对审批结果有显著影响，隐性政治资本（企业家社会资本）则不具有显著影响。相较于其他条件相同的民营企业来说，具有金融机构工作背景的企业家能够帮助公司获得更多的金融支持，具有政府机构工作背景或干部家庭背景的企业家能够帮助公司更顺利地进入壁垒行业。与此同时，企业家如果具有国有部门工作背景或干部家庭背景，相比民营企业家参政对经济资源获取所发挥的作用更大，能够帮助公司获得更多的金融支持与发展空间。企业政治关联会增强社会责任信息披露与债务融资成本之间的负相关关系，即企业政治关联可能会影响债权人在进行债务决策时对社会责任信息披露的依赖程度，从而呈现社会责任信息披露和债务融资成本之间的关系被削弱的结果。具有政府工作背景的企业家能够帮助公司获得更多的资源来提高公司绩效，企业家在政府部门的工作时间亦能够正向影响公司绩效。民营企业拥有的政治资本能显著增加其进入壁垒行业的机会，其中，隐性政治资本即企业家社会资本对企业进入壁垒行业的影响最大，国有股权次之，民营企业家参政的影响最小。

本书结合中国的国情，将民营企业所处地区的制度环境分为不同的类别，实证检验了企业政治资本在不同制度环境下的作用效果。在不同的制度环境水平下，民营企业不同类型的政治关联方式对私有产权保护水平的影响存在显著差异。企业政治关联对社会责任信息披露与债务融资成本之间的调节作用受地区制度环境的影响。在制度环境差的地区，企业政治关联对社会责任信息披露与债务融资成本之间关系的削弱作用更为显著。在法制环境较好的地区，企业能够进入高壁垒行业，更多地基于其本身的质量；而在法制环境较差的地区，国有股权为降低壁垒门槛起到了积极作用。在法制环境不甚完善，金融市场不够发达，政府干预力度较大的地区，企业家的隐性政治资本对公司绩效提升能够发挥更大的作用。民营企业的政治资本是一种有效的外部制度替代机制，在地方产权保护力度较弱、民营经济发展水平较低、政府干预程度较大的环境下，政治资本能起到有效的保护作用，对企业进入高壁垒行业具有积极的影响。而随着制度环境的改善，显性政治资本的影响将减弱，隐性政治资本仍能继续发挥作用。

目　录

1 民营企业国有股权研究概览 …………………………………… 001

1.1 研究背景 …………………………………………………… 001

1.2 研究意义 …………………………………………………… 003

1.3 本书的主要内容 …………………………………………… 004

2 理论基础 ……………………………………………………… 009

2.1 政治资本理论 ……………………………………………… 009

2.2 社会资本理论 ……………………………………………… 011

2.3 "无形之手"、"支持之手"与"掠夺之手" ………………… 013

2.4 资源基础理论 ……………………………………………… 014

2.5 制度基础观 ………………………………………………… 015

2.6 产权保护理论 ……………………………………………… 016

2.7 行业壁垒 …………………………………………………… 018

2.8 民营企业融资问题 ………………………………………… 019

3 中国民营企业发展历史、现状与未来展望 ………………… 021

3.1 民营企业的概念 …………………………………………… 021

3.2 中国民营企业的发展现状 ………………………………… 022

3.3 中国民营企业发展宏观统计指标 ………………………… 023

3.4 混合所有制改革 …………………………………………… 033

4 民营控股公司中的国有股东行为与企业绩效 ·················· 038

    4.1 研究基础 ··· 038

    4.2 理论分析与研究假设 ································· 040

    4.3 研究设计 ··· 044

    4.4 实证结果及分析 ····································· 047

    4.5 本章小结 ··· 055

5 国有股权的政治关联效应 ·································· 057

    5.1 研究基础 ··· 057

    5.2 理论分析与研究假设 ································· 059

    5.3 研究设计 ··· 063

    5.4 实证结果及分析 ····································· 067

    5.5 本章小结 ··· 081

6 国有股权与私有产权保护机制的关系 ··················· 083

    6.1 研究基础 ··· 083

    6.2 理论分析与研究假设 ································· 084

    6.3 研究设计 ··· 087

    6.4 实证结果及分析 ····································· 089

    6.5 本章小结 ··· 098

7 国有股权与现金股利政策的关系 ························· 100

    7.1 研究基础 ··· 100

    7.2 理论分析与研究假设 ································· 102

    7.3 数据来源和研究设计 ································· 106

    7.4 实证检验与分析 ····································· 112

    7.5 本章小结 ··· 123

8　企业政治资本与公司定向增发的关系 ·················· 125

8.1　研究基础 ··· 125

8.2　理论分析与研究假设 ······································· 126

8.3　样本与研究方法 ··· 129

8.4　实证结果及分析 ··· 132

8.5　本章小结 ··· 143

9　企业家社会资本与公司资源获取 ························· 145

9.1　研究基础 ··· 145

9.2　理论分析与研究假设 ······································· 147

9.3　研究设计 ··· 152

9.4　实证结果及分析 ··· 157

9.5　本章小结 ··· 165

10　政治关联视角下企业社会责任与债务融资成本的关系 ·········· 169

10.1　研究基础 ·· 169

10.2　理论分析与研究假设 ······································ 172

10.3　数据来源和研究设计 ······································ 182

10.4　实证检验和分析 ·· 186

10.5　本章小结 ·· 204

11　企业显性政治资本与制度环境效应 ···················· 206

11.1　研究基础 ·· 206

11.2　理论分析与研究假设 ······································ 209

11.3　数据来源和研究设计 ······································ 213

11.4　实证检验和分析 ·· 216

11.5　本章小结 ·· 229

12 企业家隐性政治资本与制度环境效应 ·········· 231

12.1 研究基础 ·········· 231

12.2 理论分析与研究假设 ·········· 233

12.3 样本与研究方法 ·········· 235

12.4 实证结果及分析 ·········· 238

12.5 本章小结 ·········· 245

13 企业政治资本在不同制度环境下的公司资源获取 ·········· 249

13.1 研究基础 ·········· 249

13.2 理论分析与研究假设 ·········· 251

13.3 研究设计 ·········· 254

13.4 实证结果及分析 ·········· 259

13.5 本章小结 ·········· 273

14 主要结论 ·········· 275

14.1 研究结论 ·········· 275

14.2 研究启示 ·········· 277

参考文献 ·········· 279

1　民营企业国有股权研究概览

1.1　研究背景

改革开放以来，中国的民营经济如星星之火，不断蓬勃发展，至今所创造的生产总额已超过国内生产总值的 60%，所缴纳的税收和提供的就业岗位均超过全国总量的 70%。民营经济在促进国家经济发展、增加财政税收、解决就业等方面发挥了巨大的作用，甚至在推动国家经济结构转型、技术创新上都有着重要的影响。民营企业数量众多、分布广泛且经营灵活，有利于全面吸收社会就业，在不断创造劳动力需求的同时也促进了社会稳定。同时，与大型国有企业相比，民营企业规模较小、机制灵活，在知识和技术密集型产业逐步取代劳动密集型产业的趋势下，民营企业能更快地顺应时代的变化，做出技术革新的调整，推动社会整体的技术进步。民营经济的健康发展为推动我国走向富强、成为世界强国发挥着至关重要的作用。

然而，民营经济体的发展并不是一帆风顺的，而是艰难前行。由于我国的社会主义市场经济体制是由计划经济体制转变而来，"公有的""国家的"天然就具有优势，而"私有的""个人的"天然就处于劣势。在经营发展方面，民营企业普遍遭遇瓶颈与阻碍，难以获得与国有企业同等的地位与待遇，因而有所谓的"融资难""融资贵"问题。在法律政策方面，国家对私有产权的保护力度较弱，民营企业的合法利益容易受到侵占，而政策支持又不到位，民营企业缺乏良好的竞争环境。此外，我国政府仍长期将其"看得见的手"伸向市场，市场的交易规则仍难以做到公平、公正、公开；政府在稀缺资源的配置上更是严格管控，并设置层层壁垒，使民营企业受到市场准入的限制（徐业坤、李维安，2016）。

Allen 等（2005）为此提出了著名的"中国发展之谜"：与西方发达的市场经济体制相比，为何中国在法律体系尚不健全、金融发展水平较低的情况下，经济却能得到飞速发展，尤其是民营经济。这也违背了 La Porta 等（1998）提出的法律与经济发展理论。对此，国内外许多学者展开研究，发现中国的民营企业正是找到了一种制度内的替代机制，即政治关联，使得经济潜力得到了充分释放。Faccio（2006）通过对多个国家（地区）的调查研究发现，企业拥有政治关联的现象广泛存在于各国的经济中，尤其是在一些法律体系还不健全或政府干预较为严重的国家。在日益激烈的市场竞争环境下，企业也转向依靠政治策略以获取政府的支持与保护，将政治关联视为企业发展的重要资源。

在民营企业的发展进程中，企业家参与政治的现象已屡见不鲜。这些民营企业家在获得较高经济成就的同时，也试图在国家政治领域发挥自身的影响力。1998 年新希望集团董事长刘永好先生当选全国政协常委，2004 年浙江传化集团董事长徐冠巨先生当选为浙江省政协副主席，张近东（苏宁电器）、刘永好（新希望）、王文京（用友软件）等民营企业家以人大代表或政协委员的身份参加了 2011 年全国两会。民营企业家积极参与政治，一是出于对个人政治身份的追求，二是出于对企业利益的诉求。企业家通过合法的政治渠道参与政府的工作，在参政议政中举手表决通过政策文件、表达自己的诉求、建立与政府部门或官员的紧密联系，均有助于企业在一定程度上获得来自政府的支持与保护。除了企业家自身通过担任人大代表或政协委员建立与政府的关联外，民营企业也热衷于聘请政府官员来企业任职，比如浙江吉利集团聘请前副厅级官员徐刚担任集团的 CEO，徐刚曾经先后任职于浙江省台州市黄岩区财税局、浙江省财政厅等政府职能部门。

正是由于企业的发展容易受国家政策、法律法规的影响，建立与政府部门的良好关系也就成了企业发展策略的重要组成部分。民营企业通过各种途径寻求构建与各级政府机构关联的机会，从而使其与政府部门的沟通更为充分，并且可以为企业带来有效的法律保障和经济资源（朱建军、张蕊，2016；刘凝霜，2016；Firth et al.，2009；Li and Zhang，2010）。产业竞争激烈、发展空间有限的民营企业积极寻求建立与政府的关联以获得与国有企业相同的"国民待遇"，因而本书对当前民营企业中广泛存在的政治关联现象展开研究，分析民营企业与政府建立政治关联的内在机理，为解释我国民营企业寻找发展路径提供理论依据。

1.2　研究意义

中国正处于经济转型时期，与市场经济相对应的一系列规章制度尚不完善，政府角色也未完全转型，市场的很多行为仍是面向政府，制度环境成为民营经济发展的重要影响因素。若民营企业与政府部门或官员之间建立了紧密的联系，将有助于企业在项目审批、税收优惠、政策扶持等方面获得较大的优势，同时也为企业传递出良好的声誉，帮助企业获得来自金融机构等各相关方的认同与信任，从而为民营企业的快速发展奠定坚实基础。因此，对我国民营企业普遍存在的政治关联现象进行深入探讨，剖析其内在机制，分析政治关联的作用机理及其影响效果，在为我国民营企业的发展路径提供经验证据支持的同时，也为我国的市场经济改革提供有益的政策参考。

以往关于民营企业政治关联的研究大都集中于企业家的政治参与，即企业实际控制人或公司高管通过担任各级人大代表或政协委员等方式参与政府工作，从而为企业谋求经济利益与法律保护。但还有一种尚未广泛引起学者关注的政治关联方式，即民营企业通过在公司股权结构中引入或保留一定比例的国有股权（王砚羽等，2014），从而使企业与政府建立一种"共生"关系。与企业家个人的政治参与相比，这种建立在制度层面上的政治资本是一种更为直接且有效的联系，这种政治关联方式对企业获得来自政府的帮助有何效用值得探讨。同时，国有股权在民营企业中如何发挥作用，它与民营企业家参政的方式又存在何种关系，这些都值得我们进行深入分析。另外，除了上述的显性政治关联之外，还有一种隐性政治关联方式尚未引起学者们的广泛关注。在中国特殊的社会文化背景下，这种基于企业家社会关系而形成的社会资本也在企业寻求政治关联的过程中起到了非常重要的作用。因此，本书有助于我们对政治关联有更深、更广的认识，为全面了解民营企业政治关联及其影响提供了新的视角。

综上所述，本书对民营企业政治关联的研究不仅具有较强的现实意义，而且在理论上丰富了其内涵。本书拓展了我们对公司治理理论的认识。传统的公司治理理论主要基于股权分散情形，集中于公司代理人制度等内部治理，而本书对国有股权这种政治关联方式的研究基于股权的性质，探讨法制环境、人文环境等公司外部因素对公司治理的影响，扩展了公司治理的研究范畴，为更好地理解企业行为提供合理解释。另外，本书还将管理学和社会学领域的社会资本理论引入公司金融的研究范畴，拓展了现有民营企业政治关联的研究领域。

1.3 本书的主要内容

（1）民营控股公司中的国有股东行为及其政治关联效应

国有股是指有权代表国家投资的部门或机构以国有资产向公司投资形成的股份。理论分析表明，由于国有股有效持股主体出现缺位，出资人权利不能直接有效发挥，只能通过特殊的多级委托代理关系由政府官员或其指定任命的代理人代为行使，故国有股权与政府部门有着天然的联系。在当前的经济转型过程中，政府的权威仍然是基于它对各种资源和机会的垄断控制，然后由政府官员阶层来维持并得以强化（谢琳等，2012）。尽管有研究表明民营企业在公司治理方面可能具有一定的优势（李亚、郝臣，2015），但在中国现有的经济体制下，不可否认国有股权在产权保护、资源获取、行业扩张等经营战略方面有着先天优势，引入国有股权正是民营企业建立政治关联的重要渠道。

政府是企业的外部利益相关者，中国民营控股公司董事会通常承担着与政府部门保持政治联系的职能。公司首先是通过国有股东与政府部门保持一定程度的联系；此外，利用董事会中代表国有股东的董事帮助公司抵消法制经济等制度环境方面的负面效应，并为公司争取相关利益。在现代公司的委托代理关系中，公司董事会是由股东大会直接选举产生，并直接代表股东利益行使权力。委托代理理论认为，董事会的主要职责就是监督经理层可能出现的机会主义行为。而资源依赖理论认为，董事会的另一个重要职能是资源配置。一些持利益相关者理论的学者也有类似看法（Hillman et al. , 2001），资源配置职能直接涉及董事会如何分配利用资源。这里所指的资源，其定义为：对于一个既定公司的任何使其更加壮大或削弱的东西。Hillman 和 Dalziel（2003）通过分析认为，董事会的职能主要包括：①咨询与建议；②保障公司合法性；③建立公司与外部沟通的渠道；④争取公司外部资源的支持。在 Hillman 和 Dalziel（2003）的研究模型中，董事会中董事的职能被抽象为两个主要职能：监管和提供资源。对于国有股不占控股地位的民营控股公司来说，代表国有股东的董事所起的主要作用更多的是资源提供而不是监管，这可能也正是民营企业所需要的结果。

通过以上分析，我们认为民营企业引入国有股权的主要动机是努力建立与政府部门之间的"共生关系"，从而为企业自身的生存与发展营造有利的政治环境。民营企业通过政治关联的方式直接参与地方政府的区域发展计划，也在一定程度上承担了地方经济发展的责任。实际情况也表明，为了获取政府提供的优惠政策及待遇，民营企业也愿意介入地方政府的事务中，设法使自己带有官方色彩，并成为"体制内"的一员，从而获取更大的商业利益。与此同时，地方政府（或国有企业）在利益动机或政绩考核的驱动下，也会在全新的体制框架（如目前的混合所有制改革）内谋求与民营企业建立一种制度性联系。经过反复博弈，政府部门与民营企业之间通常会构建一种合作双赢的关系。在这种情况下，博弈双方的利益都会增加，或是在一方利益不受损害的前提下，另外一方的利益增加，进而全社会的利益都会增加。

我们在深入分析代表国有股的董事及其主要职能的基础上，将民营控股公司中含有的国有股权这一制度层面上的政治资本视为一种重要的政治关联途径。分别从理论与实践层面，分析了中国民营控股上市公司中国有股权的政治关联机制，对国有股权在民营企业中的政治关联效应进行了实证检验。

（2）国有股权对民营企业经济行为与效果的影响

近年来，已有大量文献证实民营企业家的政治参与有助于公司获取各种资源，比如兼并收购（Zhang and Mauck，2018）、进入壁垒行业（Chen et al.，2014）、融资便利（Wang，2015）、多元化经营（郑建明等，2014）、获取政府补贴（Tao et al.，2017）等，进而提升公司绩效（张天舒等，2015）。

而对于含有部分国有股权的民营企业来说，这种政治关联方式同样也能起到民营企业家参政的作用。这是因为，国有股权与代表国有股的股东在民营控股公司中起到了一种较为直接、在制度层面上的政治关联作用，也就是说，民营企业中含有的部分国有股权是维持民营企业与政府之间"关系"的纽带。民营企业通过引入国有股权为公司发展营造了适宜的政治生态，也为企业提供了一种隐性的政府担保。同时，国有股东的存在为企业与政府的沟通提供了很大的便利，有助于企业获得政府的支持，降低了企业获取资源的交易成本。另外，国有股权也具有逐利性，政府持股所代表的部分国有股权要想获得更多的利润，只有让民营企业获得更大的发展空间与更多所需的资源，因而政府会在政策支持上给予民营企业更多的便利。因此，国有股权存在于民营企业中，可能会使政府对这类企业的"所有制歧视"有所减少，进而保护了企业产权。

我们对民营控股公司引入或保留国有股权这种制度层面上的政治关联方式对公司经济行为与效果的影响进行了深入研究，探讨了国有股权与民营企业家参政这两类不同政治关联方式的相互关系，可细分为国有股权对企业经营绩效、融资便利、进入壁垒行业、私有产权保护、现金股利政策、定向增发等方面的影响。

（3）隐性政治资本对民营企业的经济影响

关于民营企业的政治关联，已有大量文献进行了研究。根据现有文献，民营企业的政治关联大致可以分为两类。

第一类：显性政治关联。一般指民营企业家参政议政以及拥有一定的政治身份或使国有部门拥有民营企业的部分所有权，从而与政府部门建立关联。通常情况下，我国民营企业家进行政治参与的方式大致可以分为以下几种：①进入不同级别的人大、政协；②在工商联、青联、妇联等社团组织任职；③加入中国共产党或其他民主党派。已有的国内外研究大都集中在民营企业家参政范畴。还有一种近年来为少数学者所研究的显性政治资本，是民营企业在公司股权结构中引入（保留）一定比例的国有股权（王砚羽等，2014）。宋增基等（2014）指出民营企业含有部分国有股权能与政府建立一种天然联系，通过在制度层面上与政府确立合作关系，从而与政府形成体制性关联并从中获取便利。Song 等（2017）研究发现这种建立在国家制度层面上的政治资本能为民营企业带来更多的银行贷款、经营许可等经济资源，并在影响程度上强于民营企业家参政的作用。

上述研究结果显示，企业运用显性政治关联这一方式能够得到政治庇护，并可以更方便地获取政府提供的各种经济资源，进而提升公司的财务业绩与价值。显性政治关联的相关研究可参见文献（Xu et al.，2013；Xu et al.，2015；邓新明，2011；李国民、高松，2015）。需要指出的是，显性政治关联是建立在国家正式的制度和法律的基础之上，民营企业能够与各级政府机构、部门形成较为稳定的制度性联系。

第二类：隐性政治关联。这一政治关联方式通常是以私人关系为纽带，而不是建立在国家正式制度的基础上，因而企业与政府间通常会形成非正式的利益关系。这类政治联系得不到任何法律条文的保护，所以是一种非官方的联系。民营企业家大多是由国家产经部门官员和国企的高管转变而来，他们熟悉政府部门运作的各个环节，拥有包括其亲属、同学、战友、同乡、原同事在内的各种人脉关系。因此有相当数量的民营企业会聘请拥有一定影响力的前任政府官员、国企高管到本企业任职以获取政治资本（Chen et al.，2011）。从本质上来说，他们发挥了民营企业与政府机构进行沟通交流的作用，并帮助企业与政府达成政治关联，从而让企业能够获取政治上的保护以及政府提供的经济资源。

根据我们前期的省际调查研究，超过70%的民营企业具有各种层面的隐性政治关联。基于中国经济体制特点，具有隐性政治关联的民营企业，在与政府、银行和国有企业打交道时，民营企业家能较快地与核心政治人物之间建立稳定的关系。这使民营企业更容易获取经济资源，并促进企业竞争力提升，从而实现企业权益的最大化。因此，我们可以认为，隐性政治关联是民营企业至关重要的一种政治关联方式。但对于民营企业的这种政治关联机制，由于具有较高的隐蔽性、变量刻画的复杂性及数据搜集的难度较高，学术界在该领域鲜有全面的、有深度的理论及数量分析。

我们基于新的视角，探讨了民营企业家隐性政治资本的作用机制，深入分析企业家隐性政治资本及显性政治资本对公司经济资源获取的影响，全面理解民营企业形成政治关联的内在逻辑，补充并拓展了民营企业政治关联的研究内涵。

（4）民营企业政治资本在不同制度环境下对公司的经济影响

民营企业的发展依赖其所处的制度环境。从本质上来说，政治关联通常是企业在所处各种制度背景下的一种替代性机制（赵峰、马光明，2011）。实际上，公司政治关联能否发挥关键作用还依赖于其所处的制度环境。如果企业所处的环境不利于产权保护，企业的政治资源不但可以维护自身的合法权益不受损害，还可以让企业免受政府部门的不公正待遇；如果企业处于税负较重的地区，其与地方政府的紧密关系可以在一定程度上消除这种负面效应（Su and Fung，2013）。与发达的市场经济体相比，中国对非公有制企业的合法产权缺乏有效的保护，具体的表现为，地方政府可以随意地干涉企业的正常经营；在国家正式的政策法规中，对非公有制经济的制度保障也存在一定的欠缺（Xu，2011）。

我国各个省份由于地理位置、资源禀赋以及国家政策法规的差异，其市场化程度也存在明显的不同。余明桂和潘红波（2008a）通过研究发现，在制度环境较好的省份，民营企业更愿意基于市场化原则来获取经济资源；而在制度环境较差的省份，民营企业则更倾向于依靠政治资本来获取经济资源。某个地区的产权保护水平越低、政府干预力度越大以及经济发展水平越差，则当地企业同地方政府部门形成政治关联的可能性就越大（李四海、陈祺，2013）。

我们在民营企业所处制度环境存在较大差异的情况下，重点探讨了企业不同类型的政治资本及其制度环境对公司经济效果的影响，系统分析了各种政治关联方式之间的相互关系，拓展了民营企业政治关联与制度环境的研究范畴。

2 理论基础

2.1 政治资本理论

政治资本（Political Capital）也称政治关联（Political Connection），是企业与政府间形成的一种正式或非正式的特殊关系。具体而言，企业的政治关联与政治腐败、商业贿赂等方面具有完全不同的内涵（Faccio，2006）。Fisman（2001）最早提出"政治关联"这一理论概念，他在研究与印度尼西亚前国家领导人苏哈托关系紧密的上市公司时发现，受苏哈托病情恶化的影响，这些公司的股价也随之大幅下跌，他认为政治关联是公司所有人或高管与政府官员之间建立的紧密私人关系。孙铮等（2005）通过对中国的上市公司进行实证研究提出，政治关联是企业家个人与相关政府部门负责人之间保持的紧密联系。由于各国的政治经济制度存在较大差异，因此不同国家的政治关联渠道也具有一定程度上的区别，学者们基于自身所处的文化、制度对"政治关联"这一理论概念给出了不同的界定方式。国外学者主要从以下几个方面定义了政治关联。

第一，从私人关系的视角出发，考察企业高层与政府官员之间建立的私人关系。Agrawal 和 Knoeber（2001）针对美国较为完善的法律体系和经济市场将企业家个人与在政府中担任要职的官员之间建立的私人关系界定为政治关联。在马来西亚等东南亚国家，与政府高级官员（总理、部长）交往密切的公司大股东或高管即被视为企业的政治关联（Johnson and Mitton，2003）。在德国，政治关联被界定为与执政党重要人物过从甚密的公司监事会成员或高管（Ferguson and Voth，2008）。

第二，从个人政治身份的视角出发，考察企业家或高层自身拥有的政治身份或头衔。例如，在很多美国的上市公司中，其公司高层曾经任职政府议员或其他高官或者现拥有某政府机构的头衔，即可看作该公司具有一定的政治关联（Faccio，2006）。Bertrand等（2007）指出，在法国，若上市公司的首席执行官毕业于精英学校，或者在政府中任过职，就可以认为该公司具有政治关联。

第三，从利益的视角出发，考察企业的政治献金。在西方国家的民主政治体制下，美国与德国的上市公司普遍依赖游说（Lobby）集团向国会议员进行政治献金（Campaign Finance），从而制定出对公司有利的法律政策（Claessens et al.，2008；Ferguson and Voth，2008）。

已有相关研究指出，政治关联在本质上是出于个体或组织对利益的追求，并且主要是基于对物质利益的考量，大多寻求以较小的成本获取最大的收益（李维安等，2010b）。由于我国的民营企业是在各种制度、法制环境不成熟条件下逐渐成长并发展起来的，说明或许存在某些替代机制促成了其快速发展，这也是很多相关文献将民营上市公司作为研究对象的重要原因。

关于民营企业政治关联的研究，如今已有很多学者以微观层面为基础并进行了相当数量的实证分析。根据前期的积累，我国民营企业的政治关联方式大致可以分为两类。

第一类：显性政治关联。一般指民营企业家参政议政以及拥有较高级别的政治身份或在公司所有权安排中引入一定比例的国有股权，从而与政府部门建立关联。通常情况下，我国民营企业参政的方式主要有：当选为不同级别的人大代表、党代表或政协委员（谢琳等，2012；潘红波等，2008）；在工商联、青联、妇联等社团组织任职（张祥建、郭岚，2010）；加入中国共产党或其他民主党派（Li et al.，2008）。民营企业通过这些显性的政治联系，有机会接近政治权力中心，从而寻求政治保护并谋取经济利益。已有的国内研究大都集中在民营企业家或公司高管的参政范畴。

另外，也有学者将民营控股公司中含有的部分国有股权视为其政治关联的重要途径（宋增基等，2014）。由于国有股权代表国家利益，并由政府部门作为持股代表，民营企业通过在所有权结构中安排一定比例的国有股权，即能在企业层面上建立与政府的直接联系。虽然民营企业在灵活运营与有效监督上具有一定优势，但不可否认的是，在中国当前经济政治制度下，国有股权在所有制上仍具有相当优势。民营企业含有一定比例的国有股权将不仅能弥补制度环境的缺陷，还能在资源获取上得到较大帮助，从而有助于民营企业的绩效提升（Song et al.，2015）。

需要指出的是，显性政治关联通常是建立在国家正式的法律和制度之上，因而企业与各级政府间能够形成较为稳定的制度性联系。

第二类：隐性政治关联。这一政治关联方式通常是以私人关系为纽带，而不是建立在国家正式制度的基础上，因而企业与政府间通常会形成非正式的利益关系。这类政治联系得不到任何法律条文的保护，所以是一种非官方的联系。民营企业家大多是由国家产经部门官员和国企的高管转变而来，他们熟悉政府部门运作的各个环节，拥有包括其亲属、同学、战友、同乡、原同事在内的人脉资源。因此，有学者将民营企业聘请有一定政治地位的前任政府官员到企业任职（Chen et al.，2011），政府官员对公司的视察（罗党论、应千伟，2012），公司的慈善捐赠等作为衡量企业的隐性政治关联（薛爽、肖星，2011）的标准。

2.2 社会资本理论

Bourdieu（1980）最早提出"社会资本"（Social Capital）这一社会学概念，他指出一系列实际（潜在）资源的总和组成了个体的社会资本，这种资源与长期以来彼此认可的关系所形成的网络密切相关，并且部分关系已成为人们的制度化约束。此后，相继有学者从不同的视角出发来界定社会资本这一学术概念。Coleman（1988）基于"关系网络"理论指出，社会资本是嵌入在多人之间的关系网络，人们之所以愿意构建这种人际关系，是为了达到其个人目的。Burt（1992）基于资源理论指出：社会资本是通过人际关系网络所能获取的各种资源。Putnam（1993）基于"诚信及准则"理论指出：社会资本是根植于人与人之间形成的诚信和非正式的准则。Portes（1998）基于能力理论指出：社会资本是行动者与社会其他人群之间的交往和联系，并通过该种联系来获取稀缺资源。

社会资本是从西方社会学理论中提出的概念，大多数西方学者更关心的是个人层面上的社会资本。具体而言，是人群之间通过正常交往而形成的社会关系，并且人们借助这种关系可以获得市场中所需要的信息、技术、金钱等资源。因此有经济学家提出"企业家社会资本"（Entrepreneurial Social Capital）这一经济学概念。对于企业家社会资本的本质，学者们普遍倾向于"关系网络"理论，这种关系网络是由各种类型社会关系连接在一起的一系列接点。这种社会资本根植于当地的文化传统中，是商业机构间合作的产物，对企业家起着支持作用，其目的在于获取资源并谋求更大的商业利益（Lin，2001；Westlund and Boltion，2003）。

在中国，社会（网络）关系或简称"关系"的概念，源于儒家思想，五千年来一直影响着中国社会的信仰体系。儒家认为，人类本质上是关系导向型，构建强大、有序的关系层次，有助于实现社会经济秩序（Luo，1997；Yeung and Tung，1996）。这种人际关系层次的重点是隐性的相互义务、互惠和信任，从而形成了中国社会（网络）关系的基础（Yang，1994；Zhang and Zhang，2006）。在当前中国转型经济的背景下，获取资源的渠道有两种层级：第一层级是以公务关系为基础，即不同组织间的渠道相连接；第二层级则是以私人关系为基础，即企业实际控制人/高管与资源提供单位负责人间的渠道相连接（Peng et al.，2016）。王革等（2004）将企业家社会资本视为企业家个人与社会组织或企业以外的社会成员以及企业家个人与企业内部的成员之间能够为企业带来资源的社会关系网络。由于文化的嵌入性质，"关系"已成为中国社会交往和商业行为的重要资源（Chai and Rhee，2010；Guo and Miller，2010）。Wang（2007）认为，中国社会网络关系的基石是人的"感情"，包含了亲情和友情，它高度特定于内部网络中，通常不会推广到外部社会网络中的成员。

鉴于"关系"在我国历史文化中根深蒂固的影响，中国民营企业家的社会资本与西方学术界所界定的社会资本应存在较大差异。由于"关系"这一我国特有的文化概念对中国人日常行动的各方面都有着潜移默化的影响，相较于西方国家而言，中国的社会关系网络显得更为复杂。通过国外学者对社会资本概念的界定，并结合我国的"关系"文化，我们可以认为，中国企业家的社会资本是一系列可以利用的社会关系的总和，它植根于企业家的社会关系网络中，是一种重要的无形资产。企业家能够调动自身所拥有的社会网络中的关系帮助企业获取经济资源，是一种重要的能力。

2.3 "无形之手"、"支持之手"与"掠夺之手"

在当今理论界，根据企业与政府间的关系大致可以总结出"无形之手"、"支持之手"与"掠夺之手"三种观点（Frye and Shleifer，1997）。

西方经济学理论奠基人亚当·斯密认为，市场自身所形成的一套运行机制就能够保证经济秩序高效运转，从而形成了"无形之手"的理论学说。根据福利经济学理论，如果完全竞争的市场中存在瓦尔拉斯均衡（Walrasian Equilibrium），那么该均衡就达到了帕累托最优状态，从而该市场的资源就可以合理地进行配置，社会的总体福利也可以实现最大化。持"无形之手"理论学说的学者们认为，在市场经济中，政府部门扮演维持市场基本运转的"守夜人"角色即可，诸如法律制定、产权保护等方面，而把配置资源这一权力交给市场本身来完成。从而让市场这一只"看不见的手"在各项资源的配置过程中起到关键性作用（Oslington，2012）。

然而，在当前市场经济的运行过程中，各级政府部门对市场的干预几乎无处不在。在我国，中央政府部门通常运用货币、财政等一系列政策对宏观经济进行调控，而地方政府则依据国家相关的政策法规对具体的行业实施较为严格的管控（钱颖一，1988）。Atkinson 和 Stiglitz（1980）与 Stiglitz（1989a）构建了"支持之手"的理论基础。在现实的生活中，完全竞争市场的理论假设条件并不能得到满足，从而导致了"市场失灵"。具体来说，失控的自由市场往往会产生行业垄断、劳动人口失业甚至是经济波动等一系列严重问题。持"支持之手"理论学说的学者们认为政府运用行政干预的手段是为了让社会的总体福利得到最大满足，从而解决市场失灵这一突出问题。但真实的状况却与其初衷存在较大的差异。

对"支持之手"理论学说的批判大致有以下两点。①各级政府部门在对市场进行干预的同时，也会遇到严重的市场失灵问题；还有政府部门通常会遇到激励因素缺乏，因而会产生政府失灵问题（Stiglitz，1989b）。②部分学者认为，政府部门通常会出于各种因素的考量对市场进行干预，如寻租、政治献金等（Becker，1983；Peltzman，1976）。

而 Shleifer 和 Vishny（1998）则认为，政治实施的过程通常是由一系列政府行为构成的，从而产生了"掠夺之手"理论。在该理论中，无论是在发展中国家还是在发达国家，政治家施政的最终目的是保全自身的各种利益，而不是让社会的总体福利达到均衡。在发展中国家，政治家为了巩固自己的地位，往往会不顾及社会的总体利益也要将各种资源分配给"自己人"。在发达国家，政治家为了在竞选中谋求连任，就会祭出公共利益的"大旗"。这一做法也会导致其最终违背社会总体福利均衡的初衷。具体而言，竞选的获胜者大多会制定某些具有破坏性的再分配法规，从而对竞选的失败者实施报复（Buchanan and Tullock，1962）。另外，商业集团会针对政治家及其团队开展游说活动，就会对相关政策的制定产生部分影响，因此商业集团就会主导社会财富的再一次分配，从而损害社会的总体利益（Becker，1983；Rajan and Zingales，2003）。上述行为均会严重地打击中小民营企业家经营的积极性，阻碍国家的经济发展，并形成昂贵的交易成本。

2.4 资源基础理论

经济学家 Wernerfelt 于 1984 年提出公司的"资源基础理论"（Resource-based View）这一学术概念。该理论认为，企业的首要目标是利用其资产、信息、能力等一系列有形（无形）资源进行生产活动（Wernerfelt，1984）。Barney（1991）将企业的资源分为三种类型，即物质资源、人力资源以及组织资源。Simon 等（2007）则认为，先前对企业资源观的研究仅是基于静态的视角进行分析。研究大多是将企业自身拥有的资源在商业竞争时所具备的各种优势当作一个"黑箱"，而对企业在"资源转换"过程中的作用缺乏较为深刻的认识与研究。随后，学者们致力于探究企业资源与能力的区别，并关注于资源为企业创造财富的具体过程。Newbert（2007）认为企业有能力对各种资源进行配置，从而利用这些资源的过程是使企业在商业竞争中立于不败之地的根源。

资源基础理论的核心目的是倡导企业能够拥有控制各种异质性资源的能力。随着该理论研究的持续深入，企业家具备的能力在企业运营过程中所发挥的关键性作用便逐渐凸显出来。具体而言，企业家是能够对公司进行管理并承担经营风险的个人，企业家依靠自身的能力维持公司的正常经营。企业家的价值在于对内部所拥有的各种资源进行整合，并利用自身具备的社会资本、政治资本对政府有关部门提供的资源进行获取。

2.5　制度基础观

以 North 为代表的学者于 20 世纪 80 年代提出了"新制度经济学"（New Institutional Economics），该理论旨在研究各地不同的制度环境对经济发展所起的作用。新制度经济学在充分考虑了各地的产权保护水平、制度环境等重要因素的背景下，补充并完善了"新古典经济学"（Neoclassical Econom-ics）的理论框架。相较于资源基础理论，制度基础观着重说明企业所处的制度环境对其经营决策所产生的影响，特别是对于那些正面临转轨经济的国家（地区）来说，企业所处的制度环境对其生存发展显得尤为关键。中小私营企业大多存在于转轨经济国家（地区），更易受到来自外部环境的强烈影响。

中小私营企业所要面对的各种制度环境对其生存与发展的影响长期以来都是企业家与学者们研究并讨论的热点问题。周业安（1999）研究认为，在转型经济体中，长期以来由于各种法律制度存在的缺陷，迫切需要建立起一套健全的契约关系来保障市场交易的顺利进行。当某个组织用于支配的各种生产要素低于其生产和交易成本时，就形成了企业（Coase，1937）。在 North（1990）的研究中，他认为推动人类社会进行制度变迁的领导者是企业家，当科学技术的革新改变了企业的生产成本时，企业家为了赚取其中的利润，必须学习相关的知识与合约的执行情况。在出现商业利益时，企业家往往会有强大的决心去改变原有交易的规则，从而让全新的交易活动得以实施。实际上，这就是企业家学习知识的过程。具体来说，企业家可以通过改进自身的知识结构，或是通过模仿甚至创新，从而适应新环境下的制度规则。Casson（1995）认为，在企业的运营过程中通常会存在"委托代理关系"（Principal-agent Relationship）。为了避免出现"搭便车"问题，在公司内部就必须要有专人对企业家进行监督。张维迎（1995）对"搭便车"问题进行了深入研究并指出，企业家的监督者最好是企业的投资人，一名合格企业家通常被认为才能与资本兼备。

任何企业均是根植于社会网络结构中的个体，同时也处于相应的制度环境中（Lu et al.，2013）。企业作为一个追逐经济利益的商业组织，其行为就不得不适应其所处的制度环境。为了使自身的利益得到最大化，企业往往会规避制度环境中对其不利的所有因素，而制度环境的不同又会导致企业产生差异化的对待方式。陈倩倩和尹义华（2014）研究认为，民营企业家所拥有的社会与政治资本能够在某种程度上避免或减少政府行政部门因所有制问题而对民营企业产生的歧视，尤其是在企业经营环境较差的地区，可以有效保障企业的合法产权免受侵占。我国自1978年改革开放以来，在法制观念较强、政府干预力度相对较弱以及经济市场化程度较高的地区，民营企业的发展也较为兴盛。

2.6　产权保护理论

诺贝尔经济学奖得主罗纳德·哈里·科斯（Ronald H. Coase）是现代产权理论的创始人和主要代表，他的产权理论发端于对制度含义的界定，通过对产权的定义，对由此产生的成本及收益进行论述，从法律和经济的双重角度阐明了产权理论的基本内涵。产权理论认为，私有企业的产权人享有剩余利润占有权，产权人有较强的激励动机去不断提高企业的效益。因而对民营上市公司来说，其通常由自然人控股，具有清晰的产权界定，对于自身的利润分配拥有完全的支配权。而国有企业则不然，国有股权代表的是国家，国有股的权利委托政府部门或政府官员代为行使，国有企业虽然代表国家的利益但却缺乏具体的利益主体为其维护利益，因而国有企业在股利分配问题上存在较为严重的利益侵占。民营企业则大不相同，以科斯为代表的产权学派在剩余利润占有论上认为，企业拥有者追求公司绩效的基本激励动机来自对剩余利润的占有，企业家对剩余利润占有份额越多，提高企业效益的动机就越强。企业拥有者追求公司绩效动机的程度与剩余利润占有的份额成正比。科斯在1960年发表的《社会成本问题》中正面论述了产权的经济作用，指出产权的经济功能在于克服外在性，降低社会成本，从而在制度上保证资源配置的有效性（Coase，1960）。

但是，与发达国家相比，我国的法律体系还不够健全，政府干预还比较多，产权保护也不甚完善（Guo et al.，2014；余明桂、潘红波，2008b）。Johnson 等（2002）以及 Cull 和 Xu（2005）的研究表明，在转轨经济中，由于法律对私有财产权保护不明确，民营企业的发展存在不确定性，因而面临较大的风险（比如被勒索、遇到纠纷时受到不公平待遇等），特别是在产权保护力度小、政府干预力度大以及金融发展水平落后的地区，民营企业更容易受到产权侵害、权益侵占的影响（王俊秋、江敬文，2012）。与此同时，我国国有大银行普遍具有明显的偏好，更倾向于向国有企业贷款而吝于向民营企业贷款，并且政府会通过银行贷款对国有企业进行必要的补贴（沈红波等，2011），与民营企业相比，国有企业还拥有来自政府的财政补贴、贷款担保、税收优惠等一系列资源特权和垄断优势（刘剑民，2017）以及预算软约束（林毅夫、李志赟，2004）。因此与国有企业存在显著差异的是，我国民营上市公司在决策行为和经济后果上面临一系列不利条件。

而通过在公司所有权中引入部分国有股权，民营企业的情况将大为改善。国有股权的存在会给企业产权带来有效的法律保护从而使其免遭侵害。Cauley 等（1999）提出，转轨经济中的相关法律制度往往存在诸多缺陷，公司内部的国有股东可以帮助企业减少法律纠纷，甚至减少政府对企业的恶意侵占。对此，Qian 和 Weingast（1996）也提出了类似观点：国有控股公司往往会受到政府各方面的协助，包括财务、政治和法律等方面。具体表现就是在企业面临不合理的法律纠纷或恶意侵占时，企业内部的国有股东会扮演"保护者"的角色。可见，Cauley 等（1999）、Qian 和 Weingast（1996）都认为政府所有权在保护企业减少被掠夺方面会起到关键性作用，从而为企业获得好处。

制度经济学认为制度可以分为正式制度和非正式制度。正式制度是指以某种特定的形式确定下来并在强制力保障下而得以实施的制度，主要包括法律、法规、契约、规章和产权等。而非正式制度是指人们在长期的交往过程中自发形成的并且人们无意识接受的行为规范，主要包括风俗习惯、意识形态和道德规范等。Fu 等（2006）认为政治关联的特性使其表现为一种非正式制度，这种非正式制度能够有效地帮助企业保护产权。在正式制度较为完善的地区，企业会通过正式制度来保护自身产权，因而会减少与政府之间的联系；而在正式制度建设较为薄弱的地区，企业的产权更容易受到损害，因而企业建立政治关联的动机较强。国有股权与政府之间的天然联系，将使国有股权与民营企业在利益上保持一致，从而使自身产权得到有效保护，因而能够抵消制度环境的部分负面效应，民营企业身份被歧视、产权得不到应有尊重和保护等问题将得到一定程度的缓解。

因此，在产权能得到一定保护、不被侵害的情况下，拥有部分国有股权的民营控股公司将在对剩余利润的分配上拥有更充分的主动权，并具有更强的动机将剩余利润用于提高企业效益。

2.7 行业壁垒

在经典的西方经济学理论中市场应该是完全竞争性的，市场这只"看不见的手"（Invisible Hand）能够有效地影响和引导各种资源进行合理充分的配置。但是行业垄断、信息不对称等因素会导致市场作用失效，因此该市场也存在缺陷。在完全垄断市场（Perfect Monopoly Market）中，由于外部厂商不能自由进出该市场，内部厂商凭借占据的垄断优势对商品进行定价，从而剥夺消费者剩余；并且由垄断寡头控制的市场难以发挥市场的竞争力，这不仅会损害市场在资源配置过程中所起的决定性作用，同时也会抑制企业创造力的提升。随后，产业组织理论（Industrial Organization）拓展了原有的市场理论，并将研究对象限定在不完全竞争条件下的市场，于是便有了关于市场壁垒（Market Barriers）方面的研究。市场壁垒被认为是"阻碍新企业进入市场的所有不利因素"。但是关于市场壁垒的具体定义学者们却持有不同的观点。"进入壁垒"（Barriers to Entry）这一理论概念最早由 Bain（1956）提出，其定义为"行业内的在位企业对于潜在进入该行业的企业所具备的优势"。换言之，是潜在进入的企业与在位企业竞争时所面临的一切不利因素。具体的表现为，在位企业能够保持价格高于竞争水平之上而又不会招致潜在的企业进入该行业。进入壁垒的设立是为了确保行业内的在位企业与潜在进入的企业竞争时处于优势地位。对在位企业而言，这些因素大致可以总结为：产品差异、绝对的成本优势以及规模经济（Bain，1956）。然而 Stigler（1971）指出：进入壁垒本身就是一种生产成本，这种成本是为了让潜在进入该行业的企业必须承受，而行业内的在位企业无须承受。因此 Stigler（1971）认为 Bain（1956）所提出的"一切不利因素"并非形成壁垒的主要原因，其根源在于政府过多的管制措施增加了企业的运营成本。Broadman（2000）基于 Stigler（1971）的研究，把进入壁垒划分为：策略性壁垒、市场性壁垒和管制性壁垒。在中国，策略性壁垒和市场性壁垒主要存在于完全竞争的成熟行业中，如餐饮、服装业等；管制性壁垒则存在于受政府严格管控的行业，如能源、电信业等，并且大多关乎国民经济命脉（罗党论、赵聪，2013）。

2.8　民营企业融资问题

融资（Financing）是一家企业进行生产与经营的首要前提，如果一家企业未能筹措到足够的资金用于生产，则会影响其生产与发展。调查显示，在我国民营企业的资金来源渠道中，自身融资占比为 86.23%，银行等国家金融机构贷款为 5.46%，其他渠道为 8.31%。由此不难看出，民营企业依然面临"融资难"问题。造成这一问题的原因有多种因素。首先，我国民营企业成立的时间较短，资产规模较小，金融机构对民营企业配置的贷款金额大多处于较低水平。此外，很多民营企业在成立之初便是家族企业，公司的经营权与所有权均集中于企业家个人，使企业的运营存在较大的隐患。其具体的表现为，在公司的财务信息上弄虚作假，甚至还有部分企业发生偷税等违法行为。鉴于此，银行等金融机构只好加强对民营企业的监管力度，收紧贷款政策，无形中也增加了企业的融资难度。因此，白石（2004）将民营企业信用等级（Credit Rank）普遍偏低这一事实当作其"融资难"的根源。其次，银行等商业机构在进行信贷资源配置的过程中，通常也会有借款人的道德风险（Moral Hazard）与借贷双方之间普遍存在的信息不对称（Asymmetric Information）等一系列问题（Kostovetsky，2013）。一般来说，国家的商业银行高管大都为风险厌恶者，他们会认为若国企因经营不善而无法还款时，往往会由各级政府部门出面解决。国企与政府的"天然"联系能够使其轻易地得到信贷资源，而民企特别是中小型企业则根本不具备这一优势。已有的文献表明，国有商业银行把主要的信贷资金配置给了利润率较低的大型国有企业，而富有创新精神与发展潜力的民营企业却往往会受到来自国有商业银行的信贷歧视（钱先航、曹春方，2013；徐思远、洪占卿，2016）。此外，王伟（2016）通过实证研究发现，我国各方面制度环境的不健全也是促成民营企业"融资难"的一个重要因素。

3 中国民营企业发展历史、现状与未来展望

3.1 民营企业的概念

对于什么样的企业是民营企业，以及民营企业的范围包括哪些企业类型这一问题，我国至今没有一个明确的结论。民营企业作为与改革开放同时成长起来的企业类型，在四十多年中迅速成长，成为我国国民经济收入中一个不可缺少的经济组成部分，所以，正确地界定民营企业的概念是我们在研究民营企业社会资本与政治资本过程中需要首先解决的一个问题。

对于民营企业这一企业类型的范围，不同的学者持有不同的观点，总体来说，中国学者对于民营企业的范围划分有三种不同的方法。

第一种划分方法是比较宽松的划分方法。持这种观点的学者认为，民营企业即民间团体或人士经营的企业。由此可知，除了国有企业外，其余类型的企业均可视为民营企业。具体包括国有民营企业、个体企业、私营企业、集体企业、乡镇或城镇企业、三资企业。

第二种划分方法比第一种划分方法的范围略窄一些。持这种观点的学者认为，民营企业是由国有民营企业、个体企业、私营企业、集体企业和乡镇企业组成，即把三资企业排除在民营企业的范畴之外。

第三种划分方法则是一种相对狭窄的划分方法，与第二种划分方法相比较而言，这种方法将国有民营企业也排除在民营企业的范畴之外。

对这三种方法进行比较，我们认为第一种方法的定位范围过宽，而第三种方法的定义范围过窄，因此，我们选择第二种划分方法作为本书对民营企业的界定方法，即除了国有企业和三资企业之外，其余类型的企业均属于民营企业的范畴。

3.2 中国民营企业的发展现状

"经济结构调整与产业升级换代存在必然性和必要性"与"民营企业转型能力不足，尤其是创新乏力"是当前中国民营企业发展面临的核心矛盾。经济新常态与经济结构调整导致的民营企业压力已清晰显现，民营企业的各项经济指标出现较大幅度下滑，这主要源于民营企业对行业景气和产业发展动力的信心不足，企业内部创新乏力，对创新人才吸引力、资金吸引力及配套资源吸引力不足。

需要强调的是，这个核心矛盾不是企业意识不到位导致的，而是能力不匹配造成的。总的来说，多数民营企业对经济新常态有心理准备，对"经济结构调整与产业升级不可避免"有清醒认识。因此，对宏观经济指标的评分相较之前并未发生明显变化。同时，民营企业对"企业—行业—宏观"三层生存空间评价模式的"差序格局"正在被打破——对宏观环境的抱怨情绪明显减弱，对宏观政策和社会环境的评价积极好转；经营困难被更多地归因于企业在市场组织、财务管理、技术创新和人力资源管理等领域自我管理能力的不足。尤其是，尽管大中型企业的生存环境仍整体优于小微企业，但新企业的经济指标首次超过老企业，而传统制造业和传统服务业的各项经济指标已明显低于其他行业——这意味着生产服务模式更新的企业对当前宏观环境的适应力更强，面临的转型压力相对更小。

在此背景下，相关研究关于受访民营企业对宏观环境一级指标的评分继续升高并首次突破及格线（2014 年为 56.04 分，2015 年为 58.50 分，2016 年为 60.24 分），这一现象令人振奋。这主要得益于民营企业对本届政府推行的简政放权和商事制度改革导致的政府政务水平提升、政策环境改善（如廉洁性、服务意识、服务效率）及新型政商关系逐渐形成的积极评价，也得益于民营企业对基于互联网发展引发的网购、自媒体、互联网金融等社会生产活动方式变革以及与民营企业相关的社会舆论环境日渐清朗的正面感知。从这个意义上说，政策环境与社会环境的好转是当前中国民营企业发展面临的两大机遇。

基于以上考虑，积极适应经济新常态，积极适应经济结构调整与产业升级，积极利用好政策机遇期，是民营企业发力的主要方向。在"十三五"期间，民营企业的发展红利主要集中在以下三个方向。

第一，向内，积极参与混合所有制改革。以国有企业改革为核心的"存量改革"和以发展民营经济为核心的"增量改革"是中国国内经济改革的两条主线。2013 年，中共十八届三中全会提出积极发展混合所有制经济后，混合所有制改革第一次将两条主线串联起来形成双轮协同驱动。混合所有制改革在一定程度上实现了民营经济和国有经济的深度融合，使民营企业获得更多的发展机遇和赢利机会。

第二，向外，积极融入"一带一路"建设。最近几年，民营企业"走出去"呈现井喷状态。2014 年民营企业对外投资金额是 2013 年的 3 倍，投资案例数是 2013 年的 10 倍。"一带一路"倡议为中国民营企业对外投资提供了更广阔的机遇。基于投资敏感度低、经营与决策机制灵活和行业覆盖领域广泛等优势，民营企业将在"一带一路"建设中大有作为。

第三，向前，积极借力"互联网＋"战略。李克强总理在 2015 年全国两会期间所做的政府工作报告正式将"互联网＋"上升为国家发展战略，标志着中国互联网的第四次发展浪潮正在形成。在"大众创业、万众创新"政策的叠加效应下，互联网创业项目呈现蓬勃发展态势。顺应互联网变革与互联网思维，利用信息技术以及互联网平台，创造新的发展生态，成为民营企业特别是传统民营企业实现转型升级的突破口。

3.3 中国民营企业发展宏观统计指标

3.3.1 国民经济运行基本状况

国家统计局（2016）数据显示，2015 年中国经济增速进一步放缓（见图 3-1）。经初步核算，前三季度国内生产总值为 48773.5 亿元，按可比价格计算，同比增长 6.9%。前三季度，全国规模以上工业增加值按可比价格计算同比增长 0.6%，增速比上半年回落 0.5 个百分点。分经济类型看，国有及国有控股企业增加值同比增长 1.3%，集体企业增长 1.7%，股份制企业增长 7.5%，外商及港澳台商投资企业增长 3.5%。分三大门类看，采矿业增加值同比增长 3.3%，制造业增长 7.0%，电力、燃气和水的生产和供应业增长 1.7%。分地区看，东部地区增加值同比增长 7.3%，中部地区增长 5.7%，西部地区增长 8.4%。前三个季度，全国固定资产投资（不含农户）为 394531.04 亿元，同比名义增长 10.3%，增速比上年回落 1.3 个百分点。其中，国有及国有控股投资 125201.31 亿元，增长 11.4%；民间投资 255614 亿元，增长 10.4%。

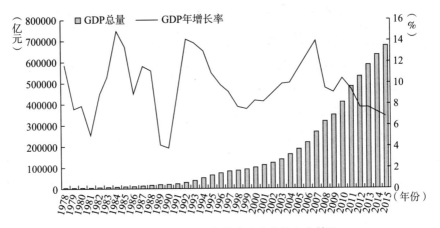

图 3-1　1978~2015 年国内生产总值变化情况

据国家工商总局数据，2015 年中国平均每天新登记企业 1.16 万户，已连续 6 个月保持高位增长。前 9 个月，全国小微企业达 305.18 万户，占新登记企业总数的 96.62%。小微企业"铺天盖地"格局逐步显现。

2015 年 1~9 月，全国新登记市场主体 1065.5 万户，比上年同期增长 15.8%。全国新登记企业 315.87 万户，同比增长 19.3%。其中，注册资本 2000 万元以下（参照统计局分析标准，注册资本 2000 万元以下被划为小微企业）企业 305.18 万户，占新登记企业总数的 96.62%。全国实有各类市场主体 7511.3 万户，比 2014 年底增长 8.4%。全国每千人拥有企业数为 15.2 户，同比增长 19.4%。

在商事制度改革第一年，全国新登记注册市场主体户数迅猛增长，月均注册量达到 31.8 万户，最高值出现在 2015 年 4 月，达到 38.9 万户（见图 3-2）。

此外，产业结构继续调整优化，第一产业和第三产业较快发展。2015

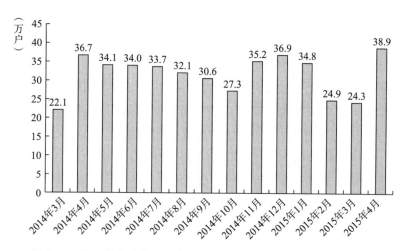

图 3 – 2　商事制度改革以来全国新登记注册市场主体户数变化情况

年 1 ~ 9 月，全国新登记企业在三次产业中的数量分别为 13.9 万户、47.2 万户、254.8 万户，分别同比增长 23.1%、4.1%、22.4%，分别占新登记企业总数的 4.4%、14.9%、80.7%。

信息技术等现代服务业快速发展，企业管理、人力资源等第三方专业服务企业发展较快。这对于丰富和完善创业起到了较好的支撑作用。服务业中仅房地产业同比下降。2015 年 1 ~ 9 月，房地产业新登记企业 6.4 万户，同比下降 15.7%。但受利好政策影响，房地产第三季度降幅缩小，为 6.8%。

外商投资企业稳步增长。2015 年 1 ~ 9 月，新登记外商投资企业 3.1 万户，同比增长 10.8%，较上年同期增长 3.4 个百分点，外商投资信心不断增强。

3.3.2　民营经济比重变化情况

2015 年，中国的民营经济总体继续保持了持续上升的发展态势，全国市场主体数量稳步增长，市场活力被进一步激发，新登记注册市场主体数量增长迅速。

分析国家工商总局近年来发布的统计数据，2015 年以来，中国私营企业和外商投资企业的数量及规模在全国企业总量中的比重继续增加，个体工商户与企业户数的比值继续缓慢下降。

截至 2015 年 9 月底，全国新登记私营企业数量、个体私营经济从业人员数均稳步增长。全国新登记私营企业 299.7 万户，同比增长 19.8%，占新登记市场主体总数的 28.1%；注册资本（金）15.3 万亿元，同比增长 46.6%。此外，个体私营经济已成为就业的蓄水池，就业的主渠道。全国 7000 余万家个体工商户、私营企业吸纳就业 2.73 亿人。

截至 2015 年 6 月底，全国实有个体工商户 5456.86 万户，为全国企业户数的 2.7 倍。通过查询国家工商总局相关统计数据后发现，这一倍数呈持续下降趋势：2011 年 6 月，全国个体工商户户数为企业户数的 3.02 倍；2012 年 6 月为 2.98 倍，到 2012 年 12 月降为 2.97 倍；2013 年 6 月为 2.94 倍，2013 年 12 月变成 2.9 倍；2014 年 6 月则变为 2.82 倍（见表 3-1）。

表 3-1　2011 年 6 月至 2015 年 6 月个体工商户与企业户数变动情况

时　间	个体工商户户数（万户）	企业户数（万户）	个体工商户与企业户数比值
2011 年 6 月	3601.13	1191.16	3.02
2012 年 6 月	3896.07	1308.57	2.98
2012 年 12 月	4059.27	1366.60	2.97
2013 年 6 月	4134.78	1408.31	2.94
2013 年 12 月	4436.29	1527.84	2.90
2014 年 6 月	4648.73	1648.21	2.82
2014 年 9 月	4814.51	1732.58	2.78
2014 年 12 月	4984.06	1819.28	2.74
2015 年 6 月	5456.86	2019.38	2.70

2011 年 6 月以来，个体工商户数量的增速一直慢于企业数量的增速，这表明中国个体工商户向企业的转型升级可能一直在有条不紊地进行。中国企业经营环境持续改善，非公有制市场主体的质量不断提高，整个非公有制经济继续呈现蓬勃发展态势。2015 年前 9 个月以来，小微企业数量开始全面爆发，占新增企业总数的 96.62%，表明个人创业方式正在由过去的个体工商户转向更具现代规范的企业式发展模式。

3.3.3 民间投资比重及变化情况

近年来中国民间投资的发展也呈现总量比重稳步提高、投资结构逐步优化的特点。从总量来看，2012～2014年，民间投资占全社会固定资产投资的比重分别为61.4%、62.9%、64.1%，增速为24.8%、23.1%、18.1%，分别高于同期全社会固定资产投资增速4.2个百分点、3.5个百分点、2.4个百分点，对促进经济平稳较快发展发挥了重要作用。

在落后产能淘汰、经济结构优化的大环境下，全国固定资产投资呈现明显放缓的趋势。根据国家统计局（2016）公布的最新统计数据，2015年1～10月，全国民间固定资产投资为289415亿元，同比名义增长10.2%，增速比1～9月下滑0.2个百分点（见图3-3）。民间固定资产投资占全国固定资产投资的比重为64.7%。

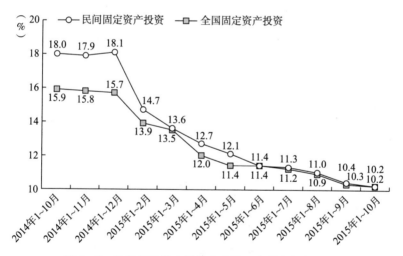

图3-3　民间固定资产投资和全国固定资产投资增速

3.3.4 中国民营企业发展指数得分情况

通过对指数研究定量问卷样本进行数据分析和指数计算，"2016年中国民营企业发展指数"总指标得分为66.25分，相比2015年总指数得分68.76分有所下降。其中，宏观环境、行业环境与企业管理三项一级指标的得分分别为60.24分、70.46分和66.62分。

3.3.5 宏观环境

2016 年度指数研究中，宏观环境一级指标得分首次突破及格线。整体而言，民营企业对宏观环境的感知继续明显好转，尤其是对政府政务水平、社会环境的认知。

（1）民营企业对政府政务水平的评价继续提升

对政府廉洁性的评价显著提高。近几年来，政府加大反腐倡廉力度，取得了明显成效。调查显示，65.1% 的受访企业认为当地政府与民营企业打交道时"非常廉洁"或"比较廉洁"。这一比例与上一年（49.3%）相比有显著增长，与 2013 年（26%）相比则增长更为明显。长三角地区民企对政府廉洁的认同度最高（70.7%）；中西部相对较低，但也有超过半数（56.5%）的民企认同政府的廉洁性。

多数民企认为政府的服务意识有提升。有 64.1% 的民企认同"政府对民营企业的服务意识有所提升"这一说法。不同经济地理区域、不同规模的受访民企对政府服务意识提升的认可度均超过 60%。

对政府的服务效率相对认可。40.1% 受访企业认可政府对民营企业的服务效率高，这一比例首次超过了持相反意见的比例（37.5%），也高于上一年的比例（34.4%）。相对而言，长三角地区的民营企业最认可政府的服务效率（45.6%），而中西部地区的认同感最弱（28.3%）。

（2）多数民营企业认可社会环境的利好性

民企继续认可生活方式变革的利好性。超过七成（73%）的受访企业认为"网购、自媒体、互联网金融等居民生活方式上的变革对企业的影响是有利的"。新兴行业（如高端服务业、文化体育娱乐业等）对生活方式新变革的适应性更强。而传统制造业和传统服务业认同生活方式变革对企业有利的比例继续低于平均水平。

值得指出的是，大型企业对生活方式变革利好性的认知明显出现积极转变，认为变革利好的比例（71.2%）高出去年近 15 个百分点。这一比例与中型企业（73.1%）和小型企业（73.5%）基本持平（见图 3-4）。

对社会舆论的认知有积极变化。近五成半（54.9%）受访企业认为关于民营企业的社会舆论和媒体报道"非常客观"或"比较客观"。这一比例

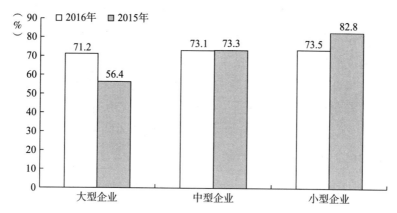

图 3 – 4 　不同规模民企对生活方式变革利好性的认同度

相比于上年（38.7%）也有显著提高。

（3）民营企业对市场准入门槛的平等性的认识改观

在本次调查中，六成以上（63.8%）受访企业认同"进入本行业的准入门槛是平等的"这一说法，该比例比去年（40.4%）高出 23 个百分点。这一转变体现了 2014 年 3 月开始的商事制度改革系列政策效果显现，市场环境更趋宽松、平等。

然而，不同行业民企对市场准入平等性的认知仍有差异。其中，高端制造业（81.8%）和教育业（80%）对市场准入平等性的认同感最强；文化体育娱乐业（46.4%）、金融业（37.9%）的认同感远低于平均水平。

尽管民营企业的宏观生存环境相比往年在整体上有所改善，但与他们的要求仍有差距。主要表现如下。

民企对财政货币政策的认同度仍然较低。仅约两成（21.2%）企业认为当前税收、货币、利率、汇率等宏观政策对本企业有利，认为"非常有利"的企业仅 1.6%。小型企业对宏观政策的认同度（22.6%）相对较高，大型企业（17.3%）和中型企业（15.3%）表示认同的不足 20%。这一数据再次说明民企对减税和减轻融资成本要求迫切。

政府扶持力度有所提升，但仍未受到充分认可。调查结果显示，认为政府扶持和保护到位的民企占 25%，这一比例与 2015 年（17.9%）相比有所提高。但认为扶持不到位的民企仍近六成（59.9%）。值得一提的是，首都周边地区民企对政府扶持力度的认可度有明显提升（2015 年为 11.3%，

2016 年为 28.8%）。京津冀一体化配套政策的效果开始显现。

民企对各类市场经济主体的平等性仍强烈不满。总体来看，认可各类市场主体地位平等的受访企业仅占 14.5%。珠三角地区民企对市场主体平等性的认可度相对较高，不过也仅为 23.7%，远低于持相反意见的比例（76.3%）；首都周边地区民企的认可度（9.6%）、中西部地区民企的认可度（8.7%）不足 10%。这一数据显示，民企对自身的民营经济地位认同度低。国企和民企在国民经济中贡献与地位的天平远未达到平衡。

3.3.6　行业环境

中国经济正处于经济增长速度换挡期、结构调整阵痛期、前期刺激政策消化期"三期叠加"。经济新常态使部分行业，如传统制造业、房地产业等较难在短时间内走出疲软状态。整体而言，2016 年度行业环境一级指标得分下滑明显。

（1）多数民企对宏观经济利好性持负面意见

仅约三成（29.6%）受访企业认可"今年的宏观经济对企业的发展有利"。不同地区、不同规模企业对宏观经济利好性的认知差异不明显。分行业看，服务业认可宏观经济利好性的比例明显高于平均水平。这与中央政府大力推动服务业发展的宏观政策相符合。

（2）行业景气度下滑

2016 年度研究中，行业环境下属二级指标行业景气的得分为 79.39 分，相比上年（83.54 分）有所下降，行业活跃度（76.97 分）、竞争度（84.43 分）、开放度（76.44 分）这三项指标的得分相比上年也有所下降（2015 年这三项指标的得分分别为 83.04 分、87.24 分、79.93 分）。分行业看，高端制造业（82.52 分）和高端服务业（81.26 分）在行业景气指标上仍然处于领先地位；传统制造业（75.66 分）行业形势相对不乐观，行业活跃度得分最低。珠三角地区民企对行业竞争激烈度（94.7%）和行业开放度（81.6%）的认同度最高；首都周边地区民企对这两项的认同度（79.5%、68.5%）最低。

（3）产业发展环境的受认可度较低

行业环境下属指标产业发展的指标得分由 2015 年的 67.88 分下降至

61.26 分。具体原因体现如下。

民企对行业集群程度的不认可度增加。尽管超半数（53.6%）受访企业认可行业的高集群性，但持相反意见的企业达到 35.5%，比上年（21.5%）增加了 14 个百分点。

民企整体不认可行业协会的积极作用。近五成（46.4%）企业不认同本行业的行业协会对公司有所帮助，这一比例比上年（26.5%）增加 19.9个百分点。不同行业对行业协会利好性的认知存在差异，商贸业（27.8%）和高端制造业（27.3%）认同"行业协会有所帮助"的比例最低。

3.3.7　企业管理

综观企业管理下设的各二级指标，虽然各指标得分均超过及格线，但相比上年都有不同程度的下降。在经济新常态背景下，民营企业对转型阵痛感知明显，主要体现如下。

（1）民企对技术创新能力感知得分下降

2016 年度民营企业创新指标的得分为 69.32 分，比上年（73.86 分）下降明显。从行业来看，高端服务业在该指标上的得分仍然高居前列。传统制造业（65.53 分）和传统服务业（65.07 分）在这一指标上再次垫底。传统行业面临的创新压力较大，且难以在短期内寻求突破。

值得注意的是，企业成立时间与技术创新指标得分呈现关联性（1992年以前成立为 60 分，1992～2003 年成立为 68.45 分，2003 年以后成立为69.73 分），新企业对于产品/服务、管理模式、商业模式创新能力的自评得分略高（见表 3－2）。这一数据显示新企业更具适应性和灵活性，与经济结构调整与产业升级对企业的要求更加契合。

表 3－2　各行业新企业创新能力自评分数（10 分制）

产品/服务创新		管理模式创新		商业模式创新	
行业	得分	行业	得分	行业	得分
教育业	7.8	房地产业	7.4	教育业	8.0
房地产业	7.8	高端服务业	6.9	房地产业	7.6
高端服务业	7.2	教育业	6.8	高端服务业	7.5

产品/服务创新		管理模式创新		商业模式创新	
行业	得分	行业	得分	行业	得分
高端制造业	7.1	金融业	6.7	金融业	7.1
商贸业	7.1	商贸业	6.6	商贸业	7.1
文化体育娱乐业	7.0	文化体育娱乐业	6.3	文化体育娱乐业	6.8
金融业	6.8	传统服务业	6.3	传统制造业	6.8
传统服务业	6.6	传统制造业	6.2	传统服务业	6.7
传统制造业	6.6	高端制造业	5.9	高端制造业	6.0
均值	7.1	均值	6.6	均值	7.1

（2）对与创新能力密切相关的资源的获取能力成为民企发展短板

各行业人才需求满足度存在差异。人力资源二级指标得分为68.14分，整体低于上一年度（72.9分）。传统制造业对于管理者素质、人才结构等人力资源指标的自评满意度均相对较低，而文化体育娱乐业对于管理者素质和员工素质的满意度也普遍较低。

近半数民营企业获取配套资源困难。调查显示：47.7%的受访企业不认可本企业获得配套资源的能力；首都周边地区（53.4%）和珠三角地区（50%）民营企业的这一比例达到半数；新企业的资源获取能力较弱。分行业看，高端服务业（51.2%）和文化体育娱乐业（57.1%）的资源获取能力位居末位。

融资需求仍得不到满足。46.7%的民营企业表示企业的融资需求没有得到满足。融资难题在新企业、小型企业中更为明显。分行业看，文化体育娱乐业（35.7%）、金融业（31%）和教育业（30%）认可融资需求得到满足的比例最低。

（3）对企业盈利能力的认同度下降

尽管仍有半数以上（56.3%）受访企业认可本企业的盈利能力和发展速度，但相比上年（70.9%）这一比例明显下降。相对而言，珠三角地区民营企业维持盈利难度最大。而分行业看，传统制造业和房地产业对自身盈利能力的认同度最低。

3.4　混合所有制改革

纵观四十多年的国内经济改革历程，我们可以发现两个清晰的脉络。一是"增量改革"，即在原有的公有制外，发展多种所有制经济，并让市场在资源配置中发挥决定性作用。民营经济在此过程中逐渐壮大并扮演了关键性的角色。二是"存量改革"，核心表现为国有企业改革，即通过对国有经济自身的改革使国有企业建立现代企业制度并优化国资效率。2013 年党的十八届三中全会后的混合所有制改革，第一次把国有经济与其他所有制经济的融合提升到国家战略高度。尤其是，围绕市场经济主体地位平等性常年存在博弈的国有经济和民营经济开始"你中有我，我中有你"，对两种所有制经济形式都带来了挑战，也带来了更多机遇。

3.4.1　增量与存量融合上升为国家战略

2013 年 11 月 15 日，党的十八届三中全会通过的《中共中央关于全面深化改革若干重大问题的决定》发布，明确提出积极发展混合所有制经济，并提出了"三个允许"：一是允许更多国有经济和其他所有制经济发展成为混合所有制经济；二是国有资本投资项目允许非国有资本参股；三是允许混合所有制经济实行企业员工持股，形成资本所有者和劳动所有者利益共同体。

2014 年 7 月 15 日，国务院国资委召开新闻发布会，宣布在所监管的中央企业中开展"四项改革"试点，国家开发投资公司、中粮集团、中国医药集团总公司、中国建筑材料集团公司等被纳入首批试点。四项试点包括国有资本投资公司试点、混合所有制经济试点、经理人制度试点和派驻纪检组试点。

2015 年 9 月 24 日，国务院发布《关于国有企业发展混合所有制经济的意见》，提出了混合所有制改革的总体要求和基本原则：第一，政府引导，市场运作；第二，完善制度，保护产权；第三，严格程序，操作规范；第四，宜改则改，稳妥推进。

混合所有制经济改革政策的出台，与中国经济增量改革与存量改革双轨并进的历史轨迹一脉相承，也与以民营经济为代表的非公有制经济的崛起密切相关。总的来说，中国经济的增量、存量改革历程大体可以归纳如表 3 - 3 所示。

表 3 - 3　国内经济增量改革与存量改革历程一览

时间	存量改革	增量改革
1978～1984 年	放权阶段	个体经济是公有制经济的重要补充
1985～1992 年	改制阶段	也是社会主义经济必要的有益的补充
1993～2002 年	现代化阶段	民营经济是国民经济的重要组成部分
2003～2012 年	股份制改革阶段	民营经济与国有经济都是国民经济的重要组成部分，各种所有制经济公平竞争
2013 年至今	混合所有制改革阶段	

3.4.2　增量改革

（1）第一阶段：1978～1992 年

1978 年，全国个体工商户仅 14 万户。至 1992 年，全国私营企业 14 万户；个体工商户 1543 万户，从业人员 2468 万人。

（2）第二阶段：1993～2002 年

1997 年党的"十五大"明确提出非公有制经济是社会主义市场经济的重要组成部分。1999 年九届全国人大二次会议通过《宪法修正案》，规定："在法律规定范围内的个体经济、私营经济等非公有制经济，是社会主义市场经济的重要组成部分。"这十年间，私营企业从 14 万户增加至 243.5 万户；个体工商户由 1543 万户发展到 2378 万户。

（3）第三阶段：2003 年至今

2002 年，党的"十六大"明确提出"毫不动摇地巩固和发展公有制经济，毫不动摇地鼓励、支持和引导非公有制经济发展"。2004 年，全国人大十届二次会议通过《宪法修正案》，规定："国家保护个体经济、私营经济等非公有制经济的合法的权利和利益。国家鼓励、支持和引导非公有制经济的发展，并对非公有制经济依法实行监督和管理。"截至 2015 年第二季度，私营企业共 1684.5 万户，注册资本 71.8 万亿元；个体工商户 5456.86 万户，资金数额约 3 万亿元。

民营经济从无到有，从国民经济有益的补充到重要组成部分，不断发展壮大。如今，民营经济在国民经济中拥有了和国有经济同等的地位和公平竞争的法律保障，这也为国有企业混合所有制改革提供了历史契机。只有在国有经济和民营经济取得平等地位的条件下，混合所有制才真正拥有了现实的可能性。也正是在此背景下，中央政府不失时机地推出了一系列相关改革指导文件，为混合所有制改革吹响了号角。

3.4.3 存量改革

（1）放权阶段（1978～1984 年）

1979 年，国务院先后颁布了《关于扩大国营企业经营管理自主权的若干规定》等五个文件，赋予国有企业自主经营的权利，同时推进利税改革，实现国有企业放权让利。当年，国有企业即实现利税增长 10.1%，国家财政也从 1978 年的财政赤字转为财政盈余。

（2）改制阶段（1985～1992 年）

1985 年，政府明确了增强国有大中型企业的活力是经济体制改革的中心环节，这一阶段的改革就是要将所有权和经营权分开。在公司组织形式上，由原来的"老三会"（党委会、职工代表大会、工会）逐渐转变为符合现代企业制度的"新三会"（股东会、董事会、监事会）。

（3）现代化阶段（1993～2002 年）

1993 年，《公司法》的颁布规范了国有企业股份制改革，通过定向募集的形式设立的股份有限公司因易引发黑市交易和投机行为被叫停。同时，A股证券市场的发展被定位为推动国有企业上市、扭亏脱困，实行国有企业剥离上市、发展较好的国有企业与发展困难的国有企业捆绑上市成为这一阶段国企改革的重要特征。

（4）股份制改革阶段（2003～2012 年）

2003 年中共中央指出要使股份制成为公有制的主要实现形式，同年 4 月，国务院国资委成立。2006 年，首次公开发行股票（IPO）实现了全流通，并恢复了资金申购制度，中国工商银行、中国建设银行、中国石油等在 A 股上市。

（5）混合所有制改革阶段（2013 年至今）

2013 年，党的十八届三中全会通过《中共中央关于全面深化改革若干重大问题的决定》，明确提出发展混合所有制经济，鼓励国有资本、集体资本、非公有资本等交叉持股、相互融合，完善国有资产管理体制，以管资本为主加强国有资产监管。

3.4.4　释放改革新红利

混合所有制经济，分为宏观和微观两个层面。宏观上讲，混合所有制经济是指一个国家整体的经济结构的非单一性，既有公有制经济，也有非公有制经济，还包括拥有国有和集体成分的合资、合作经济。微观上讲，则指不同所有制经济单位（一般指企业）或投资主体（民营资本与公有资本，外国资本和国有资本等）共同出资组建的企业形式。而在微观层面，又可分为三类企业。

第一类，公有制和私有制联合组成的混合所有制企业，包括国有经济与外资联合而成的企业，如中外合作经营、合资经营等，或国有经济同国内私营经济联合组成的企业。

第二类，公有制与个人所有制联合组成的混合所有制企业，包括国有企业股份制改革中吸收本企业职工持有部分股权的企业，以及集体经济实行股份合作制的企业中集体所有与个人所有相结合的混合所有制企业。

第三类，公有制内部国有企业与集体企业联合组成的混合所有制企业，包括城市国有企业与农村乡镇企业或城市集体企业组成的联合体。

2013 年中共中央强调的混合所有制改革，主要是指微观层面中的第一类企业，涉及国有企业主体的企业层面改革，即要实现公有资本与非公有资本共同参股组建新型企业。而在非公有制经济中，民营经济又是至关重要的组成部分，所以，现阶段的混合所有制改革的主体为国有企业，而主要参与群体就是民营企业。

2015 年 9 月 24 日，国务院发布《关于国有企业发展混合所有制经济的意见》。文件指出，混合所有制改革的出发点和落脚点为"应对日益激烈的国际竞争和挑战，推动中国经济保持中高速增长、迈向中高端水平，需要通过深化国有企业混合所有制改革，推动完善现代企业制度，健全企业法人治理结构；提高国有资本配置和运行效率，优化国有经济布局，增强国有经济活力、控制力、影响力和抗风险能力，主动适应和引导经济发展新常态；促进国有企业转换经营机制，放大国有资本功能，实现国有资产保值增值，实现各种所有制资本取长补短、相互促进、共同发展，夯实社会主义基本经济制度的微观基础"。

改革到了混合所有制阶段，国有企业面临的许多问题已经日益突出。首先是国有企业的体制问题，国有企业改革40多年来，依然存在严重的政企不分现象，驾驭市场的能力还不足，国企的领导同时兼有国家行政级别，这和现代化的企业管理制度还有差距，现代的专业经理人制度亟待建立。其次是运营管理能力问题，国有企业往往机构繁多，人员繁杂，对市场的反应经常滞后，而在当前经济全球化的背景下，市场瞬息万变，国有企业面临的竞争压力也越来越大，运营管理能力提高的要求也愈发迫切。此外，资金利用效率低，国有资产保值增值的压力巨大。

已有研究显示，在2008年国际金融危机发生前，国内民营企业和国有企业的资产回报率都在稳步上升，两者之间的盈利能力差距不大。但自2008年以后，民营企业的资产回报率已大幅升至11%，而国有企业资产回报率有所下降，近年在5%左右徘徊。

进行国有企业混合所有制改革，就是要革除以上的国有企业弊病，使其焕发新的活力。通过混合所有制改革，引入民间资本来加强股东的外部监督，改进国有企业董事会的结构，就能破除政企不分、政资不分的矛盾。发展混合所有制，还可以淡化所有制的属性，给予民营资本更多的公平机会，有利于促进市场的充分竞争，倒逼国有企业完善运营管理体制，提高资本利用率，最终有利于国有资产保值增值。总结起来，混合所有制改革有两个目标：第一，吸收社会资本，发挥国有资本的杠杆作用；第二，改善公司治理，真正实现国有资产保值增值。

4 民营控股公司中的国有股东行为与企业绩效

4.1 研究基础

随着我国的经济体制改革，民营企业得到了更多的发展机会，在不断进步和壮大的过程中，已成为国家经济发展和社会进步的主要推动力量和重要组成部分。2013年，党的十八届三中全会通过《中共中央关于全面深化改革若干重大问题的决定》，意在调整国有经济结构，鼓励发展非公有资本控股的混合所有制企业，进一步推动和促进民营经济的快速发展。目前，民营经济吸纳了全国70%以上的就业人数，创造的生产总额和缴纳的税收占国家总额的60%以上（李姝、谢晓嫣，2014；刘迎秋、剧锦文，2008）。但是，在当前的市场经济体制下，大量的资源分配掌握在政府手中，民营企业仍然面临着融资约束、资源短缺以及所有制歧视等问题（于蔚等，2012；陈德萍、陈永圣，2011），民营企业的发展状况和生存环境存在较大的不确定性（郝颖等，2010）。因此，为了在政府提供的各种优惠政策中获得巨大的经济利益，民营企业更愿意积极建立与政府之间的联系，设法使自己带有官方色彩，并树立良好的社会形象。现有大量研究证实，具有个人政治关联的民营企业在公司经营发展过程中能够获得诸多好处与便利（Chan et al.，2014；黄珺、魏莎，2016）。但被学者们关注较少，对民营企业而言具有至关重要作用的政治关联方式，是民营控股公司在所有权安排中引入国有股权。据我们前期的研究，中国民营控股上市公司中有超过30%是通过IPO直接上市，近2/3是通过买壳等形式上市，在所有的民营控股上市公司中超过60%的公司前十大股东中含有国有股东。国有股是指有权代表国家投资的部门或机构以国有资产向公司投资形成的股份。理论分析表明，由于国有股有效持股主体出现缺位，出资人权利不能直接有效发挥，只能通过特殊的多级委托代理关系由政府官员或其指定任命的代理人代为行使，故国有股权与政府部门有着天然的联系。

实际情况也表明，民营企业在其发展过程中，引入国有股权的目的可能是在努力建立与政府之间的"共生关系"，为企业的发展营造适宜的政治生态。不可否认的是，国有股权在产权保护、获取资源、融资便利、行业扩张等经营战略方面有着先天优势，民营企业引入国有股权可能正是其建立政治关联的重要渠道（潘镇等，2017）。同时，在利益动机的驱动之下，地方政府（或国有企业）也会在新的体制框架中寻求与民营企业建立新的联系。因此，越来越多的民营企业在公司所有权安排中出现国有股权，而这种具有特殊性质的股权形式也开始受到学术界和实务界的关注。

已有研究表明，在民营控股公司中，国有股权在企业与政府、国有银行中起到了连接"纽带"的作用，使公司更容易获得发展所需的关键资源和优惠政策（肖作平、廖理，2012）；同时，国有股权通过改变政府干预和管理层动机等方式，也会对公司治理水平产生影响（田利辉，2005）。此外，不同比例的国有股权在企业中所产生的作用也不尽相同，非控股国有股权既可能会提升企业绩效，也可能会降低企业绩效（Sun et al.，2002）。但是，相关研究并未从机理上剖析国有股权对民营控股公司的经济行为及其效果产生的影响，没有很好地解释存在于公司中的国有股权到底是以怎样的方式影响民营控股公司的绩效。国有股权的存在是否为民营企业的发展提供了更多的机会，从而为民营公司带来了资源获取的优势？国有股权是否切实影响到了公司治理水平，是对民营控股股东进行有效的制衡和监督，还是通过合谋等手段提升了公司经营的自主性？以上作用方式是否对民营企业的绩效起到了提升的作用？本章对这些问题的研究，能够丰富民营企业公司金融领域的研究，有助于更准确地理解和把握民营企业混合所有制改革的内在逻辑，也有助于从多种角度阐释民营企业得到迅速发展的内在机理。此外，本章的研究也为政府部门进行混合所有制改革的顶层设计和出台相关的政策建议提供了新的理论依据。

4.2　理论分析与研究假设

4.2.1　国有股权对民营企业股东的制衡作用

近年来，股权制衡逐渐成为备受学术界以及实务界关注的重要问题。在股权集中度较高的治理结构中，大股东往往掌握着公司的实际控制权，为了达到其目的和利益，可能会做出不利于其他中小股东的决策（La Porta et al.，1999）。为了更好地约束大股东的机会主义行为，有学者将股权制衡引入公司治理的研究中（安灵等，2008），认为股权制衡能够在监督和约束大股东行为的同时，对小股东进行保护，能够有效解决大股东和小股东的代理问题（吴红军、吴世农，2009；李颖琦、俞俊利，2012）。在公司治理的实践中，大股东的掏空行为是侵害中小股东利益的主要方式。其中，控股股东占用资金和显失公平的关联交易对上市公司的损害非常明显，且较为常见，这也是学者们关注较多的掏空行为（周泽将、高雅，2019）。在制衡式股权结构中，对大股东掏空行为的抑制作用是检验其制衡效果的重要方法（安灵等，2008）。有学者采用第 2~5 位或第 2~10 位股东的持股比例之和与第一大股东的持股比例作为衡量企业股权制衡度的指标，对公司治理问题进行了研究（陈德萍、陈永圣，2011），并认为股权制衡是一种有助于提升公司业绩、较为有效的公司治理机制。另外，也有学者将持有一定比例股份的股东作为制衡股东，研究其行为对企业的影响，认为制衡股东并非控股股东，在董事会中的席位较少且投票权有限，与公司的利益相关度较低，导致了制衡力度较差，对控股股东的掏空行为并无显著影响（姜付秀等，2015）。

对于我国的上市公司而言，不同性质的控股股东在上市公司管理的利益点和掏空动机方面存在较大差异，且不同性质的制衡股东同样在利益关系上存在很大差异，从而导致了股东进行制衡的动机以及强度也不尽相同。在对民营企业股权制衡的研究问题上，已有研究表明，相较于民营制衡股东，国有制衡股东对民营控股股东掏空行为的抑制作用较弱（涂国前、刘峰，2010）。不同于国有企业中的大股东地位，民营控股公司中的国有制衡股东没有掌握企业高层管理人员的任命权，从而降低了政府对公司决策与经营行为的监督和影响（陆瑶等，2011）。此外，股权制衡是通过董事会投票来实现的，而国有股权的出资人权利只能通过多级委托代理关系由国有股权持股代表代为行使（贾明、张喆，2015），而代表国有股权的董事并未直接代表自身的利益，就制衡动机来看，国有股东要弱于民营股东。在我国转型经济的大背景下，公司治理过程中滋生的裙带关系和腐败行为难以避免（Shleifer and Vishny，1993），代表国有股东的董事很有可能会通过与民营控股股东进行合作，寻求个人利益的满足，得到在国有企业难以得到的利益，使监督制衡效果大打折扣，不能有效保护中小股东的利益。在以上分析的基础上，我们提出假设4.1。

假设4.1：国有股权存在于民营企业中对民营控股股东掏空行为的有效抑制作用不佳。

4.2.2 国有股权对民营企业资源获取的影响

近年来，在我国经济转型的过程中，市场和制度的不完善使得企业发展所需的关键性资源大多直接由政府分配，政府对资源的配置仍起着主导性作用（林亚清、赵曙明，2013）。在我国以国有商业银行为主、高度集中的金融体系下，信贷分配存在体制性的主从次序，民营企业通常面临严重的信贷歧视，融资难度远高于国有企业（李广子、刘力，2009）。除融资约束外，政府对一些行业的严格管控也给民营企业的发展带来了限制。尤其是在当前的经济转型时期，民营企业进入壁垒行业的主要困难并非来源于市场竞争环境的压力，而是政府对行业准入的管制。剧锦文（2011）研究发现，经济发达国家的垄断产业大多是由财团控制，在行业竞争过程中通过财务优势和竞争优势形成了行业壁垒。而我国的垄断产业则是制度或政策性因素造成的。因此，相较于国有企业而言，民营企业很难突破壁垒从而进入这些受政府严格管制的行业。

在当前我国市场经济制度不甚完善的情形下，民营企业要想获得更多的发展机会，需要把和政府的关系作为企业经营战略的重要组成部分，从而与政府形成政治关联。"政治关联"这一概念相当宽泛，由于世界各国的政治、经济制度等方面存在的巨大差异，目前国内外学术界对于"政治关联"的定义和度量方法尚未形成统一的标准，主要从企业高级管理人员是否具有政府工作经历，是否为人大代表或政协委员以及是否通过慈善捐赠行为与政府部门建立关系等个人层面进行考虑。近年来，有学者开始从公司股权结构入手来考察企业的政治关联，即民营控股公司中存在的国有股权。国有股是指有权代表国家投资的部门或机构以国有资产向公司投资形成的股份，一般由国务院授权的部门或机构持有。由于国有股有效持股主体出现缺位，出资人权利只能通过特殊的多级委托代理关系由政府官员代为行使，因此，国有股权与政府有着天然的联系。民营企业通过国有股权与代表国有股的股东建立了一种直接的利益关系，是一种制度层面上的政治关联方式。

有研究表明政治关联能够让民营企业与政府之间建立良好的关系，从而提高企业的社会声誉，并缓解企业的融资约束（Liu et al.，2016）。罗党论和刘晓龙（2009）发现民营企业家参政能有效帮助公司进入受政府严格管制的行业，进而显著提升企业绩效。胡旭阳和史晋川（2008）认为，具有政治身份的民营企业家能够帮助公司降低高壁垒行业的进入门槛。罗党论和甄丽明（2008）研究发现，民营企业家通过参政与政府形成了良好的关系，有助于解决民营企业与金融机构间长期存在的信息不对称问题，对企业融资起到了积极作用。实际上，私有股权和国有股权这种混合的产权模式所产生的"共生关系"在制度层面上可能比民营企业家仅是一名人大代表或政协委员所产生的声誉效果要更能为社会所认同，并且所获得的社会资源也更多。国有股权所带来的政治资本能够有效抵消制度环境的负面影响，为企业提供融资便利，有助于企业进入高壁垒行业，从而形成了企业的综合竞争优势。民营控股公司可以通过代表国有股的股东与政府保持直接的关系，彰显了企业具有较强的实力，并且获得了政府的认可。这在一定程度上消除了银企、政企双方的信息不对称问题，缓解了长期困扰民营企业发展的"所有制歧视"问题，使企业获得更多的银行贷款和进入高壁垒行业的机会。基于以上分析，我们提出假设4.2。

假设4.2：国有股权存在于民营企业中能够帮助公司获得更多的金融支持与发展空间。

4.2.3　国有股权对民营企业绩效的影响

在民营企业的发展过程中，政府的介入可能会对企业产生帮助，也可能对企业利益进行攫取（栾天虹、何靖，2013）。不同类型的公司股东所代表的利益不同，治理方式也存在较大的差异。与私有股权相比，国有股权复杂的委托代理关系会增加企业的代理成本，从而降低企业的经营绩效（李文贵、余明桂，2015）。并且，代表政府意志的国有股权会更加重视和强调企业的社会责任，关注员工福利和企业形象，使得企业行为不再以追求利润最大化为最终目标，进行较为低效的经营决策（Jiang and Kim，2015）。此外，政治环境中的裙带关系和腐败行为很容易通过代表政府的国有股权在企业中滋长，最终不利于企业绩效的提升。

已有研究从多种角度检验了国有股权对企业绩效产生的影响。周业安（2001）发现，相较于国有股权，非国有股权对企业行为具有更强的正向激励；Xu 等（2013）通过实证研究发现，国有股权显著负向地影响了公司业绩；Sun 和 Tong（2003）认为，国有股权私有化能够有效改善公司的盈利能力。然而，在基于股权性质的研究文献中，也有部分学者认为国有股权并不会损害公司价值。Sun 等（2002）发现国有股权与公司业绩显著正相关；陈晓和江东（2000）在区分行业类别后发现，在竞争较强的行业中国有股权会在一定程度上损害公司价值，而在竞争较弱的行业中这种作用则不明显。

之所以会出现国有股权对企业经济效果不一致的结论，我们认为主要原因是未将国有股权进行有效的分类讨论，以上研究结论主要针对国有股权一股独大的情况，而在企业中不同占比的国有股权会产生不同的经济效果。有研究表明，国有股权与公司业绩之间并非是单纯的线性关系，而是存在公司业绩随着国有股比例的上升而先下降后上升的 U 形关系（Jiang and Kim，2015）。在国有企业市场化改革的过程中，一方面，国有股仍在一些国有控股公司占很大的比重，企业与政府的关系依然非常紧密，使得企业受到政府的行政干预，因此会对企业绩效产生一定的负面影响。而另一方面，在一些公司中占比很少的国有股，往往处于改制过程中逐步退出企业经营的过渡阶段，对企业具体经营干预较少且影响微弱（Li and Qian，

2013）。本章主要探讨的是民营控股公司中存在的国有股权及其经济行为，旨在分析民营企业中占比较大，但又非第一大股东的国有股对民营企业经营发展所带来的影响。不同于一股独大的国有股，此类国有股因其仅作为参股股权，对企业经营的干涉有限，所拥有的董事会席位对民营企业的重大经营决策仅具有一定的表决权，而非决定权，能够使民营企业控股股东在有效避免政府较强行政干预的同时，拥有独立的经营决策权，从而保持自身的公司治理优势。同时，拥有公司董事会席位的国有股又能够通过代表国有股的董事让企业与政府形成紧密的联系，从而得到政府的强大支持以促进企业的快速发展。根据上述分析，我们提出假设4.3。

假设4.3：国有股权存在于民营企业中对公司绩效会有显著的正向影响。

4.3　研究设计

4.3.1　样本选择和数据来源

我们选取了 A 股民营上市公司作为研究对象，数据选取时间跨度为2009～2014 年，根据公司年报中披露的股权结构信息以及其他信息渠道，从中选取终极控股股东产权属性为民营性质的上市公司。由于部分国有企业通过股份转让方式转变为民营企业，其本身就存在比较复杂的政治关联，为保证民营上市公司政治关联的纯粹性，我们剔除了国有企业通过股权转让而成为民营企业的样本，并同时剔除了信息披露不详、最终控制人不详以及属于金融行业的公司，最终共得到有效样本 1187 个。其中，上市公司的董事会及股东情况、财务数据来自 CSMAR 数据库和公司财务年报，其余数据来自 Wind 数据库。有关控股股东占用上市公司资金的数据主要来源于公司年度报告、中期报告和证监会、证交所的处罚公告。

4.3.2　变量说明

（1）解释变量

对于制衡股东的衡量，La Porta 等（2002）的研究界定了其持股比例应不低于 10%。持股比例在 5%～10% 的制衡股东具有一定的监督动机和能力，但制约控股股东的作用比较小。鉴于我国民营上市公司目前大多都是相对控股，绝对控股的情况已不多见，所占比例低于 10% 的国有股权在民营控股公司中也会起到较为重要的治理作用。另外，由于民营控股公司的国有股权主要通过董事会决策权来体现自身的利益（涂国前、刘峰，2010），为了更好地解释有关国有股权在民营控股企业中的经济行为，我们将民营控股公司中拥有董事会席位，以及所持股份排名公司前十的国有股权作为具有制衡作用的国有股，其度量变量包括两种：①是否含有作为公司前十大股东且拥有董事会席位的国有股权即是否有国有股权制衡（State_share）；②含有作为公司前十大股东且拥有董事会席位的国有股权比例，即国有股权制衡比例（State_rate）。

（2）被解释变量

关于公司股东的制衡作用研究，对控股股东掏空行为的抑制作用是重要的制衡效果刻画变量，我们参照涂国前和刘峰（2010）的研究，选取占用资金来表示控股股东的掏空行为（TUL），作为刻画股东制衡效果的变量，并且在数据处理中，以民营控股股东占用资金金额除以前一年末总资产来消除公司规模的影响。对于公司资源获取的度量，虽然企业获取资源的方式有很多种，但是获得银行贷款及进入高壁垒行业是国有企业与民营企业存在差异的重要原因，因此，参照余明桂和潘红波（2008b）、李莉等（2013）的研究，我们选取了银行贷款比例（LOAN）和是否进入高壁垒行业（BAR）作为企业资源获取变量。其中，高壁垒行业是指基于行业准入的视角，有些管制性行业的准入在我国一直受到政府审批以及法律法规的严格限制，主要体现为政府的管制性壁垒和在位国有企业的抵制行为（罗党论、赵聪，2013）。我们借鉴陈斌等（2008）对行业划分的标准，将第一类（传统的国有垄断行业）、第二类（资本密集型的行业）划分为高壁垒行业，第三类（竞争较为充分的行业）、第四类（竞争较激烈且技术含量较高的行业）划分为低壁垒行业。对于公司经营业绩的衡量，我们选取了公司绩效变量 ROA 和 ROE。由于公司的股权结构对经营业绩的影响存在一定的滞后性，在实证检验中，我们选取了企业滞后一年的 ROA 和 ROE 数据。

（3）控制变量

对于控制变量，我们参照田利辉和张伟（2013）、唐松和孙铮（2014）、李莉等（2013）的研究，选取了公司规模（*TA*）、财务杠杆（*LEV*）、成长性（*GR*）、盈利能力（*PR*）、固定资产比例（*FA*）、治理结构（*DUAL*）、税率（*TAX*）和员工数（*STAFF*）。此外，为了控制行业和年度的影响，我们还设定了行业和年度的虚拟变量。所有使用的变量定义及度量见表4-1。

表4-1 变量的定义及说明

变量类型	变量名		定义
解释变量	国有股权变量		
	是否有国有股制衡	*State_share*	虚拟变量：公司含有国有股东制衡时为1，否则为0
	国有股权制衡比例	*State_rate*	公司含国有股东制衡股本/公司股东的总股本
被解释变量	制衡作用变量		
	掏空行为	*TUL*	民营控股股东占用资金金额/前一年末总资产
	公司资源变量		
	银行贷款比例	*LOAN*	［短期借款＋长期借款］/总资产
	是否进入高壁垒行业	*BAR*	虚拟变量：如果公司进入高壁垒行业则值为1，否则为0
	公司绩效变量		
	总资产报酬率	*ROA*	净利润/平均资产总额
	净资产报酬率	*ROE*	净利润/所有者权益
控制变量	公司特征变量		
	财务杠杆	*LEV*	总负债/总资产
	公司规模	*TA*	公司总资产的对数值
	盈利能力	*PR*	税前利润/总资产
	固定资产比例	*FA*	净固定资产/总资产
	成长性	*GR*	（当年销售收入－上年销售收入）/上年销售收入
	持股比例	*BAL*	国有制衡股权比例/第一大股东比例
	治理结构	*DUAL*	董事长与总经理是否两职合一：是为1，否则为0
	税率	*TAX*	所得税费用/息税前利润
	员工数	*STAFF*	公司所有员工数量的对数值
	行业	*IND*	虚拟变量，当企业处于该行业时为1，否则为0
	年度	*YR*	虚拟变量，样本观测值处于该年度时为1，否则为0

4.3.3　模型设定

为了检验假设 4.1，我们设定的计量模型为：

$$TUL_{it} = \alpha_0 + \beta_1 State_{it} + \beta_2 TA_{it} + \beta_3 LEV_{it} + \beta_4 ROA_{it} + \beta_5 BAL + \varepsilon_{it} \tag{4.1}$$

模型中被解释变量为掏空行为变量 TUL，$State$ 代表国有股权变量，其余为控制变量，i 表示横截面上不同的公司，t 表示不同年份。

为了检验假设 4.2，我们分别构建了线性模型（4.2）和 logistic 模型（4.3），具体为：

$$LOAN_{it} = \alpha_0 + \beta_1 State_{it} + \beta_2 TA_{it-1} + \beta_3 GR_{it-1} + \beta_4 PR_{it-1} + \beta_5 FA_{it-1} + \beta_6 DUAL_{it} + \varepsilon_{it} \tag{4.2}$$

$$Log(BAR_{it}) = \alpha_0 + \beta_1 State_{it} + \beta_2 TA_{it} + \beta_3 LEV_{it} + \beta_4 PR_{it} + \beta_5 TAX_{it} + \beta_6 STAFF_{it} + \varepsilon_{it} \tag{4.3}$$

模型中被解释变量分别为银行贷款比例（$LOAN$）和是否进入高壁垒行业（BAR），$State$ 为国有股权变量，其余为控制变量。在检验银行贷款与国有股权的关系时，考虑到金融机构贷款会评估公司上一年度财务及盈利情况，我们对解释变量统一使用了 $t-1$ 期的数据，在检验高壁垒行业与国有股权的关系时，我们借鉴了陈斌等（2008）按照 Wind 各行业中对应的行业进入壁垒指数，来判定企业是否进入了高壁垒行业。

为了检验假设 4.3，我们设定的计量模型为：

$$ROA_{it}(ROE_{it}) = \alpha_0 + \beta_1 State_{it-1} + \beta_2 TA_{it-1} + \beta_3 LEV_{it-1} + \beta_4 PR_{it-1} + \beta_5 FA_{it-1} + \beta_6 GR_{it-1} + \beta_7 BAL_{it-1} + \varepsilon_{it} \tag{4.4}$$

模型中被解释变量为企业绩效 ROA 和 ROE，$State$ 代表国有股权变量，其余为控制变量，考虑到国有股权对公司绩效的影响存在滞后性，我们对解释变量使用了 $t-1$ 期的数据，i 表示横截面上不同的公司，t 表示不同的年份。

4.4　实证结果及分析

4.4.1　描述性统计及相关性检验

从表 4-2 中可以看出，是否有国有股权制衡（$State\_share$）的均值为

0.392，标准差为 0.183，说明选取样本中存在一定的民营企业含有国有制衡股权的情况。而国有股权制衡比例（*State_rate*）的均值为 0.107，说明存在国有股权制衡的民营控股公司中，国有股权占公司股权的比例相对较低。此外，民营控股公司的银行贷款比例（*LOAN*）为 0.279，标准差为 0.221，说明银行贷款是企业目前重要的融资来源，且不同的公司获取银行贷款的能力还存在很大差异。表 4 - 2 显示，有 20.8% 的民营企业进入了存在高壁垒的行业，说明民营企业在进入受政府严格管制的一些高壁垒行业仍受到很大的限制。从表 4 - 2 还可以看出 *TUL* 的均值为 0.197，标准差为 0.473，说明目前我国民营企业中控股股东对中小股东的利益侵占较为严重，并且侵占程度的差异也较大。另外，在控制变量方面，*LEV* 均值为 39%，*TA* 均值为 21.379，*PR* 均值为 0.036，说明民营控股公司的整体负债正常，但盈利能力并不是很强。而 *GR* 的均值为 0.173，标准差为 0.274，说明不同民营控股公司之间的发展水平存在较大的差异，仍有很大成长空间。

从表 4 - 2 中对各变量的相关性分析结果可以看出，国有股权变量（*State_share* 和 *State_rate*）与公司绩效变量（*ROA* 和 *ROE*）、银行贷款比例（*LOAN*）、是否进入高壁垒行业（*BAR*）、持股比例（*BAL*）具有显著的正相关关系，与股东掏空行为（*TUL*）有显著的负相关关系，与治理结构（*DUAL*）、员工数（*STAFF*）、财务杠杆（*LEV*）没有显著的相关关系；银行贷款比例（*LOAN*）与国有股权变量（*State_share* 和 *State_rate*）、固定资产比例（*FA*）、财务杠杆（*LEV*）显著正相关，与掏空行为（*TUL*）和持股比例（*BAL*）没有显著的相关关系。是否进入高壁垒行业（*BAR*）与国有股权变量（*State_share* 和 *State_rate*）、银行贷款比例（*LOAN*）、固定资产比例（*FA*）、掏空行为（*TUL*）、税率（*TAX*）和员工数（*STAFF*）显著正相关。掏空行为（*TUL*）与国有股权变量（*State_share* 和 *State_rate*）显著负相关，与公司绩效变量（*ROA* 和 *ROE*）、财务杠杆（*LEV*）、公司规模（*TTA*）和成长性（*GR*）显著正相关，与盈利能力（*PR*）没有显著的相关关系。我们还对各变量之间的相关系数进行了 VIF 和 D - W 检验，结果表明各变量之间均不存在严重的多种共线性和序列相关问题。由于篇幅所限，我们省略了这些检验表格。

表4-2　变量的描述性统计与相关性分析

变量名称	样本数	均值	标准差	State_share	State_rate	ROA	ROE	LOAN	BAR	TUL	BAL	DUAL	TAX	STAFF	LEV	TA	PR	FA	GR
是否有国有股制衡（State_share）	1187	0.392	0.183	1															
国有股权制衡比例（State_rate）	1187	0.107	0.019	0.691***	1														
总资产报酬率（ROA）	1187	-0.051	0.179	0.102*	0.072*	1													
净资产报酬率（ROE）	1187	0.027	0.193	0.379**	0.201**	0.722***	1												
银行贷款比例（LOAN）	1187	0.279	0.221	0.048***	0.029*	0.294**	0.159**	1											
是否进入高垄断行业（BAR）	1187	0.208	0.229	0.027**	0.021*	0.201*	0.170*	0.059*	1										
掏空行为（TUL）	1187	0.197	0.473	-0.118*	-0.213*	0.062*	0.005	-0.027	0.035*	1									
持股比例（BAL）	1187	0.732	0.521	0.131*	0.418***	0.116	0.201	0.061	0.019*	-0.115*	1								
治理结构（DUAL）	1187	0.322	0.247	0.017	0.039	0.129*	0.234**	0.092*	0.083*	0.102*	0.205	1							
税率（TAX）	1187	0.170	0.102	0.013*	0.024*	0.703***	0.602***	0.532*	0.723***	0.023*	0.077	0.108	1						
员工数（STAFF）	1187	3.427	0.609	0.027	0.010	0.336**	0.424**	0.289**	0.193**	0.015	0.232**	0.213**	0.335**	1					
财务杠杆（LEV）	1187	0.390	0.227	0.213	0.372	-0.276**	-0.294**	0.032*	0.012	0.107*	0.328	0.117	0.021	-0.013*	1				
公司规模（TA）	1187	21.379	0.694	0.128	0.099*	0.011*	0.022	0.031*	0.066*	0.024*	0.409*	0.230	0.017*	0.182**	-0.039*	1			
盈利能力（PR）	1187	0.036	0.117	0.423*	0.215*	0.118*	0.119**	0.020*	0.024	0.031	0.202**	0.096**	0.308**	0.038*	-0.058**	-0.022**	1		
固定资产比例（FA）	1187	0.695	0.370	0.021*	0.079*	-0.132*	-0.042*	0.131**	0.020*	0.003	-0.087	0.001	0.090*	0.126*	-0.126**	-0.210**	0.025	1	
成长性（GR）	1187	0.173	0.274	0.049*	0.122*	0.280	0.073	0.045*	0.011*	0.028*	0.099*	0.043*	0.081*	0.309**	-0.028*	0.199**	0.231***	0.039*	1

注：*、**、***分别表示在10%、5%和1%的水平下显著。

4.4.2　模型检验

在进行回归分析之前，我们首先对样本进行了豪斯曼检验（Hausman-test），检验结果显示 p 值为 0.0017，因此，采用固定效应模型对假设进行检验。另外，由于作为公司资源变量的是否进入高壁垒行业（BAR）为虚拟变量，在其作为被解释变量时，我们使用了 logistic 回归方法。

（1）国有股权对公司经济行为的影响

表 4－3 给出了国有股权对公司经济行为影响的回归结果。

表 4－3　国有股权对公司经济行为的影响

	TUL		LOAN		BAR	
	（1）	（2）	（3）	（4）	（5）	（6）
国有股权变量						
State_share	－ 0.029		0.038 **		0.146 **	
	（－ 0.305）		（1.992）		（0.040）	
State_rate		－ 0.037		0.031 ***		0.162 **
		（－ 0.477）		（3.090）		（0.031）
公司特征变量						
BAL	－ 0.121 **	－ 0.049 **				
	（－ 1.970）	（－ 1.968）				
ROA	0.320 **	0.323 **				
	（2.103）	（1.896）				
LEV	0.033	0.045			0.022 *	0.051 *
	（1.090）	（1.502）			（0.057）	（0.062）
TA	0.021	0.078	0.012 *	0.055 *	0.172 *	0.260 *
	（0.673）	（0.526）	（1.703）	（1.811）	（0.124）	（0.144）
DUAL			0.048 **	0.067 **		
			（1.979）	（1.994）		
GR			0.120	0.142		
			（1.273）	（0.795）		
FA			0.037 **	0.041 ***		
			（2.098）	（2.691）		
PR			0.072 **	0.050 *	0.083	0.064
			（2.051）	（1.779）	（0.171）	（0.177）

	TUL		LOAN		BAR	
	（1）	（2）	（3）	（4）	（5）	（6）
TAX					0.096*	0.121*
					(0.069)	(0.076)
STAFF					0.037*	0.029**
					(0.064)	(0.034)
YR	控制	控制	控制	控制	控制	控制
IND	控制	控制	控制	控制	控制	控制
Adjusted-R^2	0.252	0.263	0.281	0.307		
F Value	22.032***	24.615***	25.227***	26.030***		
Nagelkerke-R^2					0.189	0.191
Percentage Correct					79.8	82.2
Observations	1187	1187	1187	1187	1187	1187

注：*、**、*** 分别表示在 10%、5% 和 1% 的水平下显著。

表 4-3 报告了国有股权变量（State_share 和 State_rate）对公司经济行为影响的回归结果。其中列（1）、列（2）检验了国有股权制衡对民营控股股东掏空行为（TUL）的影响，列（1）显示，在控制公司特征变量及年度、行业效应后，是否有国有股权制衡（State_share）的系数在回归中不显著，列（2）的结果显示，国有股权制衡比例（State_rate）的系数也不显著，说明国有制衡股东对控股股东掏空行为没有显著影响，即国有股权在民营控股企业中的制衡效果不佳，从而验证了假设 4.1。由于在本研究中国有股东仅作为公司前十大股东之一而非控股股东，其利益和决策权都较为有限，对企业的重大决策影响力较小，并且，国有股东的多重代理问题也为国有股权制衡民营控股股东带来了障碍。同时，由于我国人文环境的特殊性，民营控股公司中的国有股东易与控股股东进行"合谋"，进而影响到制衡股权的监督效果。

表 4-3 中列（3）、列（4）检验了国有股权变量（State_share 和 State_rate）对银行贷款比例（LOAN）的回归结果。列（3）显示，在控制公司特征变量后，是否有国有股权制衡（State_share）的系数在 5% 的水平下显著为正。列（4）的回归结果显示，国有股权制衡比例（State_rate）的系数为

正，且在1%的水平下显著，说明民营控股公司中国有股权的相对权利越大，越能影响金融机构的信贷决策。在控制变量方面，公司规模（*TA*）、盈利能力（*PR*）、固定资产比例（*FA*）以及治理结构（*DUAL*）对银行贷款比例（*LOAN*）均有显著的正向影响，这些变量也是银行考察公司质量的重要参考指标，回归结果也与以往类似的研究结论基本一致。

表4－3的后两列则检验了国有股权变量（*State_share* 和 *State_rate*）对民营企业进入高壁垒行业的影响。结果显示：含有国有股权或国有股权的比例较高，均能有效帮助民营企业进入高壁垒行业。实际上，高壁垒行业大多涉及国计民生及国家经济战略安全，除国有企业外，混合所有制企业进入高壁垒行业比完全的民营企业在制度和逻辑上更能令人接受。在控制变量上，公司规模（*TA*）、盈利能力（*PR*）、财务杠杆（*LEV*）对企业是否进入高壁垒行业产生了显著的正向影响。值得注意的是，除以上有关考察企业的经营发展的变量外，税率（*TAX*）和员工数（*STAFF*）也对民营企业是否进入高壁垒行业起到了显著的促进作用。这是因为，我国的高壁垒行业大多受政府的严格控制，而政府在允许企业进入高壁垒行业时不仅要考虑企业的经营效益，同时也要考虑企业的社会效应，企业所缴税款和员工数量则反映了企业创造的社会价值和社会福利，因此，假设4.2得证。以上结果表明，我国民营控股公司中存在的国有股权其行为更多的是为企业发展提供相应的经济资源，而非对控股股东的行为进行监督和制衡。

（2）国有股权对公司绩效的影响

表4－4给出了国有股权对公司绩效影响的回归结果。

表4－4　国有股权对公司绩效的影响

	ROA			*ROE*		
	（1）	（2）	（3）	（4）	（5）	（6）
国有股权变量						
State_share	0.035 **		0.017 **	0.054 **		0.021 **
	(2.106)		(2.023)	(2.207)		(2.305)
State_rate		0.063 ***	0.008 **		0.042 **	0.034 *
		(2.942)	(2.022)		(2.170)	(1.728)

续表

	ROA			ROE		
	（1）	（2）	（3）	（4）	（5）	（6）
公司特征变量						
TA	0.014	0.052*	0.068	0.027	0.011	0.079
	（1.027）	（1.677）	（1.032）	（1.070）	（1.042）	（0.833）
LEV	0.063***	0.093**	0.077**	0.101*	0.050**	0.026**
	（2.992）	（2.028）	（1.995）	（1.756）	（2.321）	（2.034）
GR	0.034	0.062**	0.024*	0.063**	0.073*	0.007*
	（1.521）	（2.477）	（1.693）	（2.051）	（1.909）	（1.832）
BAL	0.064	0.071	0.046	0.017	0.332	0.139
	（1.220）	（1.052）	（1.123）	（0.862）	（1.104）	（0.842）
PR	0.127**	0.166**	0.128*	0.063**	0.073*	0.105*
	（2.579）	（2.230）	（1.991）	（1.980）	（1.858）	（1.730）
FA	0.056	0.027	0.015	0.201	0.063	0.069
	（0.817）	（0.694）	（0.629）	（0.900）	（0.522）	（0.871）
YR	控制	控制	控制	控制	控制	控制
IND	控制	控制	控制	控制	控制	控制
Adjusted-R^2	0.213	0.225	0.237	0.247	0.238	0.252
F Value	29.927***	23.311***	23.519***	23.979***	33.746***	34.082***
Observations	1187	1187	1187	1187	1187	1187

注：*、**、***分别表示在10%、5%和1%的水平下显著。

表4-4的第（1）~（3）列报告了国有股权变量（State_share 和 State_rate）对总资产报酬率（ROA）的回归结果。从第（1）~（3）列的结果来看，在控制了公司特征变量的情况下，国有股权变量 State_share 及 State_rate 的系数均显著为正，表明国有股权能有效提升公司的财务绩效。表4-4后三列是民营控股公司中国有股权对净资产报酬率（ROE）的影响结果，回归结果与 ROA 类似。

在公司特征变量方面，成长性（GR）、盈利能力（PR）和财务杠杆（LEV）的系数均在回归中显著为正，表明企业的发展状况对公司绩效改善有一定贡献；公司规模（TA）、持股比例（BAL）和固定资产比例（FA）没有显示出对公司绩效具有显著的影响。综上，假设4.3得证。

4.4.3 稳健性检验

为了进一步检验以上回归结果的稳健性，我们对被解释变量掏空行为（TUL）、银行贷款比例（LOAN）、是否进入高壁垒行业（BAR）进行了替换，其中，将掏空行为（TUL）的指标替换为"控股股东占用应收款/上一年期末总资产"，银行贷款比例（LOAN）替换为企业资产放大倍数，即"固定资产/银行贷款"，是否进入高壁垒行业（BAR）替换为进入壁垒行业程度，即"壁垒行业中的营业收入/总收入"，回归结果如表4-5所示。

表4-5　国有股权对公司经济行为的影响

	TUL		LOAN		BAR	
	(1)	(2)	(3)	(4)	(5)	(6)
国有股权变量						
State_share	-0.003		0.113***		0.105*	
	(-0.221)		(2.991)		(0.067)	
State_rate		-0.020		0.086***		0.141**
		(-0.378)		(2.895)		(0.032)
公司特征变量						
BAL	-0.069*	-0.021*				
	(-1.722)	(-1.824)				
ROA	0.310	0.244*				
	(1.294)	(1.720)				
LEV	0.009	0.011			0.012	0.026*
	(0.725)	(1.030)			(0.113)	(0.090)
TA	0.029	0.052	0.012**	0.003*	0.178	0.134
	(0.615)	(0.843)	(1.937)	(1.821)	(0.104)	(0.128)
DUAL			0.033	0.052*		
			(1.021)	(1.691)		
GR			0.132	0.190		
			(1.056)	(1.273)		
FA			0.122**	0.165***		
			(2.331)	(2.927)		
PR			0.063*	0.042**	0.087	0.051
			(1.911)	(1.973)	(0.134)	(0.172)

续表

	TUL		LOAN		BAR	
	（1）	（2）	（3）	（4）	（5）	（6）
TAX					0.085	0.125*
					(0.109)	(0.051)
STAFF					0.037	0.043*
					(0.114)	(0.064)
YR	控制	控制	控制	控制	控制	控制
IND	控制	控制	控制	控制	控制	控制
Adjusted-R²	0.201	0.258	0.220	0.263		
F Value	22.119***	22.205***	23.211***	24.010***		
Nagelkerke-R²					0.182	0.187
Percentage Correct					79.2	81.3
Observations	1187	1187	1187	1187	1187	1187

注：*、**、***分别表示在10%、5%和1%的水平下显著。

表4-5的回归结果说明替换后的指标同样能够支持本章的假设，并且解释变量及控制变量的稳健性检验结果与之前的回归结果基本一致。因此，本章的实证检验结果具有较高的稳定性和可靠性。

4.5　本章小结

尽管大量文献对民营企业中国有股东的经济行为进行了较为广泛的研究，但大多基于国有股东对企业干预的研究视角，并没有清晰阐释国有股权在民营企业中发挥的作用机理。由于国有股权的独特性，在现实情境中，国有股东主要的利益诉求在于，不仅要考虑企业的经营绩效，还要考虑企业的社会责任和社会影响，例如，企业解决就业人数、上缴税收以及企业对地方 GDP 的贡献。这与民营控股股东的最终利益诉求产生了一定的差异。"鄂武商"控制权争夺的案例对国有股权和私有股权的利益冲突进行了较为深刻的解读。然而，民营控股股东同样会利用国有股权与政府的天然联系，为企业带来重要的经济资源，进而提升企业的竞争力。作为政治关联的重要方式之一，民营控股公司中存在的国有股权对企业经营效果的影响较大。

此外，除由股权性质所带来的利益诉求差异外，在公司治理中，股权比例也决定了利益主体所拥有的权限。占比不同的国有股权在公司中的作用不同，利益诉求与治理动机也不尽相同，这就导致了其经济行为上的差异。本章重点关注在民营企业中具有董事会席位，能够对企业重大经营决策进行投票表决的非控股国有股权，从监督制衡和资源提供两个方面深入探讨其在民营企业中的经济行为，为全面理解在中国经济转型时期国有股权对民营企业的影响提供了一个新的视角，拓展了公司金融的研究领域。同时，在我国大力推进混合所有制改革的背景下，本章所讨论的国有股东在民营控股公司中的资源提供与股权制衡问题，能够为混合所有制改革实践提供一定的理论指导。

本章以中国民营控股上市公司的数据为样本，对国有股权在民营企业中的经济行为效果及其作用机制进行了理论分析与实证检验。研究发现，民营企业中具有董事会席位的国有股能够提高企业绩效，其机制在于：国有股权依靠其与政府的天然联系，能够为民营控股公司带来更多的银行贷款，并且提高了企业进入高壁垒行业的机会，这有助于企业获取更多的经济资源与发展空间，从而促进了企业的经营发展。同时，具有董事会席位但并非公司控股股权的国有股，对企业的经营决策很难产生决定性的影响，并不能够充分发挥其对民营企业控股股东的制衡作用，对民营控股股东的掏空行为的抑制作用并不明显。从另一个角度来看，国有股权在民营企业中对公司治理的干涉较弱，也使企业能够有效避免政府干预给企业带来的经营障碍，从而提升了企业的经济效益。

5 国有股权的政治关联效应

5.1 研究基础

伴随我国经济总量的快速提升，民营企业已经成为社会进步和经济发展的主要推动力量与重要组成部分。民营经济吸纳了全国 70% 以上的就业人数，创造的生产总额和缴纳的税收占全国总额的 60% 以上（王钦敏，2015）。民营企业在蓬勃发展的背景下，仍面临着融资约束、资源短缺以及股权设置不合理等问题，其发展状况和生存环境也存在较大的不确定性（李姝等，2013）。而非控股国有股权在民营企业中所起到的作用恰好能有效地帮助民营企业解决以上问题，并突破发展瓶颈（宋增基等，2014）。

民营企业拥有的"政治关联"是目前公司金融研究领域学者们关注的热点。事实上，公司政治关联同贪污、行贿等概念并不能同等看待，它是企业积极与国家行政机关建立的一套沟通机制，也是企业与各级政府之间形成的一种在制度环境有待完善的情况下正式（非正式）的特殊关联。Faccio（2006）在其发表的经典论文中指出，鉴于各国（地区）的政治、经济、法制环境不同，因而企业建立政治关联的途径也各有差异，但一致的是政治关联在世界各国的制度中都存在某种程度的合法性。例如，以英美为首的代议制政体中，商业财团倾向于通过向国会捐款的方式来游说议员，进而执行对其有益的产业政策（Acemoglu et al.，2016；Gray et al.，2016）。而在很多转型经济国家，企业实施政治关联的渠道主要通过企业家自身与政府官员建立私人关系来实现其策略（Markussen and Tarp，2014；Nys et al.，2015）。

从对现有的关于我国非公有制企业政治关联的学术文献归纳来看，大量学者的研究成果集中在民营企业家参政方面。徐业坤和李维安（2016）

指出民营企业通过企业家参政的方式建立与政府的关联，是在产权保护制度不健全、法律环境不完善的情况下，形成的一种替代保护机制；肖浩和夏新平（2010）同样认为，在当前地方经济制度不健全的环境下，民营企业通过政治参与便能与地方政府建立联系，以免其产权受到政府掠夺。李四海和陈祺（2013）通过研究发现，在经济发展相对落后的地区，由于产权保护水平低下、政府干预力度较大，民营企业家有更强烈的参政意愿。此外，已有部分研究表明建立了政治关联的民营企业更易于从政府机构获得经济资源和各种好处。比如潘越等（2009）发现，民营企业和地方政府建立政治关联后更容易获得财政补贴；Lu（2011）指出，与政府有关部门联系密切的民营上市公司更容易进行多元化投资；同样郑建明等（2014）也发现民营企业家通过政治参与能够从政府手中得到受管制行业的"准入证"，从而占据垄断行业的市场份额；而罗党论和魏翥（2012）甚至发现，民营企业家的政治身份有助于减轻公司的税收负担；谢家智等（2014）则从民营企业融资难的角度出发，研究发现民营企业家的政治身份能在一定程度上给予银行等金融机构一种信号暗示，并缓解信息不对称问题，从而有助于民营企业获得金融资源。从以上的文献总结中我们可以看出，关于政治关联的现有研究大都集中于企业家和高管的政治参与或者与政府官员的私人联系上，即个人层面上的政治关联。

实际上，还有一种颇为重要的政治关联途径被大部分学者忽略。宋增基等（2014）研究发现，在我国的民营企业中普遍存在这样一种现象，即在所有权结构安排中刻意引入部分国有股权；甚至有些民营企业通过"逆向收购"的方式保留了部分国有股权。所谓国有股（国有股权），包括国家股和国家法人股两种形式，国家股是指有权代表国家的部门或机构以国有资产的形式向实体公司进行投资所形成的股权，国家法人股则是指具有法人资格的国有企业、事业单位或其他单位以其合法资产向独立于其自身的股份公司进行投资所取得的股份。国有股通常是由国家最高行政机关授权的部门或机构持有（代持），或者授权由地方行政机关进行分配，国有股控股公司即带有非常明显的政府色彩。因而，若民营企业含有非控股国有股权，则在无形中与政府建立了一种紧密的联系。在我国由计划经济体制向市场经济体制转型的进程中，政府仍是市场的重要参与者，它不仅通过直接控股企业参与市场经营,同时也是市场的监督者与管理者,对于关乎国计民生的重要行业以及稀缺资源设立层层"门槛"与准入限制,同样带有国家背景的企业获得了市场更多的优惠与便利。因而,若民营企业保留或引入部分国有股权,即给自身增添了某些政府色彩,这将在一定程度上帮助企业在获取资源等方面占据某种程度上的优势,因此在民营企业中含有的非控股国有股权可视为政治关联的重要途径,它带来的诸多好处也值得进一步研究。陈建林(2015b)的研究表明,在家族企业中,非控股国有股权与家族所有权具有互补效应,能够有效提升企业的绩效。Adhikari 等(2006)针对马来西亚上市公司的研究表明,在基于关系的经济体中,国有股权的政治关联能够降低企业所缴纳的有效税率的水平。

然而,这些不多的研究仅停留在国有股权作用的一般性探讨。对于民营企业中含有的非控股国有股权的股东行为及作用效果,学术界的研究相对少见。本章对民营企业中含有的非控股国有股权的政治关联效应及其作用机制进行了理论分析和实证检验,得到如下结论:民营企业中含有的非控股国有股权可以帮助公司更易于获得信贷资源和发展机会,进而促使民营企业提升经营业绩。本章创新之处在于:将民营企业中含有的非控股国有股权视为一种重要的政治关联渠道,并从理论与实证的角度探讨这种关联机制建立的动因及效果,从而拓展了民营企业政治关联的研究,为进一步理解中国经济转型时期政治关联对企业的影响提供了一个新的视角。

5.2　理论分析与研究假设

5.2.1　民营企业中非控股国有股权的政治关联作用机制

在当前我国所处的经济转型升级时期,由于还未能形成一套将企业商业活动与政府政治行为分开的机制(Detomasi,2008;李后建、张剑,2015),各级政府机构的权威实际上是因为它对大多数资源进行控制,并依靠官僚阶层实施,从而形成了市场垄断(刘瑞明、石磊,2011;Feng et al.,2015)。而代表国家利益的国有股权实际上却缺乏有效持股主体,在特殊的"委托代理"制度下,政府官员甚至是其指定任命的代理人代为行使出资人权力，因而国有股权天然就与政府具有紧密的联系。虽然有部分研究已经证实，中国的民营企业在公司治理与运营方面更具灵活性并存在某些优势（Zhou，2013；武立东等，2016），然而在当前的制度环境下，国有股权依然在资源获取、多元化投资、产权保护等企业生存发展方面具备天然的优势，由于政府是企业外部利益的重要相关者，引入部分国有股权可以看作民营企业寻求政治联系的关键性策略。

实际上，政治关联是企业对产权保护与商业利益的根本诉求，同时也是企业谋求社会资本、寻求法律庇护以及介入政治的重要途径，其理论内涵注定相关研究的复杂性与必要性（钱先航、徐业坤，2013；Li et al.，2015）。Wang（2015）实证发现，在经济发展比较落后、政府干预较为严重以及司法效率低下的地区，民营企业寻求政治联系的意愿就会很强烈。这主要与中国人际关系中的"差序格局"有关（马君等，2012；杨玉龙等，2014）：人们往往会从关系的亲疏出发，并以此来确定相应的处事方式与态度。同样对于掌握企业发展所需大多数资源的政府来说，其在资源的分配上，也难免会受到这种因素的影响。因而构建与政府的联系就成了企业发展的重要方略，特别是在当前法律经济制度不完善的情况下，寻求这种替代保护机制，将有助于民营企业获取发展所需的各种资源。

已有的研究表明，政治关联对公司财务业绩具有一定程度的提升作用，其原因在于声誉机制作为一种正式机制能够有效抑制道德风险问题（叶康涛等，2010；刘林，2016；Sheng et al.，2011），从而有助于公司进行融资（谢家智等，2014；郭丽婷，2016），同时可使公司免于遭受政府侵占并获取各种稀缺资源（肖浩、夏新平，2010；郑建明等，2014），甚至可以在一定程度上减轻公司的税收负担（罗党论、魏翥，2012；李维安、徐业坤，2013），以及当公司因经营不善而陷入破产边缘时能够得到来自政府机构的救助（潘越等，2009；余明桂等，2010）。张铄和宋增基（2016）指出，一方面，非控股国有股权不仅拉近了企业与政府的关系，帮助企业在一定程度上克服司法体系的缺陷，使其得到更有效的产权保护，为其获取所需资源提供一定的便利，同时也为企业发展营造良好的"软环境"；另一方面，非控股国有股权同样具有逐利性，为了追求利益的最大化，政府将在一定程度上让渡给企业更多的发展资源，民营企业便与政府机构形成了一种

"共生关系"。就获取金融机构贷款来说，含有非控股国有股权的民营企业大多可以"享受"堪比国有企业的优惠政策。首先，非控股国有股权能够在某种程度上削弱因"信息不对称"（Asymmetric Information）而产生的国有金融机构对民营企业长期以来形成的信贷歧视。由于民营企业财务信息不够透明（潘越等，2013；姚耀军、董钢锋，2014），银行等金融机构在贷款审批时花费的成本较高，因而更愿意与国有大型企业进行合作，就会对民营企业产生信贷歧视的现象（李广子、刘力，2009；郭娜，2013）。所以，民营企业引入部分国有股权也在一定程度上表明了公司具有比较强大的实力，进而传递出它得到政府背书的信号，非控股国有股权所带来的这种信息传递（魏锋、沈坤荣，2009；巫岑等，2016），使银行更加信任这类企业，从而降低了企业的融资成本（邓建平、曾勇，2011；苟琴等，2014）。其次，非控股国有股权能够在制度层面为民营企业提高声誉，同时也提供了一种隐含的国家担保。即便这样的公司因经营问题而陷入危机，政府有关部门通常出于共同的利益，也会在关键时刻挺身而出，帮助公司渡过难关。

从民营企业进入壁垒行业的视角来看，对于像金融、矿产、交通等国家严格管制的产业领域，民营企业要想涉足其中，就必须经过政府的严格审批。谢琳等（2012）对民营企业涉及壁垒行业进行了实证研究并发现，与经济发达国家相比，我国的行业壁垒大多是由于政府对进入企业的行政与制度限制，从而造成相关行业的进入"门槛"较高，民营企业要想涉足上述行业，就必须与国家管制部门搞好关系。因而，具有国有股关联的民营企业就有更多的优势。由此，提出假设5.1。

假设5.1a：民营企业中含有的非控股国有股权可以帮助公司更易于获得信贷资源。

假设5.1b：民营企业中含有的非控股国有股权可以帮助公司更易于获得进入高壁垒行业的机会。

5.2.2　民营企业中非控股国有股权的作用效果

以往研究中关于企业政治关联对公司绩效影响的焦点主要集中于"政府干预说"（邓建平、曾勇，2009；冯延超，2012；Zhang et al.，2015），或是"政府扶持说"（Li et al.，2008；江若尘等，2013；毛新述、周小伟，2015）。"政府干预说"认为与政府过于紧密的关系容易使企业受政府影响，导致企业重心不在如何提高经营绩效而同时又负担较高的寻租成本，致使公司绩效下降；"政府扶持说"则认为企业凭借与政府的关系能够获得更多有利的资源并为发展提供动力从而促进企业价值提高。也有学者认为将政治关联的背景区分后，这两种影响方式都可能存在于企业中（杜兴强等，2009；熊家财，2012）。研究界对此还未能得出一致的结论，本章则从企业通过政治关联获得有利的金融资源及发展空间出发，探讨民营企业的政治关联所带来的作用效果是否有价值，即非控股国有股权帮助公司获得的信贷资源与发展机会是否有利于公司绩效的提升。

众所周知，融资难问题一直是制约民营企业发展的重要因素，对私有产权的长期歧视（陈耿等，2015；Zhao and Lu，2016），加上民营企业本身规模较小、风险承担能力较弱，银行等信贷机构往往更愿意贷款给绩效差的国有企业而不愿意贷款给民营企业（肖泽忠、邹宏，2008；张敏、李延喜，2013），使民营企业发展受限于资金的支持。因而相对于没有政治关联的企业来说，民营企业通过非控股国有股权帮助其获得银行信贷资源，将极大地为其解决缺乏资金支持的难题，为民营企业发展生产、规模扩张或技术创新提供动力。此外，连军等（2011）指出这种来自银行的债务成了企业的硬约束，有利于迫使企业积极提高经营效率以还本付息，从而有利于企业绩效的提高。从进入壁垒行业来看，由于我国的稀缺资源主要由政府控制，一些重要行业则由少数国有企业垄断经营（张伟、于良春，2011；刘小玄、张蕊，2014），因而若民营企业获取了进入较高壁垒行业的资格，就能分取这些行业的超额利润，相比没有进入这些行业的同类企业来说更有可能获取超额利润从而提升企业绩效。同时，民营企业进入壁垒行业经营也是多元化战略实施的一部分（胡旭阳、史晋川，2008；薛有志等，2010），有利于企业分散经营风险，实现资源的有效配置，从而提高企业价值。罗党论和刘晓龙（2009）研究发现民营企业进入壁垒行业的程度越高，对企业绩效提升的作用越显著。由此，提出假设5.2。

假设5.2：民营企业中含有的非控股国有股权帮助公司获得的信贷资源与发展机会有利于公司绩效的提升。

5.3　研究设计

5.3.1　样本选择和数据来源

我们选取中国 A 股上市 2009~2014 年的民营公司为研究样本，为保证政治关联的纯粹性，我们通过国泰安（CSMAR）数据库的中国民营上市公司子数据库，根据民营化方式这一选项剔除国有上市公司通过股权转让而成为民营企业的样本（因为这些公司在进行股权转让之前已有比较复杂的政治关联）。将上述样本按以下原则进行整理：①被 ST、PT 处理的公司；②金融、保险行业的公司；③信息披露不完整的公司。最后，共得到 1643个观测样本（317 家样本公司）。其中，公司所有权数据、会计数据以及模型中的控制变量数据来源于国泰安（CSMAR）数据库和万德（Wind）数据库。另外，根据各地发改委或政府官方网站提供的资料，我们手动收集并整理了各省份支柱产业的相关数据。

5.3.2　计量模型与变量说明

和以往大多数研究不同，本章对于政治关联的刻画通过民营企业中含有的非控股国有股权来表现，具体有以下四个指标：①是否含有非控股国有股权（SE）；②非控股国有股权比例（SER）；③非控股国有股权背景（SEB）；④董事会中非控股国有董事占比（$SEBR$）。我们进一步区分了非控股国有股权的持股主体：由政府部门（包括行业主管部门、国务院国资委、国有资产管理公司）与普通的国有企业组成。在 317 家样本公司中，公司前十大股东中含有非控股国有股权的民营企业有 148 家（占比为 46.7%）。由此可见，含有非控股国有股权的情况在当前中国的民营企业中比较常见。

我们研究的模型主要设计的变量为公司资源与公司绩效变量，STA 为非控股国有股权的相关变量，i 表示不同时点上的公司，t 则表示不同的年度。并且引入年度（YR）和行业（IND）这两个虚拟变量以控制行业和年度的固定效应，年度（YR）以不同的年度进行设定，行业（IND）则依据证监会于 2012 年颁布的《上市公司行业分类指引》中的行业分类进行设定。

对于假设 5.1a "民营企业中含有的非控股国有股权可以帮助公司更易于获得信贷资源",假设 5.1b "民营企业中含有的非控股国有股权可以帮助公司更易于获得进入高壁垒行业的机会",

使用的回归模型分别为:

$$LOAN_{it} = \alpha_0 + \alpha_1\,STA_{it} + \alpha_2\,TA_{it} + \alpha_3\,PR_{it} + \alpha_4\,FA_{it} + \alpha_5\,GR_{it} + \alpha_6\,LT_{it} + \alpha_7\,PL_{it}$$
$$+ \alpha_8\,CI_{it} + YR + IND + \varepsilon_{it}$$

$$(5.1a)$$

$$Prob(BAR_{it} = 1) = \alpha_0 + \alpha_1\,STA_{it} + \alpha_2\,TA_{it} + \alpha_3\,PR_{it} + \alpha_4\,FA_{it} + \alpha_5\,GR_{it} + \alpha_6\,LT_{it}$$
$$+ \alpha_7\,PL_{it} + \alpha_8\,CI_{it} + YR + IND + \varepsilon_{it}$$

$$(5.1b)$$

在上述模型中我们考察了民营企业中含有的非控股国有股权对其获取信贷资源以及进入高壁垒行业能力的影响,被解释变量分别为银行贷款比例($LOAN$)(余明桂、潘红波,2008b;宋增基等,2014;Luo and Ying,2014)与是否进入高壁垒行业(BAR)(罗党论、赵聪,2013;Chen et al.,2014)。模型(5.1a)使用一般的线性模型进行回归分析。模型(5.1b)中由于被解释变量是否进入高壁垒行业(BAR)为虚拟变量,因而使用 logistic 模型,关于行业壁垒的度量,本章借鉴了罗党论和赵聪(2013)、陈斌等(2008)的研究。上述两个模型的控制变量一致,具体如下。

①公司规模(TA)。一般公司规模越大,其实力相应较强,还款能力以及担保能力相对也比较强,因而在获取稀缺资源时往往会有更强的说服力。

②盈利能力(PR)。银行等金融机构在评估企业财务状况时,若公司具有较高的盈利能力,表明还款来源比较有保障,从而更容易获得银行及政府的信任。

③固定资产比例(FA)。固定资产比例在一定程度上反映了企业的可变卖资产及担保质押能力,对于公司获取信贷资源及行业许可证具有重要的保障作用。

④成长性(GR)。公司销售收入增长越快代表企业发展前景越被看好,银行、政府等机构更愿意投资于有增长潜力的企业以获得相应收益。

⑤上市时间(LT)。企业的市龄不同,其资质实力可能存在差异,对于

公司获取稀缺资源可能会有一定的影响。

⑥支柱性产业（PL）。公司的主营业务若为当地支柱性产业，对于当地就业、税收及经济发展会有较大影响，因而更容易获得来自政府部门的支持，相应地会给予银行等金融机构某种暗示，进而更容易获取金融资源，也更易于获取行业许可证。

⑦终极控制强度（CI）。在公司的前十大股东中，终极控股股东持股数的占比可以反映出公司最终控制人的话语权，控制强度的大小可能会影响企业获取资源的能力。

对于假设5.2：民营企业中含有的非控股国有股权帮助公司获得的信贷资源与发展机会有利于公司绩效的提升，使用的回归模型为：

$$ROA_{it} \text{ or } ROE_{it} = \alpha_0 + \alpha_1 LOAN_{it} \text{ or } BAR_{it} + \alpha_2 TA_{it} + \alpha_3 LEV_{it} + \alpha_4 PR_{it} + \alpha_5 FA_{it}$$
$$+ \alpha_6 GR_{it} + \alpha_7 LT_{it} + \alpha_8 PL_{it} + \alpha_9 CI_{it} + YR + IND + \varepsilon_{it}$$

$$(5.2)$$

在上述模型中我们考察了民营企业获取的金融资源以及进入高壁垒行业对公司绩效的影响，被解释变量为企业绩效变量。在该模型中我们控制了以下变量。

①公司规模（TA）。考虑到公司规模大小的不同，企业的运作方式以及创利模式也不一样，公司规模的大小也可能对公司绩效产生影响，但两者的关系不能确定有待检验。

②财务杠杆（LEV）。企业资产负债水平在一定程度上反映了其借款能力，公司合理运用财务杠杆有助于企业发展，对企业绩效可能存在正向影响。

③成长性（GR）。公司销售收入增长较快代表企业发展状况较好，也反映出公司业绩的改善。

④上市时间（LT）。处于不同成长期的公司业绩能力也可能存在差别。

⑤支柱性产业（PL）。公司的主营业务若为当地支柱性产业，则有可能获得垄断性收益，或者从政府手中获取更便利的优惠政策及资源，对于公司绩效有一定影响。

⑥终极控制强度（CI）。该变量衡量的是最终控制人的话语权，若民营企业中的实际控制人发挥作用的强度大小不一样，对于公司决策的效用也

将不尽相同，最终可能会影响公司绩效的高低。

具体的变量说明如表5－1所示。

表5－1　变量的定义及说明

变量	变量符号	定义
国有股权变量		
是否含有非控股国有股权	SE	虚拟变量：公司前十大股东中含有非控股国有股东时赋值为1，否则为0
非控股国有股权比例	SER	公司前十大股东中非控股国有股本总数÷前十大股东的股本数之和
非控股国有股权背景	SEB	虚拟变量：公司前十大股东中非控股国有股本由地市级以上国资委，或中央企业持有时赋值为1，由地市级以下国资委，或普通国有企业持有时赋值为0.5，否则为0
董事会中非控股国有董事占比	SEBR	董事会中代表非控股国有股东的人数÷董事会总人数
公司资源变量		
银行贷款比例	LOAN	［长期借款＋短期借款］÷总资产
是否进入高壁垒行业	BAR	虚拟变量：如果公司进入高壁垒行业则赋值为1，否则为0
公司绩效变量		
总资产报酬率	ROA	净利润÷平均资产总额
净资产报酬率	ROE	净利润÷所有者权益
公司特征变量		
公司规模	TA	公司总资产的对数值
财务杠杆	LEV	总负债÷总资产
盈利能力	PR	息税前利润÷总资产
固定资产比例	FA	净固定资产÷总资产
成长性	GR	［当年销售收入－上年销售收入］÷上年销售总收入
支柱性产业	PL	虚拟变量，公司如果是当地支柱性产业则赋值为1，否则为0
终极控制强度	CI	公司前十大股东中，终极控股股东持股总数÷非控股国有股东持股总数
上市时间	LT	公司的上市年数

变量	变量符号	定义
行业	*IND*	虚拟变量，当公司所处该行业时赋值为1，否则为0
年度	*YR*	虚拟变量，当样本观测值所属该年度时赋值为1，否则为0

5.4 实证结果及分析

5.4.1 描述性统计

表5-2给出了研究变量的描述性统计。

表5-2 研究变量的描述性统计

	观测值	最小值	最大值	均值	标准差
国有股权变量					
SE	1643	0	1	0.469	0.382
SER	1643	0.000	0.361	0.172	0.314
SEB	1643	0	1	0.224	0.531
SEBR	1643	0.000	0.235	0.143	0.385
公司绩效变量					
ROA	1643	− 0.238	0.226	0.061	0.633
ROE	1643	0.009	0.532	0.130	0.361
公司资源变量					
LOAN	1643	0.335	0.784	0.416	0.738
BAR	1643	0	1	0.207	0.212
公司特征变量					
TA	1643	17.952	35.908	20.571	15.19
LEV	1643	0.041	0.762	0.578	0.344
PR	1643	− 0.324	0.743	0.041	0.486
FA	1643	0.122	0.534	0.365	0.167
GR	1643	− 1.036	19.465	0.134	8.854

	观测值	最小值	最大值	均值	标准差
PL	1643	0	1	0.336	0.288
CI	1643	1.095	1.764	1.375	0.859
LT	1643	1	17	6.835	7.621

根据表 5 - 2 显示的结果可以看出，SE 的均值为 0.469，说明我们选取的民企样本中，含有非控股国有股权的现象较为普遍，且 SER 平均水平为 17.2%。在民营企业的绩效方面，ROA 的最小值为负数，最大值为 0.226，均值仅为 0.061，可见民营企业间绩效差别较大，总体水平也并不高，还存在较大的增长空间。关于 LOAN，样本均值为 41.6%，可见民营企业的融资来源仍主要依赖金融机构的贷款，其标准差也比较大，说明不同的企业在获取金融机构信贷资源的能力方面还存在明显的差异。而在 BAR 方面，在选取的样本中，进入高壁垒行业的民营企业占比约为 20.7%，表明民营企业进入高壁垒行业的"门槛"较高。值得一提的是，与过去相比，目前还有相当数量的民营企业涉及了汽车、采矿等行业。

此外，就控制变量而言，LEV、TA、PR 均值分别为 57.8%、20.571 和 0.041，说明民营企业的整体负债并不高，但盈利能力仍有提高的空间。而 GR 均值为 0.134，表明民营企业发展前景并不是很乐观；PL 均值为 33.6%，说明 30% 以上的民营企业其主要经营业务涉及了所处地区的支柱性行业。

5.4.2 分组的单变量分析

在进行多变量分析之前，以民营企业中是否含有非控股国有股权为依据，对所涉及的变量数据进行了分组 t 检验，检验结果如表 5 - 3 所示。

表 5 - 3 变量分组的均值 t 检验

	含有非控股国有股权组	未含有非控股国有股权组	差 值	t 检验值
公司绩效变量				
ROA	0.085	0.021	0.064	2.368 ***
ROE	0.163	0.047	0.116	2.429 ***

续表

	含有非控股国有股权组	未含有非控股国有股权组	差 值	t检验值
公司资源变量				
LOAN	0.612	0.105	0.507	2.234 **
BAR	0.341	0.068	0.273	2.085 **
公司特征变量				
TA	23.990	17.581	3.409	1.988 **
LEV	0.682	0.493	0.189	1.562 *
PR	0.048	0.032	0.016	1.437 *
FA	0.468	0.301	0.167	1.402 *
GR	0.134	0.119	0.015	1.231
PL	0.502	0.269	0.233	2.136 **
CI	—	—	—	—
LT	8	5	3	1.132

注：* 、** 、*** 分别表示在10%、5%和1%的水平下统计显著。

　　表5-3显示，含有非控股国有股权组与未含有非控股国有股权组在ROA和ROE的t检验值均在1%的水平下显著。表明含有非控股国有股权的民营企业的平均绩效水平要显著高于未含有非控股国有股权的民营企业。同时，含有非控股国有股权的民营企业的LOAN和BAR均与未含有非控股国有股权的民营企业的t检验值在5%的水平下显著。实际上，非控股国有股权存在于民营企业中可能传递了一种得到政府背书担保的信号。在实际的工作中，出于担保能力及政策支持的考虑，国有银行等金融机构往往更愿意贷款给国有企业，而民营企业则面临较大的信贷歧视，因而民营企业中含有的非控股国有股权作为一种非正式的替代机制，在某种程度上减轻了金融机构的疑虑，从而有助于民营企业获取金融资源。此外，对于涉及国计民生及国家经济战略安全的行业，我国政府往往会限制市场的准入而为其设置壁垒，将经营企业限定为得到政府信任的企业。因而除国有企业外，混合所有制企业在进入高壁垒行业时要比单纯的民营企业在制度和逻辑上更易于让政府部门信任与接受。根据上述分析可以看出，变量的分组检验初步支持本章所提出的假设5.1和假设5.2。

另外，分组检验结果显示，对于含有非控股国有股权和未含有非控股国有股权的民营企业的相关财务指标和公司特征变量，*TA*、*LEV*、*PR*、*FA*以及 *PL* 的均值的 t 检验值也显著。例如：含有非控股国有股权的民营企业其 *FA* 和 *TA* 均显著高于未含有非控股国有股权的民营企业。就企业的 *GR* 而言，含有非控股国有股权的民营企业的均值为 0.134，未含有非控股国有股权的民营企业的均值为 0.119，前者略高于后者，但两者之差并无显著差异。最后，*LT* 在均值检验上也无显著性差异。

5.4.3　变量的相关性检验

在对各研究变量进行回归分析之前，我们对其进行了 Pearson 相关性检验。表 5 - 4 给出了变量之间的相关系数。

通过表 5 - 4 我们可以看出，国有股权变量（*SE* 和 *SER*）与公司资源变量（*LOAN* 和 *BAR*）至少在 5% 的水平下显著正相关，这初步支持了假设 5.1；并且，国有股权变量与公司绩效变量（*ROA* 和 *ROE*）至少在 10% 的水平下呈显著正相关关系，从而为假设 5.2 的进一步研究奠定了基础。另外，通过表 5 - 4 还能够看出，变量 *PL* 与我们所要研究的被解释变量间均存在较为显著的正相关关系，说明是否为当地支柱性产业是一个比较重要的控制因素。而其他控制变量，除 *PR*、*FA*、*PL* 与 *TA* 有一定相关性外，基本上与国有股权变量间并不具有显著的相关关系，说明本章定义的控制变量之间存在较强的独立性。也就是说，后文将进行的多元线性回归分析基本不受变量的自相关问题影响。

5.4.4　回归结果分析

为了检验模型使用的正确性，应先进行豪斯曼检验，以确定该计量模型是否存在固定效应或随机效应，我们的检验结果 p 值为 0.0019。因此拒绝原假设。因而使用固定效应模型进行多元线性回归。此外，*BAR* 为虚拟变量，在其作为因变量时，我们使用了 logistic 模型进行回归分析。

（1）非控股国有股权的政治关联对公司经济资源获取的影响

表 5 - 5 检验了非控股国有股权对民营控股公司经济资源获取的影响。

表 5 - 4 研究变量的 Pearson 相关系数

变量	ROA	ROE	LOAN	BAR	SE	SER	TA	LEV	PR	FA	GR	PL	CI	LT
ROA	1													
ROE	0.136***	1												
LOAN	0.034***	0.081**	1											
BAR	0.205***	0.062***	0.047	1										
SE	0.153*	0.117*	0.148**	0.199***	1									
SER	0.148**	0.229**	0.165**	0.174**	0.029***	1								
TA	0.157**	0.036*	0.027**	0.141**	0.042	0.039	1							
LEV	0.053	0.119	0.024	0.069	0.215	0.081	0.154	1						
PR	0.022**	0.071***	0.155*	0.046*	0.181	0.013	0.125*	0.077	1					
FA	0.089*	0.134*	0.072*	0.021*	0.033	0.045	0.094**	0.062	0.013	1				
GR	0.184	0.054	0.121	0.139	0.206	0.054	0.177	0.096	0.146*	0.218	1			
PL	0.215**	0.133*	0.240**	0.087*	0.136*	0.179*	0.015*	0.168	0.043	0.207	0.059	1		
CI	0.041	0.098	0.152	0.067	0.035	0.130	0.015	0.046	0.151	0.095	0.012	0.174	1	
LT	0.232	0.076	0.103	0.062	0.087	0.014	0.189	0.084	0.036	0.142	0.244	0.053	0.022	1

注: *、**、***分别表示在10%、5%和1%的水平下显著。

表 5-5　非控股国有股权对民营控股公司经济资源获取的影响

变量	LOAN		BAR	
	(1)	(2)	(3)	(4)
国有股权变量				
SE	0.163 **		0.083 ***	
	(2.053)		(11.092)	
SER		0.029 ***		0.045 ***
		(2.562)		(10.361)
公司特征变量				
TA	0.048 **	0.044 **	0.108 *	0.017 *
	(1.930)	(1.934)	(4.611)	(4.539)
PR	0.056 ***	0.103 ***	0.051	0.094
	(2.568)	(2.447)	(1.703)	(2.265)
FA	0.172 **	0.085 **	0.253 *	0.472 **
	(2.264)	(1.783)	(4.846)	(5.159)
GR	0.085	0.127	0.024	0.116
	(0.939)	(1.136)	(1.512)	(1.708)
PL	0.071 **	0.158 ***	0.163 *	0.046 ***
	(1.805)	(2.646)	(3.802)	(10.425)
CI	0.046	0.052	0.059	0.163
	(1.186)	(0.921)	(1.687)	(1.438)
LT	− 0.023	− 0.086	− 0.107	− 0.068
	(− 1.057)	(− 0.792)	(− 1.336)	(− 1.123)
YR	控制	控制	控制	控制
IND	控制	控制	控制	控制
Adjusted-R^2	0.189	0.234		
F Value	16.361 ***	18.576 ***		
Nagelkerke-R^2			0.192	0.206
Percentage Correct			81.5	78.9
Observations	1643	1643	1643	1643

注：* 、** 、*** 分别表示在 10% 、5% 和 1% 的水平下显著。

　　表 5-5 的前两列显示了非控股国有股权对公司获取银行贷款的影响。从中可以看出，SE 的系数在 5% 的水平下显著为正，SER 的系数在 1% 的水平下显著为正。该结果表明，民营企业如果含有非控股国有股权则更有可能获得银行贷款，且非控股国有股权比例越高，相应的信贷支持也越大。

此外，*TA*、*PR*、*FA* 以及 *PL* 这些控制变量对 *LOAN* 都存在比较显著的正向影响，因为这些指标通常也是银行放贷时所要考察的重要方面，以上结果基本支持学者们以往的研究结论。*GR* 对 *LOAN* 虽然存在一定的正向影响，但这种影响的程度不明显。在表 5 – 5 的后两列中，检验了非控股国有股权对民营企业是否能够进入高壁垒行业的影响。结果显示，如果公司中含有非控股国有股权或非控股国有股权的比例较高，那么民营企业进入高壁垒行业的可能性也较大，其他分析与前两列类似。因此本章所提出的假设 5.1a 和假设 5.1b 成立。

（2）经济资源获取对公司绩效的影响

在进一步说明非控股国有股权为公司带来的金融机构贷款及进入高壁垒行业的机会的同时，考察其能否促进民营企业提高绩效，并以此来判定非控股国有股权为公司带来的经济资源是否有效。我们参照了 Harvey 等（2004）的研究，通过建立联立方程组，使用 3SLS 估计法对模型进行回归分析。该方法在完全考虑各方程之间相关性的前提下控制了内生性影响，以便我们对具体参数进行确定。回归模型设定如下：

$$ROA_{it} = a_0 + a_1 LOAN_{it} \, \text{or} \, BAR_{it} + a_2 TA_{it} + a_3 LEV_{it} + YR + IND + \mu_{it} \tag{5.3a}$$

$$\begin{cases} LOAN_{it} \, \text{or} \, BAR_{it} = b_0 + b_1 ROA_{it} + b_2 PR_{it} + b_3 FA_{it} + b_4 GR_{it} + b_5 LT_{it} + \\ \qquad\qquad\qquad b_6 PL_{it} + b_7 CI_{it} + YR + IND + \upsilon_{it} \tag{5.3b} \end{cases}$$

在上述模型中，先依据民营企业是否含有非控股国有股权将样本公司分为两组，然后使用 3SLS 估计法对两个方程进行回归。若 *LOAN*、*BAR* 的系数显著为正，则能够充分地说明随着公司获取金融机构贷款的增加或进入高壁垒行业可能性的提高，公司绩效也会得到显著提升；反之亦然。其回归结果见表 5 – 6 及表 5 – 7。

表 5 – 6 是否含有非控股国有股权、银行贷款比例与公司绩效（*ROA*）的关系

变量	含有非控股国有股权组		未含有非控股国有股权组		差异性检验
	ROA	*LOAN*	*ROA*	*LOAN*	Chow Test F-Statistic
	(1)	(2)	(3)	(4)	
公司资源变量					

变量	含有非控股国有股权组		未含有非控股国有股权组		差异性检验
	ROA	LOAN	ROA	LOAN	Chow Test F-Statistic
	(1)	(2)	(3)	(4)	
LOAN	0.839 ***		0.364 ***		2.837 ***
	(2.562)		(2.389)		(2.441)
公司特征变量					
TA	-0.421 ***		-0.167 ***		
	(-2.401)		(-2.458)		
LEV	0.826		0.334		
	(0.428)		(0.165)		
ROA		0.267 ***		0.512 ***	
		(2.486)		(2.367)	
PR		0.086 ***		0.038 ***	
		(2.413)		(2.456)	
FA		0.415 ***		0.247 ***	
		(2.560)		(2.391)	
GR		0.186		0.254	
		(1.079)		(0.954)	
LT		0.265		0.073	
		(0.874)		(0.926)	
PL		0.132 *		0.474 **	
		(1.564)		(1.957)	
CI		0.081		0.126	
		(0.915)		(0.872)	
YR	控制	控制	控制	控制	
IND	控制	控制	控制	控制	
Adjusted-R^2	0.115	0.256	0.107	0.243	
F Value	26.854 ***	24.339 ***	28.268 ***	27.157 ***	
Observations	771	771	872	872	

注：*、**、*** 分别表示在 10%、5% 和 1% 的水平下显著。

表 5-7　是否含有非控股国有股权、是否进入高壁垒行业与公司绩效（ROA）的关系

变量	含有非控股国有股权组		未含有非控股国有股权组		差异性检验
	ROA	BAR	ROA	BAR	Chow Test F-Statistic
	(1)	(2)	(3)	(4)	
公司资源变量					

续表

变量	含有非控股国有股权组		未含有非控股国有股权组		差异性检验
	ROA	BAR	ROA	BAR	Chow Test F-Statistic
	（1）	（2）	（3）	（4）	
BAR	0.738 ***		0.485 ***		2.914 ***
	（2.716）		（2.479）		（2.872）
公司特征变量					
TA	−0.264 ***		−0.128 ***		
	（−2.631）		（−2.992）		
LEV	0.427		0.312		
	（0.704）		（0.366）		
ROA		0.225 ***		0.207 ***	
		（12.516）		（9.035）	
PR		0.216 ***		0.094 **	
		（8.403）		（4.762）	
FA		0.167		0.125	
		（1.214）		（1.810）	
GR		0.194 ***		0.216 ***	
		（9.285）		（10.148）	
LT		0.116 *		0.253 **	
		（2.891）		（5.167）	
PL		0.239 *		0.334 **	
		（2.648）		（3.921）	
CI		0.053		0.075	
		（1.187）		（1.244）	
YR	控制	控制	控制	控制	
IND	控制	控制	控制	控制	
Adjusted-R²	0.121		0.118		
F Value	24.378 ***		25.591 ***		
Nagelkerke-R²		0.259		0.232	
Percentage Correct		77.6		78.5	
Observations	771	771	872	872	

注：*、**、*** 分别表示在 10%、5% 和 1% 的水平下显著。

从表 5 - 6 的列（1）与列（3）中可以看出，LOAN 的系数在 1% 的水平下显著为正，说明银行贷款能为公司带来业绩上的提升。在含有非控股国有股权组中，LOAN 的系数为 0.839，要显著高于未含有非控股国有股权

组中 $LOAN$ 的系数 0.364，且在差异性检验中高度显著。这一结果表明含有非控股国有股权的民营企业因为能够获得更多的金融机构贷款，公司的业绩也得以提升。在列（2）与列（4）中可以看出，ROA 的系数均在 1% 的水平下显著为正，说明公司绩效与银行贷款之间虽然具有一定的内生性，但我们使用的 3SLS 估计法能够有效地控制这一影响。同理，表 5 - 7 的结果与表 5 - 6 类似，BAR 的系数也在 1% 的水平下显著为正，且在含有非控股国有股权组中 BAR 的回归系数 0.738 显著大于未含有非控股国有股权组中 BAR 的回归系数 0.485，并在 1% 的水平下通过差异性检验，表明含有非控股国有股权的民营企业由于更容易进入较高壁垒的行业，因而具有更高的企业绩效。综上所述，表 5 - 6 和表 5 - 7 的回归结果验证了非控股国有股权为公司带来的金融机构贷款及进入高壁垒行业的机会能够提升其经营业绩，也就是说民营企业中的非控股国有股权的作用效果是有价值的，即假设 5.2 得以证实。

5.4.5 敏感性分析

（1）变量替换

为了验证本章实证研究结果的稳健性，我们对主要的解释变量进行了替换检验，即用非控股国有股权背景（SEB），以及董事会中非控股国有董事占比（$SEBR$）替换了是否含有非控股国有股权（SE）与非控股国有股权比例（SER），并重新进行回归分析，回归结果列于表 5 - 8。此外，对于第二个研究假设，用 ROE 对 ROA 进行了替换检验，回归结果见表 5 - 9 和表 5 - 10。从稳健性检验结果来看，在更换了这些变量之后，回归结果基本上支持了本章的研究假设。这表明本章的理论解释和实证结果具有较高的可靠性。

表 5 - 8　稳健性检验——非控股国有股权的政治关联对公司资源获取的影响

变量	$LOAN$		BAR	
	（1）	（2）	（3）	（4）
国有股权变量				
SEB	0.105 **		0.064 ***	
	(1.859)		(13.108)	

续表

变量	LOAN		BAR	
	(1)	(2)	(3)	(4)
SEBR		0.096 ***		0.206 ***
		(2.521)		(9.713)
公司特征变量				
TA	0.061 *	0.128 **	0.186 **	0.186 *
	(1.351)	(1.956)	(5.775)	(3.146)
PR	0.136 **	0.074 ***	0.153	0.114
	(1.708)	(2.654)	(1.924)	(1.569)
FA	0.024 **	0.095 *	0.131 *	0.241 **
	(2.169)	(1.529)	(2.895)	(4.833)
GR	0.085 *	0.142	0.108	0.096
	(1.293)	(1.068)	(1.594)	(1.371)
PL	0.113 **	0.076 *	0.141 *	0.019 *
	(2.040)	(1.501)	(2.945)	(2.771)
CI	0.142	0.132	0.085	0.114
	(1.256)	(0.948)	(1.652)	(1.289)
LT	−0.116	−0.059	−0.014	−0.062
	(−1.105)	(−1.206)	(−1.852)	(−1.418)
YR	控制	控制	控制	控制
IND	控制	控制	控制	控制
Adjusted-R^2	0.223	0.215		
F Value	19.035 ***	21.036 ***		
Nagelkerke-R^2			0.184	0.198
Percentage Correct			82.2	79.3
Observations	1643	1643	1643	1643

注：* 、** 、*** 分别表示在10% 、5%和1%的水平下显著。

表5−9 是否含有非控股国有股权、银行贷款比例与公司绩效（ROE）的关系

变量	含有非控股国有股权组		未含有非控股国有股权组		差异性检验
	ROE	LOAN	ROE	LOAN	Chow Test F-Statistic
	(1)	(2)	(3)	(4)	
公司资源变量					
LOAN	0.915 ***		0.308 ***		2.516 ***
	(2.472)		(2.335)		(2.362)

变量	含有非控股国有股权组		未含有非控股国有股权组		差异性检验
	ROE	LOAN	ROE	LOAN	Chow Test F-Statistic
	(1)	(2)	(3)	(4)	
公司特征变量					
TA	− 0.574 ***		− 0.226 ***		
	(− 2.516)		(− 2.394)		
LEV	0.762		0.437		
	(0.513)		(0.218)		
ROA		0.315 ***		0.464 ***	
		(2.503)		(2.391)	
PR		0.145 ***		0.052 ***	
		(2.428)		(2.510)	
FA		0.367 ***		0.343 ***	
		(2.583)		(2.449)	
GR		0.208		0.079	
		(1.162)		(0.868)	
LT		0.441		0.216	
		(0.974)		(0.839)	
PL		0.282 *		0.515 **	
		(1.319)		(1.834)	
CI		0.054		0.203	
		(0.886)		(0.652)	
YR	控制	控制	控制	控制	
IND	控制	控制	控制	控制	
Adjusted-R^2	0.108	0.274	0.113	0.262	
F Value	27.563 ***	25.297 ***	29.105 ***	28.267 ***	
Observations	771	771	872	872	

注：*、**、***分别表示在10%、5%和1%的水平下显著。

表 5 − 10　是否含有非控股国有股权、是否进入高壁垒行业与公司绩效（ROE）的关系

变量	含有非控股国有股权组		未含有非控股国有股权组		差异性检验
	ROE	BAR	ROE	BAR	Chow Test F-Statistic
	(1)	(2)	(3)	(4)	
公司资源变量					
BAR	0.594 ***		0.273 ***		2.703 ***
	(2.606)		(2.352)		(2.616)

变量	含有非控股国有股权组		未含有非控股国有股权组		差异性检验
	ROE	BAR	ROE	BAR	Chow Test F-Statistic
	(1)	(2)	(3)	(4)	
公司特征变量					
TA	-0.372 ***		-0.154 ***		
	(-2.513)		(-2.412)		
LEV	0.566		0.279		
	(0.827)		(0.560)		
ROA		0.371 ***		0.254 ***	
		(13.243)		(10.162)	
PR		0.293 ***		0.131 **	
		(9.126)		(4.582)	
FA		0.228		0.168	
		(1.309)		(1.735)	
GR		0.063 ***		0.191 ***	
		(10.174)		(10.359)	
LT		0.128 *		0.354 **	
		(2.924)		(5.769)	
PL		0.363 *		0.519 **	
		(2.722)		(3.867)	
CI		0.141		0.029	
		(1.026)		(1.162)	
YR	控制	控制	控制	控制	
IND	控制	控制	控制	控制	
Adjusted-R^2	0.118		0.246		
F Value	25.236 ***		26.591 ***		
Nagelkerke-R^2		0.263		0.117	
Percentage Correct		75.8		77.4	
Observations	771	771	872	872	

注：*、**、***分别表示在10%、5%和1%的水平下显著。

（2）内生性检验

本章研究发现，民营企业中含有的非控股国有股权因为能帮助企业获取银行贷款及进入较高壁垒行业从而有助于提高企业绩效，即非控股国有股权与企业绩效正相关。然而需要考虑的是，是否企业绩效高的民营企更容易吸引国有股权入股？为了排除变量间因内生性问题而带来的影响，选取 Heckman 二阶段备择模型进行检验。

应对非控股国有股权进行考察，并借鉴 Chen 等（2011）以及 Xu 等（2013）的研究。在中国，一个省的制度环境通常是影响民营企业建立国有股权这种政治关联渠道的关键性因素，所以我们建立了如下的 logistic 回归模型：

$$\text{Prob}(SE = 1; SER = 1) = \alpha_0 + \alpha_1 \, INS_{it} + \alpha_2 \, TA_{it} + \alpha_3 \, LEV_{it} + \alpha_4 \, GR_{it} + \alpha_5 \, PL_{it} + \alpha_6 \, CI_{it}$$
$$+ \alpha_7 \, LT_{it} + YR + IND + \varepsilon_{it}$$

$$(5.4)$$

在该模型中，INS 表示该地区的制度环境，对于这一变量的刻画，选用王小鲁等（2013）编制的"减少政府对企业的干预"指数进行度量，而其他控制变量则与前文的回归模型基本一致。通过上述第一步回归预测，我们得出了非控股国有股权变量的估计值（PSE 和 $PSER$），并计算出逆米尔斯比率（Inverse Mill's Ratio），第二步则将其代入非控股国有股权影响企业绩效的模型中，结果如表 5 – 11 所示。

表 5 – 11　非控股国有股权影响企业绩效 Heckman 回归结果

变量	SE		SER	
	（1）第一步	（2）第二步	（3）第一步	（4）第二步
制度环境变量				
INS	– 0.034 ***		– 0.029 ***	
	（– 2.408）		（– 2.334）	
政治关联变量				
PG		0.081 ***		0.063 **
		（2.754）		（2.108）
公司特征变量				
TA	0.029	0.049	0.021	0.062
	（1.032）	（1.141）	（1.159）	（1.083）
LEV	0.051	0.077	0.047	0.091
	（0.992）	（1.228）	（0.864）	（0.892）
GR	0.048 *	0.078 *	0.062 *	0.072 *
	（1.583）	（1.472）	（1.501）	（1.386）

变量	SE		SER	
	（1）第一步	（2）第二步	（3）第一步	（4）第二步
PL	0.082 **	0.081 ***	0.078 ***	0.072 ***
	(2.022)	(2.634)	(2.573)	(2.883)
CI	0.036	0.031	0.042	0.041
	(0.678)	(0.993)	(0.807)	(0.935)
LT	− 0.033	− 0.026	− 0.075	− 0.052
	(− 0.756)	(− 0.971)	(− 0.662)	(− 0.685)
YR	控制	控制	控制	控制
IND	控制	控制	控制	控制
Inverse Mill's Ratio		0.643 *		0.215 **
		(1.421)		(2.273)
Observations	1643	1643	1643	1643
Pseudo R^2	0.05	0.06	0.04	0.07

注：*、**、*** 分别表示在 10%、5% 和 1% 的水平下显著。

根据第一步回归结果，列（1）和列（3）显示，制度环境变量 INS 的系数在上述回归中均显著为负，说明在地方政府对企业干预程度越大的省区，民营企业就越有动机引入部分国有股权从而建立政治关联。列（2）和列（4）则为民营上市公司绩效（在此考查的是 ROA 指标）的回归结果，加入逆米尔斯比率控制自选择问题后，政治关联变量的系数仍在 5% 的水平下显著为正，表明民营企业中含有的非控股国有股权确实能带来公司绩效的改善，并且本章的回归模型也不受内生性问题的困扰。

5.5　本章小结

现有的研究表明，民营企业家参政作为企业政治关联的机制可以为企业带来各种各样的好处，进而提升公司业绩。本章以新的研究视角，将民营企业中含有的非控股国有股权看作另外一种重要的政治关联途径，在理论分析的基础上，实证检验了这种政治关联机制的作用机理。研究结果表明，民营企业中含有非控股国有股权可以帮助公司更容易获得信贷资源，同时可以帮助公司更容易获得进入高壁垒行业的机会。这些融资便利与经济资源进一步提升了公司的绩效。

　　本章的研究结论有着深刻的政策含义。当前民营企业虽然发展迅速，但与国有企业相比，仍无法摆脱严重的"所有制歧视"。突出表现在融资约束与高壁垒行业门槛等方面，这些问题的存在严重地制约了民营企业的良性发展。民营企业家为了克服这些困难，在向当前制度诉求无门的情况下，就不得不寻求一些制度之外的替代机制来加以解决。在民营企业中，非控股国有股权恰好可以作为一种有效的政治关联机制，为民营企业在融资、进入高壁垒行业方面起到一定程度的声誉"担保"或制度"背书"作用。这种作用根植于国有股权的性质，能够为民营企业部分消除所面临的"所有制歧视"。

　　因此，未来的企业改革方向应该在制度层面彻底消除民营企业所背负的"枷锁"，给予民营企业堪比国有企业的成长环境，而不是鼓励民营企业家在正式的制度之外寻找一些替代机制来换取企业的发展空间。当前，国家相继颁布了企业混合所有制改革的方针政策，这些政策的出台为民营企业的长久发展提供了某种制度上的保证，然而对民营企业的歧视不会在短期内完全消失，因为这种歧视深深地根植于社会、金融机构以及政府管理部门，要想彻底消除这种所有制方面的歧视，还应从改变社会观念上着手。

6 国有股权与私有产权保护机制的关系

6.1 研究基础

当前中国正处在转型变革的关键时期，社会经济的发展面临着诸多挑战。国家相继提出"创新驱动"与"大众创业、万众创新"的发展战略，强调了创新在推动企业发展和社会转型过程中的重要作用。作为创新主体，企业能够将技术发展与市场需求进行紧密结合，从而实现技术的应用价值。在此过程中，企业所受到的私有产权保护程度对企业的成长机会、融资决策、资源分配以及投资行为等方面都会产生影响，决定了企业的发展水平和创新能力。在我国不同类型的企业中，民营企业具有产权结构清晰和市场竞争充分的双重优势，在创新效率和发明专利上都处于领先地位，是国家技术创新的中坚力量（吴延兵，2012；温军、冯根福，2012）。但是在转型经济背景下，由于体制还不够完善，民营企业在经营发展方面遭受着制度和政策上的"歧视"（张敦力、李四海，2012；蔡地等，2014），合法产权得不到有效保护，严重影响了企业的技术创新。

为了寻求更加公平的发展环境，越来越多的民营企业倾向于采用政治关联的方式与政府建立联系（江雅雯等，2012）。作为民营企业与政府沟通的重要手段，政治关联既可以帮助企业获取各种资源（Zhou，2013），也可以作为法制不甚完善情况下的一种替代机制来保护企业的合法产权免受侵占。Bai 等（2006）研究表明，作为产权保护的替代机制，民营企业的政治参与有助于企业获得更多的银行贷款。Chen 等（2011）研究表明，在市场发展落后的地区，民营上市公司建立政治关联的意愿会更强烈。由此可见，民营企业与政府之间形成的良好联系，能够有效弥补现有制度的不足，为企业带来有效的法制保障。

现有文献大多基于制度层面探讨了民营企业的私有产权保护水平，鲜有研究关注民营企业自身行为所反映出的产权保护情况。由于民营企业的产权保护水平直接影响企业投资信心与创新决策（蔡地等，2012），因而本章重点关注政治关联对企业投资与创新决策的影响，进而探究政治关联是否能够有效保护企业的私有产权。此外，现有关于政治关联的研究通常是基于民营企业家参政的角度进行分析（李四海、陈祺，2013；Park and Luo，2001；Shi and Cheng，2016），民营控股公司在所有权安排中引入部分国有股权的关联方式被大多数学者忽略。在中国当前的经济体制下，国有股权对民营企业的资源获取、行业扩张以及投资决策等经营战略方面具有先天优势（Song et al.，2017；余汉等，2017）。那么，在民营企业的私有产权保护方面，政治关联是否能够有效发挥作用？不同的政治关联形式所产生的保护效果是否相同？在不同的制度环境下，政治关联对私有产权保护的效果是否也存在差异？以上是本章需要重点关注和回答的问题。

6.2 理论分析与研究假设

6.2.1 民营企业政治关联与公司私有产权保护的关系

私有产权是个人所具有的选择一种经济品使用的权利，其强度由实施它的可能性与成本来衡量（杨灿明，2001）。在制度经济学家看来，市场交换的可能性由产权清晰程度决定，而产权保护则决定了市场交换的现实性。只有切实地保护私有财产权，企业的产权才能得到保护。Pistor 等（2000）的研究表明，许多转轨经济国家的法律体系虽然借鉴了欧美法律体系较完善的地方，但由于得不到真正有效的实施，私有产权保护仍存在很大的问题。Johnson 等（2002）以及 Cull 和 Xu（2005）研究认为，在转轨经济中，由于法律对私有财产权的保护不明确，私营企业发展存在很大的不确定性，可能会面临被勒索、遇到纠纷时受到不公平对待等风险。

与西方国家在近代普遍建立较为完善的私有产权保护制度相比，中国传统法律主要强化对社会的政治控制，而不是保护私有财产（杨灿明，

2001）。这种产权的不安全性对民营企业而言尤为明显。在 2007 年《物权法》出台之前，我国民营企业的产权保护一直缺少明确的法律依据（蔡地等，2012）。在私有产权保护水平较低的情况下，民营企业发展往往存在很大的不确定性，民营企业家很难有意愿和动力进行更多的投资和创新活动（陈凌、王昊，2013）。为了寻求更为安全的发展环境，民营企业通常会与政府形成良好的关系来达到目的。

已有研究发现，我国民营企业拥有政治关联的情况非常普遍，并且政治关联对企业行为及其价值都有重要影响（吴文锋等，2008；黄珺、朱辉，2014；余明桂、潘红波，2008b）。当民营企业私有产权即将受到侵害时，企业通过政治关联能够有效传递出与政府具有良好关系的信号，获得某种非正式的产权保护。此外，民营企业还能够通过政治关联获得政府的扶持，在私有产权受到侵害时寻求更为公平公正的法制环境。因此，Park 和 Luo（2001）、邓建平等（2012）认为民营企业家参政是企业在产权保护不周、法制不完善环境下具有保护作用的替代机制。通过以上分析，提出假设 6.1。

假设 6.1：政治关联有助于民营企业的私有产权保护。

6.2.2 不同类型的政治关联方式与民营企业私有产权保护的关系

目前，学术界对"政治关联"仍没有统一的界定，学者们普遍将民营企业家参政作为公司政治关联的重要方式（Park and Luo，2001；邓建平等，2012），也有部分学者认为具有政府工作背景的公司高管能够使企业与政府间建立起紧密的联系（Fan et al.，2007）。以上关于企业政治关联的定义都是基于个人关系层面，而非国家制度层面。近年来，有学者从我国现行的经济体制出发，将存在于民营控股公司中的国有股权视为企业与政府间重要的"关系"纽带，指出民营企业通过国有股权与代表国有股的股东，和政府建立了一种直接的利益关系，一种制度层面上的政治关联方式（宋增基等，2014）。

在民营企业家参政和公司高管具有政府工作背景的民营企业中，企业政治关联是通过个人"关系"发挥作用的（Xu et al.，2013）。当民营企业的合法产权受到侵害时，企业家可以通过"关系"获得来自政府的庇护。但是，这种个人层面上的政治关联方式可能会因政府官员换届变更而面临丧失的风险（An et al.，2016）。同时，当民营企业家与政府官员形成私人关系时，容易滋生腐败，对民营企业的私有产权保护反而不利（唐松、孙铮，2014）。相较于企业家"关系"这种个人层面上的政治关联方式，民营企业通过国有股权而形成的政治关系是建立在法律和制度的基础上的，也是一种更为直接的政治关联方式，政府和民营企业可以形成稳定的制度性联系。基于这种稳定的制度性联系，民营企业与政府在某种程度上形成了利益共同体，对国有资产进行严格保护的同时，也在一定意义上增强了对民营企业合法产权的保护。我国正处于经济转型时期，政策制度及法律法规还有待完善，法律体系和社会制度更加强调对公有财产的保护。因此，民营企业通过引入国有股权在制度层面上与政府形成了紧密的体制性关联，能够使民营企业的私有产权获得等同于公有财产的保护水平，有效减少了民营企业长期受到的"所有制歧视"，从而获得更好的产权保护效果。通过以上分析，提出假设6.2。

假设6.2：相较于民营企业家参政，国有股关联对民营企业私有产权保护的效果更好。

6.2.3 政治关联在不同制度环境下对民营企业私有产权的保护效果

我国各地区的经济发展水平不均衡，市场化程度和制度环境的差异较大，不同地区对私有财产权的保护情况也存在很大的差异。世界银行（2006）对中国120个城市的投资环境调查也显示，各个城市之间的产权保护存在很大的差异。这种地区之间制度环境的差异必然会影响当地民营上市公司的政治参与程度，以及政治关联对不同地区民营企业私有产权的保护效果。

已有研究表明，在法制水平较低的地区，民营企业更容易受到政策及制度上的歧视，合法产权也容易受到侵害（山立威、杨超，2016）。为了生存和发展，企业倾向于投入资源去建立与政府之间的关系，以获得某种非正式的产权保护（邓新明等，2014）。罗党论和唐清泉（2009）研究发现，在政府干预力度大、产权保护力度小以及金融发展水平落后的省区，民营企业家有强烈的参政动机；潘红波等（2008）研究发现，在法制水平不高的情况下，民营企业家的政治参与可保护企业产权免受侵占。而在经济发达、市场及制度环境较为完善的地区，民营企业可受到公正的对待，私有产权受到的保护水平也较强。此时，民营企业的政治关系对公司产权保护的影响相对较弱。此外，在我国经济发展水平不高、法制水平较低的地区，民营企业通常会受到较多的行政干预，在个人层面与政府进行关联的企业更容易受到官员的侵害，甚至产生官员向企业索取贿赂等现象，不利于企业的产权保护。在这样的地区，民营企业与政府建立的体制性关联在有效保护国有产权的同时也可使企业的合法产权免受侵占，进而提升了企业的私有产权保护水平。由此，提出假设 6.3。

假设 6.3：在不同的制度环境下，不同类型的政治关联方式对民营企业私有产权保护效果存在显著的差异。

6.3 研究设计

6.3.1 样本选择和数据来源

本章以中国 2000～2013 年民营上市公司为研究对象。根据北京色诺芬信息服务有限公司提供的 CCER 经济金融研究数据库，在排除了外资类、集体类、社会团体类和职工持股控制类等企业以及 2000～2013 年数据缺失过多的样本，以及被 ST 的样本，最终确定了 130 家民营上市公司，得到有效样本 1619 个。

6.3.2 变量定义

（1）被解释变量

现有文献都是基于环境制度的角度来阐释企业所受到的私有产权保护水平的，尚没有研究从企业自身行为的视角来解释该问题。已有研究表明，企业受到的产权保护水平直接影响了企业的投资信心和创新动力（钟昀珈、陈德球，2018）。因此，本章选取了反映企业投资水平和创新水平的变量来说明企业所受私有产权保护的水平。

本章采用企业新增固定资产投资支出占公司营业收入的比重作为反映企业投资水平的变量（INV），即 INV = 固定资产投入/企业营业收入×100%。反映技术创新的指标是技术创新（RD），为企业的研发支出与营业收入之比，即 RD = R&D 投入/企业营业收入×100%。

（2）解释变量

本章采用非控股国有股权以及民营企业家参政来衡量企业政治关联。在定义民营上市公司的政治关联时，使用公司中含有的非控股国有股权的比例，即非控股国有股权比例（SER）进行刻画，SER = 公司前十大股东中非控股国有股本/公司前十大股东的总股本。在稳健性检验中，我们还构造了董事会中代表非控股国有股东的董事比例（$SEBR$）来衡量公司政治关联的强弱，即 $SEBR$ = 代表非控股国有股东在董事会中的人数/董事会总人数。此外，本章以民营企业的实际控制人是否当选人大代表或政协委员来刻画企业家的政治身份，并用 PC 表示，即公司实际控制人或总经理是地市级以上人大代表或政协委员时 PC =1，否则 PC =0。

（3）控制变量

本章使用的控制变量具体如下。

①公司规模（TA）。利用公司总资产来测量公司规模，采用的是其自然对数值。

②公司年龄（AGE）。以上市公司注册年份至研究样本设定时间的持续年数为衡量指标。

③制度环境（INS）。以樊纲等（2011）编制的中国各地区市场化指数体系作为度量制度环境的重要依据。当企业所在省份的指数低于中位数时，我们将制度环境赋值为 1，否则为 0。

④总资产报酬率（ROA）。使用 ROA 来表示，该数值通过查询 Wind 软件后计算得到，即 ROA = 净利润/总资产×100%。

⑤行业（IND）。有些行业因其本身的特殊属性会导致企业对固定资产以及技术创新的投入较高。使用证监会的 CSRC 行业编码来设定虚拟变量对行业进行控制，该数据通过查询 Wind 软件获得。

⑥地区（REG）。一个地区的创新环境如政府对创新活动的支持、知识

产权保护水平以及该地区的创新文化等都可能影响到当地企业的技术创新活动和固定资产投入。根据民营企业所在的省份来设定虚拟变量对地区进行控制，该数据通过查询 Wind 软件获得。

⑦年度（YR）。由于我国宏观经济的变动以及各项制度改革的变化，因此年度也会对企业的技术创新以及对固定资产投入的行为产生影响。根据样本数据的年度设定虚拟变量进行控制，该数据通过查询 Wind 软件获得。

6.3.3 模型设定及说明

为检验本章提出的假设，我们分别构造了如下回归模型：

$$INV_{it} = \alpha_0 + \beta_1 SER_{it} + \beta_2 PC_{it} + \beta_3 X_{it} + \beta_4 REG + \\ \beta_5 YR_{it} + \beta_6 IND_{it} + u_{it} \tag{6.1}$$

$$RD_{it} = \alpha_0 + \beta_1 SER_{it} + \beta_2 PC_{it} + \beta_3 X_{it} + \beta_4 REG + \\ \beta_5 YR_{it} + \beta_6 IND_{it} + u_{it} \tag{6.2}$$

$$INV_{it} = \alpha + \beta_1 SER_{it} + \beta_2 PC_{it} \times SER_{it} + \beta_3 X_{it} + \\ \beta_4 REG + \beta_5 YR_{it} + \beta_6 IND_{it} + u_{it} \tag{6.3}$$

$$RD_{it} = \alpha + \beta_1 SER_{it} + \beta_2 PC_{it} \times SER_{it} + \beta_3 X_{it} + \\ \beta_4 REG + \beta_5 YR_{it} + \beta_6 IND_{it} + u_{it} \tag{6.4}$$

在上述模型中，i 表示横截面上不同的公司，$i = 1，2，…，1619$；t 表示不同的年份，$t = 1，2，…，7$。X 代表了一系列控制变量。我们对所采集的数据进行了豪斯曼检验，检验结果显示 p 值为 0.0010，拒绝原假设。因此，我们认为模型存在固定效应，因而选用固定效应模型。

6.4 实证结果及分析

6.4.1 描述性检验

表 6 - 1 是对主要研究变量的描述性统计，包括变量的均值、最小值、最大值和标准差。

表 6-1 变量的描述性统计

变量	样本数	均值	最小值	最大值	标准差
INV	1619	4.704	1.012	96.836	0.819
RD	1619	1.499	0.053	90.915	0.758
SER	1619	0.117	0.000	0.325	0.026
PC	1619	0.131	0.000	1.000	0.326
TA	1619	19.071	16.121	23.325	0.741
AGE	1619	9.701	3.201	18.322	0.387
INS	1619	0.317	0	1	0.232
ROA	1619	0.271	0.011	0.879	0.387

从表 6-1 可以看出，民营控股公司的企业投资水平（INV）均值为 4.704，标准差为 0.819，技术创新（RD）的均值为 1.499，标准差为 0.758，说明从总体来看，民营控股公司的固定资产投资新增比例和技术创新投资新增比例都比较大，但不同公司间的差异也比较大。此外，非控股国有股权比例（SER）的均值为 11.7%，民营企业家参政（PC）的均值为 0.131，表明样本企业与政府建立政治关联的情况较为普遍。在控制变量方面，公司规模（TA）、公司年龄（AGE）、总资产报酬率（ROA）的均值分别为 19.071、9.701、0.271，说明民营控股公司仍有较大的成长空间；并且，这些公司特征变量的最大值和最小值的差异均比较大，说明不同公司的资质也存在较大的差异。此外，企业所处制度环境（INS）的均值为 0.317，表明我国各地区的营商环境仍需提高。

6.4.2 相关性分析

从表 6-2 中对各变量的相关性分析结果可以看出，非控股国有股权比例（SER）与企业投资水平（INV）、技术创新（RD）、公司规模（TA）、公司年龄（AGE）和总资产报酬率（ROA）都具有正相关关系，与制度环境（INS）具有负相关关系，与民营企业家参政（PC）没有显著的相关关系。民营企业家参政（PC）与企业投资水平（INV）、技术创新（RD）、公司规模（TA）和公司年龄（AGE）都具有正相关关系，与制度环境（INS）和总资产报酬率（ROA）没有显著的相关关系；企业投资水平（INV）与技术创

新（RD）、公司规模（TA）、公司年龄（AGE）及制度环境（INS）都具有
正相关关系，与总资产报酬率（ROA）没有显著的相关关系；民营控股企
业技术创新（RD）与公司规模（TA）、公司年龄（AGE）及制度环境
（INS）都具有正相关关系，与总资产报酬率（ROA）没有显著的相关关系。
我们还对各变量之间的相关系数进行了 VIF 和 D－W 检验，结果表明各变量
之间均不存在严重的多种共线性和序列相关问题。由于篇幅所限，我们省
略了这些检验表格。

表 6 - 2　变量的相关性分析

变量名称	INV	RD	SER	PC	TA	AGE	INS	ROA
INV	1							
RD	0. 271 **	1						
SER	0. 252 *	0. 091 *	1					
PC	0. 161 **	0. 029 **	0. 807	1				
TA	0. 016 **	0. 117 ***	0. 279 *	0. 108 *	1			
AGE	0. 057 **	0. 052 **	0. 214 *	0. 125 *	0. 024 *	1		
INS	0. 215 *	0. 234 *	- 0. 097 *	0. 091	0. 031 *	0. 077 *	1	
ROA	0. 110	0. 312	0. 216 *	0. 302	0. 062 *	0. 070 *	0. 129	1

注：*、**、*** 分别表示在 10%、5% 和 1% 的水平下显著。

6.4.3　变量的分组检验

企业所处地区的制度环境水平对企业的私有产权保护具有重要的作用，
同时影响着企业的经营发展。在对模型进行回归分析前，我们从地区制度
水平差异和政策环境时间维度差异这两个方面对样本进行了分组检验。

首先，根据民营企业所处地区的制度环境水平把样本分成两组，第一
组是公司所在地区的制度环境水平低于平均值的公司，第二组是公司所在
地区的制度环境水平高于平均值的公司。表 6 - 3 分别列出了制度环境水平
较高和制度环境水平较低组别的民营控股公司在投资信心、创新动力和企
业特征方面的差异。其次，2004 年我国召开的十届全国人大二次会议审议
通过了《中华人民共和国宪法修正案》，首次将保护公民私有产权写进宪
法。自此，我国公民的私有产权保护在国家最高法制水平上开始有法可依，

改善了民营企业的私有产权保护水平，极大地提升了民营企业的投资信心。因此，我们以2004年为时间节点将样本分为两组，检验不同政策水平下民营企业私有产权保护水平的差异性，第一组是2004年之前的数据，第二组是2004年之后的数据。表6-4列出了相关检验结果。

表6-3　基于制度环境水平分组的单变量检验

变量	分组情况		t检验
	制度环境水平较低组	制度环境水平较高组	
INV	3.367	6.072	5.013***
RD	1.071	3.102	2.351**
SER	0.332	0.117	1.711*
PC	0.319	0.028	1.199*
TA	16.964	19.628	2.320**
AGE	8.591	10.329	4.352***
ROA	0.187	0.262	0.219

注：***、**、*分别表示在1%、5%和10%的水平下统计显著。

表6-4　基于年限分组的单变量检验

变量	分组情况		t检验
	2004年之前组	2004年之后组	
INV	2.281	8.073	8.723***
RD	0.927	3.296	3.011**
SER	0.241	0.138	1.071*
PC	0.296	0.107	1.200*
TA	12.374	22.901	4.357***
AGE	2.572	15.783	4.221**
ROA	0.123	0.471	1.320*

注：***、**、*分别表示在1%、5%和10%的水平下统计显著。

表6-3和表6-4的结果显示，处于不同制度环境以及不同政策背景下的民营控股公司其企业投资水平（INV）和技术创新（RD）都具有显著的差异，也就是说企业所感受到的私有产权保护水平存在显著的差异。并且在不同制度环境以及不同政策背景下的民营控股公司所引入的非控股国有股权比例（SER）和民营企业家参政（PC）情况也有显著的不同，变量的

分组检验初步验证了本章的假设6.3，我们将在后文的多变量回归分析中做进一步论证。

另外，分组检验结果显示，对处于不同制度环境下的民营企业其公司特征变量，公司规模（*TA*）和公司年龄（*AGE*）的检验结果都显著，但总资产报酬率（*ROA*）的检验结果不显著。而在不同的政策背景下，总资产报酬率的检验结果显著，说明近年来我国民营企业的经营效果在不断改善。

6.4.4　变量的回归结果分析

（1）民营企业政治关联与私有产权保护

表6－5给出了民营企业政治关联与私有产权保护的回归结果。

表6－5　民营企业政治关联与私有产权保护

变量	企业投资水平（*INV*）			技术创新（*RD*）		
	（1）	（2）	（3）	（4）	（5）	（6）
Constant	− 0. 321 *	− 0. 110	− 0. 402 *	− 0. 247	− 0. 176	− 0. 302 *
	（ − 1. 723）	（ − 0. 253）	（ − 1. 717）	（ − 0. 663）	（ − 0. 721）	（ − 1. 771）
SER	0. 125 ***		0. 087 **	0. 109 ***		0. 093 ***
	（3. 237）		（2. 117）	（3. 224）		（3. 237）
PC		0. 116 **	0. 003		0. 090 **	0. 005
		（2. 017）	（0. 571）		（2. 317）	（1. 036）
PC × SER			− 0. 043 ***			− 0. 079 ***
			（ − 2. 732）			（ − 3. 271）
TA	0. 061 **	0. 053 ***	0. 075 **	0. 042 ***	0. 052 ***	0. 041 **
	（2. 321）	（3. 138）	（3. 213）	（3. 716）	（3. 042）	（3. 171）
AGE	0. 030 *	0. 072 **	0. 081 **	0. 044 *	0. 125 **	0. 082 **
	（1. 708）	（2. 537）	（2. 391）	（1. 800）	（2. 017）	（1. 793）
INS	0. 102 *	0. 112 **	0. 117 *	0. 105 **	0. 124 **	0. 168 **
	（1. 732）	（1. 971）	（1. 685）	（2. 206）	（2. 091）	（1. 903）
ROA	0. 132 *	0. 224 ***	0. 272 ***	0. 127 **	0. 113 **	0. 128 **
	（1. 781）	（3. 599）	（3. 221）	（2. 035）	（2. 229）	（2. 127）
REG	控制	控制	控制	控制	控制	控制
IND	控制	控制	控制	控制	控制	控制
YR	控制	控制	控制	控制	控制	控制

变量	企业投资水平（INV）			技术创新（RD）		
	（1）	（2）	（3）	（4）	（5）	（6）
Observations	1619	1619	1619	1619	1619	1619
Adjusted-R^2	0.478	0.482	0.462	0.475	0.480	0.457
F Value	33.432***	35.718***	31.225***	33.402***	35.681***	31.008***

注：***、**、*分别表示在1%、5%和10%的水平下统计显著。

在控制了其他因素后，表6-5通过固定效应回归来检验假设6.1和假设6.2。其中列（1）检验的是非控股国有股权对企业投资水平的影响结果，从列（1）的结果可以看出，在控制了公司特征变量以及年度、行业、地区效应后，非控股国有股权比例（SER）的系数在1%的水平下显著为正。列（2）检验的是民营企业家参政对企业投资水平是否有显著的影响，在控制了各种可能影响因素后，列（2）显示，民营企业家参政（PC）的系数在5%的水平下显著为正。说明在民营企业中，政治关联能够有效地提升企业的私有产权保护程度，进而增强企业的投资信心。为了进一步说明和比较不同政治关联方式对民营企业私有产权保护程度的影响，列（3）加入了交互项PC×SER，结果显示，SER的系数在5%的水平下显著为正，PC的系数为正但并未通过显著性检验，交互项PC×SER的系数在1%的水平下显著为负。该结果表明，非控股国有股权比例比民营企业家参政对企业投资水平的影响更为显著。同样，列（4）、列（5）、列（6）分别检验了不同类型的政治关联方式对民营企业技术创新的影响，解释变量的结果与对投资水平的影响类似，即非控股国有股权比例与民营企业家参政对民营控股公司技术创新都有显著的正向影响，但是在模型中引入交互项后发现非控股国有股权比例的作用更为明显。在控制变量方面，公司规模、公司年龄、总资产报酬率以及企业所处的制度环境均对民营企业的投资水平和技术创新有显著的影响，这与以往的类似研究结论基本一致。

以上回归结果表明，民营控股公司的政治关联对企业投资水平和技术创新都有显著的促进作用，也就是说民营控股公司的政治关联能够提升企业的私有产权保护水平，从而增强企业的创新动力和投资信心。而与民营企业家参政相比，国有股权的存在能够更有效地提升民营企业的私有产权水平，这是因为民营企业所受到的私有产权保护水平的高低直接反映在企业的投资和创新意愿上，在我国对私有产权保护尚不完善的背景下，民营控股公司中存在的国有股东显示了企业不仅是私人所有，也代表国家的利益，而这种与政府的天然联系使企业能够在制度层面上得到更多的产权保护，从而使企业有更强的动力和信心来进行技术研发和规模扩张。

（2）不同制度环境水平下民营企业政治关联与私有产权保护

表6-6给出了不同制度环境水平下民营企业政治关联与私有产权保护的回归结果。

表6-6　不同制度环境水平下民营企业政治关联与私有产权保护

变量	制度环境水平较高组				制度环境水平较低组			
	企业投资水平（INV）		技术创新（RD）		企业投资水平（INV）		技术创新（RD）	
	（1）	（2）	（3）	（4）	（5）	（6）	（7）	（8）
Constant	-0.262*	-0.237*	-0.021	-0.317	-0.305*	-0.357*	-0.220*	-0.310*
	(-1.703)	(-1.721)	(-0.611)	(-0.762)	(-1.802)	(-1.789)	(-1.790)	(-1.861)
SER	0.114*		0.089		0.102***		0.092**	
	(1.727)		(0.322)		(4.017)		(2.338)	
PC		0.003		0.005		0.015*		0.012*
		(0.424)		(0.623)		(1.806)		(1.911)
TA	0.092***	0.101***	0.080***	0.090***	0.112***	0.099***	0.113***	0.097***
	(4.021)	(3.891)	(3.278)	(3.357)	(2.902)	(2.857)	(3.876)	(3.297)
AGE	0.102*	0.127*	0.175***	0.215***	0.172**	0.153**	0.129**	0.191**
	(1.707)	(1.797)	(2.997)	(2.702)	(2.257)	(2.321)	(2.037)	(2.202)
INS	0.223***	0.210***	0.197***	0.202***	0.187**	0.182**	0.227**	0.213**
	(3.822)	(3.536)	(3.673)	(3.481)	(2.402)	(2.131)	(2.017)	(2.191)
ROA	0.211***	0.201***	0.209***	0.218***	0.181***	0.182***	0.190***	0.193***
	(3.787)	(4.050)	(3.229)	(3.669)	(3.674)	(3.501)	(3.402)	(3.347)
REG	控制	控制	控制	控制	控制	控制	控制	控制
IND	控制	控制	控制	控制	控制	控制	控制	控制
YR	控制	控制	控制	控制	控制	控制	控制	控制
Observations	1619	1619	1619	1619	1619	1619	1619	1619
Adjusted-R^2	0.478	0.463	0.476	0.472	0.482	0.467	0.479	0.468
F Value	34.697***	33.947***	34.672***	34.161***	34.935***	34.005***	34.706***	34.098***

注：***、**、*分别表示在1%、5%和10%的水平下统计显著。

表 6-6 是对民营企业所处地区制度环境水平分组后的对比分析，以检验假设 6.3。其中第（1）~（4）列检验了在制度环境水平较高的地区民营企业政治关联对企业投资水平和技术创新的影响，第（5）~（8）列检验了在制度环境水平较低的地区民营企业政治关联对企业投资水平和技术创新的影响。结果显示，在制度环境水平较高的地区，非控股国有股权比例（SER）对企业投资水平的影响在 10% 的水平下显著为正，对技术创新的影响不显著，民营企业家参政（PC）对企业投资水平和技术创新的影响都不显著。在制度环境水平较低的地区，非控股国有股权比例（SER）对企业投资水平的影响在 1% 的水平下显著为正，对技术创新的影响在 5% 的水平下显著为正，民营企业家参政（PC）对企业投资水平和技术创新的影响均在 10% 的水平下显著为正。这是因为，在制度环境水平较高的地区，企业经营受到了良好的制度保护，企业普遍倾向于通过积极、公平的市场竞争来获得发展，而不是政治关系。但是在制度环境水平较低的地区，环境制度的不完善使民营企业更加倾向于利用政治关系来获得更好的产权保护。在国有股权和民营企业家参政这两种政治关联方式中，国有股权是从制度层面传递出企业具有官方背景的"信号"，是一种较为稳定的政治关联方式；而民营企业家参政主要基于个人"关系"层面，可能会因政府官员换届变更而面临丧失的风险。

6.4.5　稳健性检验

为了进一步检验回归结果的稳健性，我们对主要解释变量 SER 用"代表非控股国有股东在董事会中的人数/董事会总人数"（SEBR）进行了替代。此外，为了从不同的角度检验企业所处的制度环境，稳健性检验中用时间维度的制度环境变量分组代替了不同区域的制度环境变量分组，检验结果如表 6-7 和表 6-8 所示。

表 6-7　稳健性检验结果 I

变量	企业投资水平（INV）			技术创新（RD）		
Constant	-0.239^{*}	-0.176	-0.207^{*}	-0.115^{*}	-0.106	-0.333^{**}
	(-1.703)	(-0.720)	(-1.881)	(-1.756)	(-0.851)	(-1.901)

续表

变量	企业投资水平（INV）			技术创新（RD）		
SEBR	0.091**		0.079***	0.122**		0.078***
	(2.403)		(3.551)	(2.321)		(4.006)
PC × SEBR		0.026*	0.011		0.032*	0.010
		(1.711)	(0.217)		(1.704)	(0.309)
PC × (1 − SEBR)			− 0.027**			− 0.021***
			(− 2.423)			(− 2.629)
TA	0.072***	0.022***	0.035***	0.042***	0.038***	0.057***
	(3.291)	(3.068)	(3.511)	(3.003)	(3.218)	(3.403)
AGE	0.132*	0.155**	0.175*	0.181*	0.157*	0.112*
	(1.690)	(2.037)	(1.724)	(1.803)	(1.837)	(1.703)
INS	0.064**	0.214**	0.212*	0.107**	0.211**	0.147**
	(2.325)	(2.381)	(1.772)	(2.201)	(2.101)	(2.307)
ROA	0.112**	0.014***	0.109**	0.213***	0.114***	0.120***
	(2.291)	(3.502)	(3.241)	(4.067)	(4.009)	(3.421)
REG	控制	控制	控制	控制	控制	控制
IND	控制	控制	控制	控制	控制	控制
YR	控制	控制	控制	控制	控制	控制
Observations	1619	1619	1619	1619	1619	1619
Adjusted-R^2	0.501	0.487	0.495	0.492	0.484	0.507
F Value	38.112***	36.911***	37.841***	37.211***	36.673**	38.373***

注：***、**、*分别表示在1%、5%和10%的水平下统计显著。

表6-8 稳健性检验结果 II

变量	私有产权保护水平较高组				私有产权保护水平较低组			
	企业投资水平（INV）		技术创新（RD）		企业投资水平（INV）		技术创新（RD）	
Constant	− 0.302**	− 0.211*	− 0.129*	− 0.130	− 0.332*	− 0.213*	− 0.113	− 0.223*
	(− 1.205)	(− 1.725)	(− 1.672)	(− 0.317)	(− 1.701)	(− 1.709)	(1.065)	(1.875)
SEBR	0.108***		0.112***		0.083***		0.089***	
	(3.603)		(3.421)		(3.332)		(3.741)	
PC		0.006		0.011		0.012		0.009
		(0.174)		(0.214)		(0.424)		(0.214)
TA	0.073***	0.053**	0.038***	0.041**	0.059**	0.057**	0.028***	0.051**
	(3.533)	(2.363)	(3.281)	(2.201)	(2.021)	(2.229)	(3.570)	(3.275)
AGE	0.205*	0.223*	0.272***	0.169***	0.207**	0.211**	0.125**	0.173**
	(1.710)	(1.702)	(3.028)	(3.107)	(2.117)	(2.091)	(2.123)	(2.073)

变量	私有产权保护水平较高组				私有产权保护水平较低组			
	企业投资水平（INV）		技术创新（RD）		企业投资水平（INV）		技术创新（RD）	
INS	0.123***	0.213***	0.102***	0.192***	0.208***	0.203***	0.135**	0.171**
	(4.068)	(3.108)	(3.005)	(3.122)	(3.021)	(3.040)	(2.095)	(2.125)
ROA	0.216***	0.116***	0.128***	0.097***	0.207***	0.109***	0.121***	0.102***
	(3.231)	(3.032)	(3.047)	(3.301)	(2.937)	(2.705)	(2.224)	(2.707)
REG	控制	控制	控制	控制	控制	控制	控制	控制
IND	控制	控制	控制	控制	控制	控制	控制	控制
YR	控制	控制	控制	控制	控制	控制	控制	控制
Observations	1619	1619	1619	1619	1619	1619	1619	2032
Adjusted-R^2	0.501	0.496	0.502	0.491	0.503	0.498	0.504	0.495
F Value	37.220***	36.912***	37.475***	36.441***	37.577***	36.934***	37.690***	36.790***

注：***、**、*分别表示在1%、5%和10%的水平下统计显著。

在稳健性检验中，我们替代了原有的解释变量（SER），并且对不同制度环境下的分组方式进行了替换。检验结果显示，在更换衡量指标后，解释变量仍然能在很大程度上解释本章的假设。说明本章的检验结果具有较好的稳定性，民营控股公司中的国有股权对企业私有产权保护水平的提高有着较为显著的促进作用。

6.5　本章小结

我国民营企业自主创新能力的提升是企业健康快速发展的重要保障，对于加快国家经济增长方式转变至关重要。在中国目前的经济转型时期，民营企业所处的市场和政策环境都具有较大的不稳定性，企业的私有产权得不到有效保护，对企业的生存和发展以及企业之间的竞争产生了重要的影响。当民营企业所处制度环境水平较低时，更倾向于寻求政治关系以提高自身的私有产权保护水平，从而保护企业的合法权益。

本章通过对2000~2013年民营上市公司的数据搜集和整理，考察了不同类型的政治关联方式对企业投资信心和创新动力的影响。研究发现，政治关联能够有效提升民营企业的私有产权水平，对其投资水平和技术创新都有显著的正向影响。进一步的分析还表明，国有股权的政治关联方式在提升民营企业私有产权保护水平上比民营企业家参政的效果更好；并且，在不同的制度环境水平下，民营企业不同类型的政治关联方式对私有产权保护水平的影响也存在显著的差异。

　　本章的创新性在于，基于企业行为的视角来阐释其所受到的私有产权保护水平，采用了企业投资意愿和创新动力来说明民营企业具有的政治关系对企业所受私有产权保护的影响，并通过对不同类型政治关联的考察、检验以及企业所处不同制度环境下受到的私有产权保护情况的比较，探讨政治关联影响民营企业私有产权保护水平的作用机理，具有一定的理论价值和实践意义。

7 国有股权与现金股利政策的关系

7.1 研究基础

上市公司股利分配政策历来受到诸多学者的研究讨论，特别是作为主要分配方式的现金股利发放，其是否对公司价值产生作用以及受哪些相关因素影响是公司金融研究领域的热点问题。从现实情况看，现金股利的发放是资本市场分配规范化的要求，关系到广大投资者的切身利益，为此，证监会也在不断出台一系列规定以强化我国资本市场股利分配的意识。2006年股权分置改革完成之初，证监会出台了《上市公司证券发行管理办法》，从再融资方面对企业的现金股利分配进行限定，明确提出只有在累计分配的现金股利或股票股利达到近三年平均利润的20%及以上的企业才可以进行再融资，并于2008年将上述标准调到30%及以上。2011年11月，证监会进一步做出指示，指出上市公司应当完善自身的利润分配政策，同时强调了企业在首次公开发行时应当明确给出本企业的利润分配承诺。2012年8月，上交所发布《上市公司现金分红指引》，为企业分红机制的构建提供更加合理的指导并进行严格的监督。2013年又进一步强调了一旦企业的现金股利分配低于30%则要对有关信息做出严格披露。2014年，证监会制定关于现金分红的监管指引，强调上市公司要牢固树立回报投资者的意识，健全现金分红制度，保持分红政策的一致性、合理性和稳定性。这些规范性文件及管理办法的出台在一定程度上促进了我国上市公司股利分配执行的规范化发展，增强了资本市场长期投资的价值理念。然而目前仍存在分红发放不到位、稳定性较差、地区差异、行业差异以及不同性质企业分红差异较大等问题。

从现有文献的研究对象来看，大多集中于国有企业或全部上市公司，而对于民营企业股利分配的研究相对较少。不容忽视的是，我国的民营经济在推动国家经济发展过程中发挥了巨大的作用，创造了 60% 的 GDP、70% 的税收以及 90% 的新增就业。但与国有企业相比，民营企业在经营发展方面还面临着较强的限制（Houston et al.，2014；任颋等，2015）。在种种不利条件下，民营企业寻求发展的路径有其独特之处，Allen 等（2005）提出的"中国经济发展之谜"中也发现了这一现象，并指出政治关联的作用。关于企业政治关联效应的研究，国内外诸多学者已得出了较为丰富的研究结论，为民营企业寻求发展的路径选择提供了一定的理论依据。为了更好地激发市场活力，近年来，民营企业体制灵活优势受到了国家的高度重视，与国有股权相结合的混合所有制经济是国家经济制度实施的重要举措。党的十八届三中全会中增加了新的关于"混合所有制经济"的内容，鼓励发展非公有资本控股的混合所有制企业，明确提出混合所有制经济是我国基本经济制度的重要实现形式。在混合所有制改革全面推行的今天，国企改革的不断深入、国有资产的退出、其他性质资本的引入等现象出现在愈来愈多的企业里，尤其是在民营企业中。民营企业通过引入或者保留原有的国有股权，参与混合所有制改革的进程，这部分国有股权的加入必然会对民营企业的经营发展产生重要影响。

作为另一种近年来日益受部分学者关注的政治关联方式，非控股国有股权的政治关联效应也得到了较多的探讨与论证。随着我国市场经济的快速发展和国有企业改革的不断深入，非控股国有股权存在于民营控股公司中已愈发普遍。与其他性质的股权相比，国有股权的本质属性使其与政府具有天然的联系，使得企业与政府之间能够建立密切的关系。因此，非控股国有股权是一种特殊的政治关联方式。那么，对于含有部分国有股权（即非控股国有股权）的民营控股公司来说，这类企业在面临现金股利发放问题上是否会因国有股权带来的政治关联效应而有不同的选择？在我国具有显著效果的"政治关联"现象究竟是如何发挥作用的？在我国鼓励多种所有制经济共同发展的经济体制下，国家大力倡导的混合所有制改革具有哪些现实意义？本章正是从这些问题出发，运用全新的思路探讨民营控股公司的现金股利分配政策，研究非控股国有股权在给民营企业带来资源获取、产权保护、积极信号传递等有利条件下对其现金股利分配具有怎样的影响。

7.2 理论分析与研究假设

7.2.1 理论分析

（1）政治关联效应

我国学者关于民营企业政治关联的研究成果丰硕，他们围绕 Allen 等（2005）提出的"中国发展之谜"进行了深入的研究，找出在中国市场经济体系、法律制度不完善背景下民营经济能如此迅速发展的外在因素，提出企业要找到一种能有效弥补正式制度缺陷的替代性机制，即建立在声誉、关系上的机制。这种替代性机制在我国具体表现为政治关联，也就是企业主动寻求的与政府之间的良性互动，从而达到互惠互利的效果（李文洲等，2014）。关于政治关联的定义，主要集中于对企业家政治身份的研究，包括民营企业家担任人大代表、政协委员等参政议政的方式（郭剑花、杜兴强，2011），以及曾经在政府部门任职并担任一定级别的职务（Chen et al.，2017）。通过这种方式建立的政治关联能在一定程度上与政府形成密切联系，从而有利于在政策制定上行使表决权，资格审批也更容易通过，甚至能够传递出其获得政府支持、经营业绩表现较好的信号，从而给予银行等金融机构信号暗示以缓解信息不对称问题及道德风险问题（叶康涛等，2010），因而有助于民营企业获得金融机构的信任与更大的融资额度。国内外已有较多学者对此研究并发现，与其他资质类似的企业相比，拥有政治关联的企业更容易获得各种经济资源及优惠政策（Khwaja and Mian，2005；Li et al.，2008；Wu et al.，2012b；Ding et al.，2014）。

民营企业另一种重要的政治关联方式，是在公司股权结构中引入或保留一定数量的国有股权（王砚羽等，2014）。国有股为有权代表国家投资的部门或机构以国有资产向公司投资形成的股份，其持股主体无法真正人格化到一个具体的自然人身上，因而一般由政府部门或官员代为行使。因此，国有股权与政府有着天然的内在联系。民营控股公司在股权结构中含有部分国有股权便与政府建立了一种"共生关系"，国有股权的存在成了企业与政府之间的"关系"纽带（宋增基等，2014）。一方面，非控股国有股权使得企业在声誉上向外传递出其获得政府支持、公司实力较强的"信号"；另一方面，非控股国有股权也有追求利益的动机，因而政府会在一定程度上给予企业相应的资源便利及政策支持，形成了较强的政治关联效应。这种政治关联效应在作用机制上甚至比民营企业家参政更能发挥作用，因为它是建立在制度层面上而非个人层面上的政治关联方式。Song 等（2017）研究了这种政治关联方式在帮助民营企业获取信贷资源、提高企业绩效方面的显著促进作用；余汉等（2017）指出民营企业中含有部分国有股权能够为其发展带来更多的经济资源与发展机会，因为国有股权可以依靠其与政府的体制关联为企业发展提供声誉担保，与此同时，这些经济资源与优惠政策能够进一步提升民营企业的经营业绩。

民营企业通过政治关联与政府建立的内在联系使其能够在产权保护、资源获取以及多元化投资等方面获得诸多优惠与便利。相较于其他未含有国有股权的同类企业而言，含有部分国有股权的民营控股公司将更容易获得较好的投资项目，从而获得进入某些投资领域的机会，如进入那些受政府严格管制的行业，企业也能够获得更多的发展机会。而未来的投资机会与企业现金股利的支付呈负相关，即未来投资机会越多的企业越不倾向于支付股利而用于投资项目（李礼等，2006）。此外，作为企业一种特殊的政治关联方式，国有股权对民营企业来说是一种稀缺资源（于斌斌，2012），能够帮助企业获得有利于其发展的资源，得到这种关系很难，失去却很容易，因此，民营企业会更加重视国有股东的利益，从而将大部分经营利润用于企业的长远发展。基于上述分析，我们有理由相信，在存在部分国有股权的民营控股公司，其现金股利分配倾向更低。

（2）信号传递效应

股利政策中的信号传递假说，是以信息经济学的信息不对称为理论基础的。该理论认为管理者与企业外部投资者之间存在信息不对称现象，管理者拥有更多的关于企业前景方面的内部信息，因此股利政策是管理者对外界传递内部信息的一种手段，当他们认为公司的发展前景良好，未来业绩会有大幅度提高时，就会通过增加股利的方式将这一信息及时告诉股东和潜在的投资者，否则，他们就会维持甚至降低现有的股利水平。Bhatta-charya（1979）在《不完全信息、股利政策和"一鸟在手"的谬误》一文中创建了一个两期模型（巴恰塔亚模型）来说明股利的信号功能，标志着从信号角度研究股利政策进入了一个新阶段。此后大量实证结果表明股利政策确实向市场提供了信息，也有许多学者从事信号模型的构建研究，建立了一系列有关股利信息信号的模型，如米勒 - 洛克模型（Miller and Rock，1985）、约翰 - 威廉斯模型（John and Williams，1985）和约翰 - 朗模型（John and Lang，1991）等。

发放现金股利能传递积极信号，然而，这种股利政策的信号释放作用在我国资本市场并不是很强。我国资本市场发展还不成熟，尚不具备股利信号传递理论所需的几个假设条件：信号发出必须要与可观察事件相联系；发布信号的途径和方式是成本最低的；股利政策具有连续性和稳定性。同时，我国资本市场还存在信息噪声问题以及财务造假现象，很大程度上削弱了股利信号的传递作用。

更进一步地，在我们看来，含有部分国有股权的民营企业无须通过发放股利来释放积极信号，相反，国有股权带来的政治关联效应可作为一种替代机制为企业向外传达积极信号。首先，民营上市公司可以通过代表国有股的股东与政府保持直接的关系。民营企业中含有的部分国有股权使企业与国有股东的利益捆绑在一起，企业与政府之间形成了"互利共生"关系（Song et al.，2017），出于对利益的追求，国有股东会为公司提供相应的经济资源。同时，公司也会通过国有股权这一有效的政治关联途径使企业更容易享受各种优惠政策（宋增基等，2014；余汉等，2017）。因而民营企业中含有一定比例的国有股权可向外界传递出企业获得政府支持及企业具有实力的信号，从而增强了企业的信用和声誉，为企业提供了一种官方担保。声誉机制作为正式机制的补充，能有效抑制信息不对称所产生的道德风险问题（叶康涛等，2010），进而也能缓解银行等金融机构的信息不对称问题，从而有助于民营企业获得金融资源。此外，对于中小投资者来说，股利信号并不能有效预示企业业绩，企业经营业绩信号传递的市场环境尚未形成，投资者和社会公众很难识别企业业绩的好坏（姚圣，2011）。但获得政府支持的民营企业很有可能得到投资者青睐从而发展前景更能被看好。所以，国有股权传递出的积极信号将使这类民营控股公司无须通过发放现金股利来吸引投资者。

7.2.2 研究假设提出

中国民营企业的快速成长是在各种制度不完善的情况下发展起来的，这意味一定存在某种内在机制促成了民营企业的快速发展。已有研究表明，企业主动与政府建立政治关联能够为其带来好处从而提高绩效（Li et al.，2008）。在民营经济迅猛发展的今天，国家相关法律政策对私有产权的保护仍有待提高，与国有企业相比，民营企业的发展仍存在较大的不确定性，所面临的风险也相对较高。在此情况下，民营企业可能通过与政府构建良好的关系来寻求制度上的保护。Choi 等（1999）研究发现，民营企业不愿主动通过市场去获取资源或开展战略联盟，而更依赖将人际关系网络作为其经营发展的重要组成部分。Xin 和 Pearce（1996）研究表明，相对于国有企业来说，民营企业将与政府的关系视为其战略发展的首要因素，会投入更多的资源来建立并巩固这种关系，从而获取在正式制度中难以得到的保护和支持。因此，政治关联被看作正式制度不甚完善情况下的一种替代性机制（苏忠秦等，2012）。民营企业通过这种关系，不仅可以获得更多经济资源，还能够有效规避相应的政策风险，从而有助于企业的经营发展。

综上，国有股权与政府间的天然联系将使这类民营企业获得更多来自政府的支持，从而更容易获取经济资源诸如投资项目和投资机会；来自政府的支持也将有助于这类企业的产权保护，从而增强企业在剩余利润支配上的自主性。更重要的是，这种制度层面上的政治关联方式能释放积极的信号，即企业具有较强的实力并获得政府的支持，从而有效抑制信息不对称问题，为企业获得各种资源提供帮助。因而，我们有理由相信，对于含有非控股国有股权的民营控股公司来说，他们更倾向于将剩余利润用于企业的未来投资、追求经营效益上，而缺乏分配现金股利的动机。基于上述分析，我们提出如下假设。

假设 7.1：其他条件相同的情况下，含有非控股国有股权的民营上市公司更不倾向于发放现金股利。

假设 7.2：其他条件相同的情况下，含有非控股国有股权的民营上市公司发放更少的现金股利。

假设 7.3：其他条件相同的情况下，民营上市公司含有的非控股国有股权比例与发放现金股利倾向成反比。

假设 7.4：其他条件相同的情况下，民营上市公司含有的非控股国有股权比例与发放现金股利的多少成反比。

7.3　数据来源和研究设计

7.3.1　研究样本与数据

我们选取中国 A 股民营上市公司作为研究对象，样本区间为 2009 ～ 2016 年①，并对原始样本进行了如下处理：①剔除实际控制人为各级政府部门的公司②；②剔除被 ST 或 PT 等特殊处理的公司；③剔除金融和保险行业的公司；④剔除数据缺失、信息披露不详的公司。最终共筛选出 481 家民营上市公司进行 8 年的数据研究，在剔除每股收益为负的样本后③，共得到 3594 个样本观测值。

数据来源方面，所有数据均来自国泰安 CSMAR 数据库，主要通过该数据库中"公司研究系列"下的民营上市公司板块、股东板块及财务指标分析板块获得，并进行数据整理。为了减轻异常值的影响，我们对所有变量的最大值和最小值的 1% 观测值进行了 Winsorize 处理。本章的数据处理主要通过 Excel 及 Eviews 7.0 软件实现。

7.3.2　变量定义

（1）被解释变量

现金股利分配政策将从股利发放倾向和股利发放力度两个维度进行研究。股利发放倾向以民营上市公司是否发放现金股利（DD）为虚拟变量，若当年发放了现金股利则赋值为 1，若当年未发放现金股利则赋值为 0。股

---

① 由于 2005 年开始股权分置改革至 2007 年底才基本完成，而 2008 年又经历全球金融危机，为减少宏观环境的影响，本章样本区间的选取从 2009 年开始。

② 由于 CSMAR 数据库中的民营上市公司数据库中的数据包括曾经为国有控股公司后来改制为民营控股公司的企业，故需剔除该类企业。

③ 根据股利分配政策规定，净利润为正的公司才可发放股利，因此本章将这些每股收益为负的样本剔除。

利发放力度是指民营上市公司发放现金股利的程度，本章将用每股股利（税前）（DP）和股利分配率（DR）这两个指标来衡量。每股股利（税前）衡量民营上市公司在每股股票上发放给股东的股利数额；股利分配率是每股税前派息额与实收资本收益额的比值，衡量民营上市公司向股东派发的股利数额占当年净利润的比重。

（2）解释变量

本章主要研究民营上市公司中的国有股权与现金股利政策的关系，以公司中是否含非控股国有股权（SE）及非控股国有股权比例（SER）这两个指标来衡量。若民营上市公司股本结构中含有非控股国有股权，则该值取1，若民营上市公司股本结构中不存在非控股国有股权，则该值取0。非控股国有股权比例为民营上市公司股本结构中国有股的总数量占公司股本总数的比值，该值越大表明国有股的持股比例越高。同时，本章在稳健性检验中进行变量替换，通过代表非控股国有股东的董事人数在董事会中的占比来表示董事会中非控股国有董事占比（SEBR）。

（3）控制变量

为使本章的研究结果具有说服力，结合前人研究成果，将从以下几方面对其他可能会影响现金股利分配政策的因素进行控制。

①公司规模（TA）。民营上市公司的规模会影响其股利分配政策的实施，一般来说，公司规模越大，公司实力也越强，从而更能具备良好的经营状况及稳定的现金流，现金股利分配也越有可能。本章以公司的资产规模进行衡量，即对公司总资产取自然对数值。

②财务杠杆（LEV）。民营上市公司负债越高，面临的限制会越多，对于分配现金股利这种现金流出活动也可能会减少。本章选取财务杠杆来衡量企业负债水平，即公司总负债与总资产的比值。

③每股收益（EPS）。盈利能力越强的公司越有可能进行股利支付，一般认为，民营上市公司的盈利状况是其发放现金股利的基本前提，盈利越强的公司发放现金股利的倾向和力度也越大。本章通过公司每股收益来衡量，即公司当年净利润水平与股本总数的比值。

④每股现金流（FCF）。企业拥有的自由现金流越多，可支配的余地也将越大，从而更可能分配现金股利，现金股利的分配力度也可能会越大。

本章采用企业经营活动产生的现金净流量与股本总数的比值来衡量民营上市公司每股自由现金流情况。

⑤净利润增长率（NPG）。一般观点认为，企业成长前景越好，越有可能将经营利润留存以备企业未来的发展，从而减少股利分配；但也有研究发现，企业成长情况对股利分配几乎没有影响（董艳、李凤，2011）。本章采用净利润增长率来衡量民营上市公司成长能力对现金股利分配政策的影响。

⑥高管持股比例（MR）。前人研究关于高管持股比例对公司股利分配政策的影响整体呈不一样的观点。Fenn 和 Liang（2001）认为高管持股将使公司高管与股东的利益保持一致，有利于减少代理成本，在代理问题严重的企业中通过管理层持股有助于增加现金股利的发放。Agrawal 和 Jayaraman（1994）认为，随着高管持股的增加，高级管理层将会因对企业控制权的增强而追求更多的私人利益，最终偏离股东价值最大化的目标，使管理层持股与股利发放呈负相关关系。Schooley 和 Barney（1994）研究发现，高管持股与企业现金股利分配呈"倒 U 形"关系，在管理层持股较低的阶段，提高管理层持股比例有利于发挥管理层的股东角色，减少自由现金流的代理成本，增加现金股利的发放；但当这一持股比例超过某一临界点后，较高的管理层持股比例会带来对其他股东利益更大的侵占，从而降低现金股利的分配。本章将高级管理人员持股数与股本总数的比值作为衡量高管持股水平的变量。

⑦股权集中度（H3）。根据"利益侵占假说"，股权越集中的企业越可能通过发放股利，实现资金转移的目的，股权集中度越高则派现倾向越强（Lv et al.，2012；阎大颖，2004；徐国祥、苏月中，2005；胡国柳、黄景贵，2005；党红，2008；王珮等，2013）。本章采用赫芬达尔指数来衡量民营上市公司的股权集中度，通过公司前 3 位大股东持股比例的平方和指标进行度量。

⑧年度（YR）。不同年份宏观经济环境及企业经营状况也可能存在差异，从而影响企业股利分配政策并呈现不同的特点，因而本章在模型中对年度影响进行了控制。

⑨行业（IND）。不同行业可能会对股利分配产生影响，因而本章在模型中对行业差异进行了控制。

详细的变量定义如表 7 - 1 所示。

表 7 - 1　变量的定义及说明

	变量名	变量含义	定义
因变量	DD	是否发放现金股利	虚拟变量，若发放股利则取 1，否则取 0
	DP	每股股利（税前）	年度每股税前现金股利（单位：元）
	DR	股利分配率	每股派息税前/（净利润/实收资本）（单位:%）
自变量	SE	是否含有非控股国有股权	虚拟变量，若股本结构中含非控股国有股则取 1，否则取 0
	SER	非控股国有股权比例	非控股国有股数量/股本总数
	SEBR	董事会中非控股国有董事占比	董事会成员中，代表非控股国有股东的董事人数占比
控制变量	TA	公司规模	总资产的自然对数值
	LEV	财务杠杆	总负债/总资产
	EPS	每股收益	净利润/股本总数（单位：元）
	FCF	每股现金流	经营活动现金净流量/股本总数（单位：元）
	NPG	净利润增长率	（当期净利润 - 上期净利润）/上期净利润
	MR	高管持股比例	高级管理人员持股数/股本总数
	H3	股权集中度	赫芬达尔指数，公司前 3 位大股东持股比例的平方和
	YR	年度	虚拟变量，样本观测值处于该年度时为 1，否则为 0
	IND	行业	虚拟变量，当企业处于该行业时为 1，否则为 0

7.3.3　模型设计

由于本章研究的是现金股利是否发放以及发放多少的问题，可能会出现样本选择偏误的问题。因此我们并不直接进行普通的多元回归分析，而是分别采用 probit 模型和 tobit 模型进行分析。具体来看，针对 probit 模型，我们假设以下模型：

$$y_i^* = \beta x_i + u_{i96}$$

和

$$y_i = \begin{cases} 1 & y_i^* > 0 \\ 0 & y_i^* \le 0 \end{cases}$$

其中 y_i^* 为不可观测的潜在变量，y_i 则是观测到的因变量，x_i 为解释变量。由于因变量为虚拟变量，故通过模型估计的潜在变量大于 0 时，实际值取 1；反之取 0。

针对 tobit 模型，我们假设以下模型：

$$y_i^* = \beta x_i + u_i$$

和

$$y_i = \begin{cases} y_i^* & y_i^* > 0 \\ 0 & y_i^* \le 0 \end{cases}$$

以上符号含义和 probit 模型中一样，y_i^* 为不可观测的潜在变量，y_i 则是观测到的因变量，x_i 为解释变量。由于因变量为受限因变量，为左截距的受限变量，因而当模型估计的潜在变量不大于 0 时，实际值取 0；反之，实际值为潜在值。

对于线性模型来说，变量的边际效应即为系数值，但对于 probit 模型和 tobit 模型来说，边际效应不等同于系数值，因此我们在下文回归结果中也单独报告了各变量的边际效应。上面所说的选择偏误问题，简单来说，我们关心的是民营控股公司中的非控股国有股权是如何影响了企业现金股利发放行为。假设所有样本观测值都发放了现金股利，那么通过普通最小二乘法就能直接估计非控股国有股权对企业现金股利发放倾向的影响。但当只有部分企业发放现金股利时，我们有两个选择，一个是只具有发放现金股利行为的样本，另一个是把没有发放现金股利的企业记为 0。显然第一种选择样本的方法是不可取的，第二种做法则会扭曲非控股国有股权真正的边际影响。因此我们采用 probit 模型和 tobit 模型考虑未发放现金股利的企业从而使样本的行为都能得到显性表达，进而校正选择偏误问题。

我们借鉴了董艳和李凤（2011）关于模型设计的方法，采用二元选择模型（probit 模型）及审查回归模型（tobit 模型）进行实证分析。由于是否发放现金股利变量为虚拟变量，因此本章建立 probit 模型来检验非控股国有股权对民营上市公司发放现金股利倾向的影响。关于现金股利发放的力度，每股股利及股利分配率虽均为连续变量，但其取值要么为 0，要么大于 0，属于受限因变量，因而本章建立 tobit 模型来检验非控股国有股权对企业发放现金股利力度的影响。具体的计量模型如下所示。

$$P\left(DD_{it}=1\mid X\right)=\alpha_0+\alpha_1 SE_{it}+\sum\beta Control_{it}+YR+IND \tag{7.1}$$

$$P\left(DD_{it}=1\mid X\right)=\alpha_0+\alpha_1 SER_{it}+\sum\beta Control_{it}+YR+IND \tag{7.2}$$

$$\begin{cases}Dividend_{it}^{\ *}=\alpha_0+\alpha_1 DD_{it}+\sum\beta Control_{it}+YR+IND+\varepsilon_{it}\\Dividend_{it}^{\ *}=\max\left(0,\ DP_{it}^{\ *}\right),\ \varepsilon\mid X\sim\left(0,\ \delta^2\right)\end{cases} \tag{7.3}$$

$$\begin{cases}Dividend_{it}^{\ *}=\alpha_0+\alpha_1 SER_{it}+\sum\beta Control_{it}+YR+IND+\varepsilon_{it}\\Dividend_{it}^{\ *}=\max\ \left(0,\ DP_{it}^{\ *}\right),\ \varepsilon\mid X\sim\left(0,\ \delta^2\right)\end{cases} \tag{7.4}$$

其中，DD 为是否发放现金股利，$Dividend$ 为股利发放量，包括每股股利（税前）（DP）和股利分配率（DR）；SE 为是否含有非控股国有股权，SER 为非控股国有股权持股比例。模型（7.1）和模型（7.2）为 probit 模型，检验非控股国有股权对现金股利发放倾向的影响；模型（7.3）和模型（7.4）为 tobit 模型，检验非控股国有股权对现金股利发放力度的影响。另外，模型（7.1）和模型（7.3）检验的是是否含非控股国有股权对现金股利分配政策的影响，因此回归样本为全样本。而模型（7.2）和模型（7.4）检验的是非控股国有股权比例对现金股利分配政策的影响，因此回归样本为非控股国有股权比例大于零的样本财务杠杆，即部分样本。$Control$ 为一系列公司特征变量，包括资产规模（TA）、财务杠杆（LEV）、每股收益（EPS）、每股现金流（FCF）、净利润增长率（NPG）、高管持股比例（MR）和股权集中度（$H3$）。i 代表横截面上不同的公司，t 表示不同年份。此外，为消除行业差异及时间年份的影响，我们分别设置了行业虚拟变量（IND）和年度虚拟变量（YR）进行了控制，其中，行业划分按照证监会 2012 年颁布的《上市公司行业分类指引》进行设定。

在模型（7.1）中，要检验公司是否含有非控股国有股权对其是否发放现金股利的影响，应该看回归结果中 DD 系数的符号，如果为负，说明含有非控股国有股权的民营企业不倾向于发放现金股利。在模型（7.2）中，要检验公司中非控股国有股权比例的高低对其是否发放现金股利的影响，应该看回归结果中 SER 系数的符号，如果为负，说明民营控股公司中非控股国有股权比例越高其发放现金股利的倾向越低。在模型（7.3）中，要检验公司中是否含有非控股国有股权对其发放现金股利额度的影响，应该看回归结果中 DD 系数的符号，如果为负，说明含有非控股国有股权的民营企业其发放现金股利的额度较低。在模型（7.4）中，要检验公司中非控股国有股权比例的高低对其发放现金股利多少的影响，应该看回归结果中 SER 系数的符号，如果为负，说明民营控股公司中非控股国有股权比例越高其发放现金股利的额度越少。

7.4 实证检验与分析

7.4.1 单位根检验

在对面板数据进行回归分析前，我们先进行了单位根检验，以验证各序列的平稳性。本章通过 LLC 检验及 Fisher – ADF 检验这两种方法来进行单位根检验，检验结果如表 7 – 2 所示。表 7 – 2 显示，各序列（DD 和 SE 均为虚拟变量，对于这两个变量可不进行单位根检验）均拒绝了原假设，即各序列都不存在单位根，是平稳的。由于非控股国有股权比例（SER）及董事会中非控股国有董事占比（SEBR）为受限变量，其值要么为 0，要么大于 0，且大于 0 的样本量相对较少，上述两种检验方法均无法做出，因而我们选用了 Augmented Dickey-fuller（ADF）Test 进行了单位根检验。由表 7 – 2 后两列结果可看出，ADF 检验结果与前述两种检验的结果相一致，非控股国有股权比例（SER）及董事会中非控股国有董事占比（SEBR）的结果也是拒绝了原假设，即不存在单位根。因而本章的所有变量原序列均可直接代入模型进行下文的统计分析。

表 7 – 2 单位根检验结果

变量	LLC 统计量	LLC 检验法的 p 值	Fisher-ADF 统计量	Fisher-ADF 检验法的 p 值	Augmented Dickey-fuller（ADF）Test 统计量	Augmented Dickey-fuller（ADF）Test p 值
DP	– 48.086	0.000	1700.05	0.000	– 39.161	0.0000
DR	– 64.567	0.000	1816.33	0.000	– 58.562	0.0001
SER	—	—	—	—	– 28.063	0.0000
SEBR	—	—	—	—	– 31.298	0.0000
TA	– 59.312	0.0000	1147.23	0.0001	– 4.569	0.0001

	LLC 统计量	LLC 检验法的 p 值	Fisher-ADF 统计量	Fisher-ADF 检验法的 p 值	Augmented Dickey-fuller (ADF) Test 统计量	Augmented Dickey-fuller (ADF) Test p 值
LEV	-37.478	0.0000	1364.38	0.0000	-21.825	0.0000
EPS	-37.998	0.0000	1494.87	0.0000	-58.226	0.0001
FCF	-142.279	0.0000	1968.95	0.0000	-59.230	0.0001
GR	-245.990	0.0000	2312.66	0.0000	-60.043	0.0001
MR	-2.594	0.0047	1168.77	0.0000	-5.638	0.0000
H3	-11826.500	0.0000	1504.69	0.0000	-34.848	0.0000

7.4.2 描述性统计

表7-3报告了相关研究变量的描述性统计结果,由于全部民营控股公司中只有部分企业含有非控股国有股权,也并非全部企业发放现金股利,因此我们区分了部分样本与全样本的描述性统计结果。

从全样本来看,DD 的均值为0.71,说明超过70%的民营上市公司发放了现金股利,表明民营企业在发放股利回报股东上的情况较好。不过从每股股利发放情况来看,DP 的均值为0.094,最大值为1.52,说明不同企业间发放股利情况差异较大。从股利分配率来看,DR 的均值为28.9%,且最高分配率为14.484,可见不同企业间的差距较大。关于非控股国有股权变量的情况,SE 的均值为0.106,说明10.6%的民营上市公司含有非控股国有股权,这一比例相对于其他研究文献的统计数据更低,可能是因为我们对研究样本进行了严格筛选,将原国有企业通过改制变为民营企业的样本进行了排除。从非控股国有股权比例来看,SER 的均值为0.4%,相对来说该比例偏低,但最大值达到33.9%,说明还是有一些民营上市公司在公司所有权安排中引入了相当数量的非控股国有股权。

从部分样本来看,在发放现金股利的样本企业中,其每股股利发放的均值为0.132,股利分配率的均值为40.6%。在含有非控股国有国有股权的样本中,非控股国有股权比例的均值为4.2%,董事会中非控股国有董事占比的均值为0.124。

在控制变量方面,TA 的最大值为26.446,最小值为18.828,均值为

21.909，表明民营上市公司的资产规模整体差异较大。*LEV* 的均值为
45.4%，*EPS* 的均值为 0.402，*NPG* 的均值为 0.963，表明民营上市公司的整
体负债及盈利能力正常，并有较大的成长空间。*FCF* 均值为 0.453，最大值为
247.403，最小值为 -7.271，可见民营上市公司每股自由现金流情况的差异非
常明显。而 *MR* 的均值为 5.3%，在含有高管持股的部分样本中，*MR* 的均值
为 10.7%。*H3* 的均值为 13.4%，最大值为 73.2%。

表 7 - 3   研究变量的描述性统计

变量	观测值	最小值	最大值	均值	标准差
DD	3594	0	1	0.710	0.454
DP（全样本）	3594	0	1.52	0.094	0.574
DP（部分样本）	2553	0.002	1.52	0.132	0.161
DR（全样本）	3594	0	14.484	0.289	0.574
DR（部分样本）	2553	0.007	14.484	0.406	0.645
SE	3594	0	1	0.106	0.308
SER（全样本）	3594	0	0.339	0.004	0.025
SER（部分样本）	380	0	0.339	0.042	0.067
SEBR（全部样本）	3594	0	0.226	0.015	0.327
SEBR（部分样本）	225	0	0.226	0.124	0.158
TA	3594	18.828	26.446	21.909	1.139
LEV	3594	0.007	0.986	0.454	0.195
EPS	3594	0.001	13.331	0.402	0.568
FCF	3594	-7.271	247.403	0.453	4.629
NPG	3594	-1013.357	1019.676	0.963	33.558
MR（全样本）	3594	0	0.748	0.053	0.116
MR（部分样本）	1783	0	0.748	0.107	0.139
H3	3594	0.002	0.732	0.134	0.108

7.4.3 相关性检验

在对模型进行回归分析前，我们对各研究变量进行了相关性检验，以排
除多重共线性的干扰。由于是否发放现金股利（*DD*）、是否含有非控股国有
股权（*SE*）为 0 ~ 1 变量，其他变量为连续变量，因而我们采用 Spearman 相
关性分析。表 7 - 4 是变量间的 Spearman 相关系数表。

表7-4 研究变量的Spearman相关系数

变量	DD	DP	DR	SE	SER	SEBR	TA	LEV	EPS	FCF	NPG	MR	H3
DD	1												
DP	0.800***	1											
DR	0.799***	0.768***	1										
SE	-0.055***	-0.039**	-0.054***	1									
SER	-0.059***	-0.041***	-0.056***	0.996	1								
SEBR	-0.047***	-0.033***	-0.048***	0.678	0.734	1							
TA	0.237***	0.251***	0.116***	0.042***	0.034**	0.031**	1						
LEV	-0.091***	-0.127***	-0.123***	0.018	0.021	0.014	0.461***	1					
EPS	0.361***	0.606***	0.101***	0.022	0.022	0.016	0.319***	-0.027*	1				
FCF	0.223***	0.355***	0.171***	-0.030*	-0.030*	-0.034	0.138***	-0.008	0.362***	1			
NPG	0.210***	0.261***	0.083***	0.003	0.004	0.004	0.066***	-0.019	0.409***	0.130***	1		
MR	0.158***	0.161***	0.115***	-0.015	-0.019	-0.018	-0.080***	-0.162***	0.103***	0.030**	0.033**	1	
H3	0.079***	0.131***	0.072***	0.000	0.004	0.003	0.091***	0.099***	0.166***	0.064***	0.041**	-0.024	1

注：*、**、*** 分别表示在10%、5%和1%的水平下统计显著。

表 7 - 4 显示，是否含有非控股国有股权（*SE*）及非控股国有股权比例（*SER*）与是否发放现金股利（*DD*）呈负相关关系，且在 1% 的水平下显著，初步支持了假设 7.1 和假设 7.3。是否含有非控股国有股权（*SE*）及非控股国有股权比例（*SER*）分别与每股股利（税前）（*DP*）及股利分配率（*DR*）呈负相关关系，且至少在 5% 的水平下显著，初步支持了假设 7.2 和假设 7.4。资产规模（*TA*）、财务杠杆（*LEV*）、每股收益（*EPS*）、每股现金流（*FCF*）、高管持股比例（*MR*）和股权集中度（*H*3）对被解释变量 *DD*、*DP*、*DR* 的影响方向均与预期一致，且在 1% 的水平下显著。净利润增长率（*NPG*）与被解释变量间的相关系数均为正向显著，与预期相反，有待后文做进一步检验。此外，各解释变量两两之间的相关系数均小于 0.5。以上结果表明研究变量之间不存在明显的多重共线性问题。

7.4.4 回归结果分析

（1）民营上市公司是否含有非控股国有股权与股利发放倾向

表 7 - 5 报告了模型（7.1）的回归结果。模型（7.1）为 probit 回归，用于检验民营上市公司是否含有非控股国有股权对其股利发放倾向的影响。

表 7 - 5 模型（7.1）回归结果（全部样本）——probit 模型

观测值：3594	被解释变量：是否发放现金股利（*DD*）			
解释变量	预期符号	系数	z 统计量	边际效应
SE	−	− 0.262 ***	− 3.866	− 0.075
TA	+	0.411 ***	15.547	0.118
LEV	−	− 1.670 ***	− 11.717	− 0.480
EPS	+	0.792 ***	9.477	0.228
FCF	+	0.259 ***	6.851	0.075
NPG	−	0.002	0.167	0.000
MR	?	1.722 ***	7.193	0.496
*H*3	+	0.448 *	1.983	0.129
IND	/	控制	/	/
YR	/	控制	/	/

观测值：3594	被解释变量：是否发放现金股利（DD）				
解释变量	含义	预期符号	系数	z统计量	边际效应
常数项	/	/	- 8.058 ***	- 14.889	
LR	似然比统计量		752.075 **	/	/
McFadden R²	拟合优度		0.161	/	/

注：*、**、*** 分别表示在10%、5%和1%的水平下统计显著。

表7-5的回归结果显示，是否含有非控股国有股权（SE）与是否发放现金股利（DD）在1%的水平下显著为负，也就是说，含有非控股国有股权的民营上市公司发放现金股利的倾向低。从边际效应来看，在其他条件相同的情况下，含有非控股国有股权的民营上市公司比未含有非控股国有股权的民营上市公司现金股利发放倾向低0.075。因此，假设7.1得以验证。在我国民营控股公司中，含有非控股国有股权的企业分配现金股利的意愿更低，这种更低的股利发放倾向与非控股国有股权带来的政治关联效应具有显著关系。非控股国有股权与政府具有的天然联系，使得这类企业在一定程度上能够获得更多的经济资源和发展机会，并得到有效的产权保护，从而在剩余利润支配上更多地用于未来发展而较少用于回报股东。

在控制变量方面，资产规模（TA）的系数在1%的水平下显著为正，表明企业规模越大，发放现金股利的倾向也越高，且资产规模每提高1个百分点，企业发放现金股利的倾向提高0.118个百分点。财务杠杆（LEV）则在1%的水平下显著为负，表明企业负债水平越高，发放现金股利的可能性越低。每股收益（EPS）的系数在1%的水平下显著为正，该结果支持了企业盈利能力越强则发放现金股利可能性也越高的观点，且每股收益每增加1个百分点，企业发放现金股利的倾向提高0.228个百分点。每股现金流（FCF）的系数在1%的水平下显著为正，表明企业每股自由现金流越高，发放现金股利的可能性也越高，这是由于企业拥有自由现金流越多，可支配的余地也越大。股权集中度（H3）的系数在10%的水平下显著为正，表明股权集中度越高的企业其现金股利发放倾向越高。以上控制变量的回归结果与基本预期一致。

而高管持股比例（MR）的系数在1%的水平下显著为正，该结果支持了董艳和李凤（2011）的研究，即公司管理层持股会增强企业发放现金股利的倾向。从边际效应来看，在其他条件相同的情况下，高管持股比例每增加1个百分点，企业现金股利发放倾向增加0.496个百分点。我们认为，由于在民营控股公司中高管的持股比例普遍不高，因而高管持股能有效发挥减少代理成本的作用即利益趋同效应，而远未达到高级管理层为了达到私人利益而侵占股东利益的地步，因而高管持股比例与现金股利发放倾向成正比。净利润增长率（NPG）的系数为正，但不显著，且边际效应基本为0，该结果与我们的预期不一致，即净利润增长率对企业现金股利发放没有影响。我们认为原因可能在于成长越快的企业其经营状况也越好，因此越有可能发放股利来回报股东，甚至以此来进一步传递企业发展前景良好的信号从而吸引更多的投资者。

（2）民营上市公司是否含有非控股国有股权与股利发放力度

表7-6报告了模型（7.3）的回归结果。模型（7.3）为tobit回归，用于检验民营上市公司是否含有非控股国有股权对其股利发放力度的影响。

表7-6 模型（7.3）回归结果（全部样本）——tobit模型

观测值：3594		被解释变量：发放现金股利力度					
		DP			DR		
解释变量	预期符号	系数	z统计量	边际效应	系数	z统计量	边际效应
SE	−	− 0.016 **	− 2.145	− 0.006	− 0.089 **	− 2.527	− 0.033
TA	+	0.040 ***	15.236	0.016	0.128 ***	10.225	0.048
LEV	−	− 0.205 ***	− 14.030	− 0.081	− 0.609 ***	− 8.728	− 0.227
EPS	+	0.120 ***	24.921	0.047	− 0.090 ***	− 3.853	− 0.034
FCF	+	0.042 ***	14.391	0.017	0.064 ***	4.536	0.024
NPG	−	0.000	0.431	0.000	− 0.004	− 1.252	− 0.002
MR	?	0.092 ***	4.170	0.036	0.602 ***	5.673	0.224
H3	+	0.132 ***	5.849	0.052	0.432 ***	3.996	0.161
IND	/	控制			控制		
YR	/	控制			控制		
常数项	/	− 0.807 ***	− 14.854		− 2.455 ***	− 9.493	

注：*、**、***分别表示在10%、5%和1%的水平下统计显著。

表 7 - 6 的回归结果显示, 是否含有非控股国有股权 (SE) 对每股股利 (税前) (DP) 及股利分配率 (DR) 的系数均在 5% 的水平下显著为负, 也就是说, 含有非控股国有股权的民营上市公司每股股利的发放额度越少, 股利分配率越低。从边际效应来看, 在其他条件相同的情况下, 含有非控股国有股权的民营上市公司比未含有非控股国有股权的民营上市公司每股股利减少 0.006 元, 股利分配率减少 0.033。这也与陈建林 (2015a) 研究的非控股国有股权与企业超额现金持有关系的结果基本一致, 该研究实证结果表明含有非控股国有股权的民营企业持有的超额现金较多, 但分配给股东的部分却更少, 即股利支付率更低。因此, 假设 7.2 得以验证, 即相比于其他同类企业来说, 含有非控股国有股权的民营控股公司在支配剩余利润时会分配更少的现金股利。这与我们的预期相符, 说明非控股国有股权带来的政治关联效应、产权保护效应以及信号传递效应能使企业在一定程度上减少现金分红的支出, 而更多用于未来投资和长远发展上。

在控制变量方面, 资产规模 (TA)、财务杠杆 (LEV)、每股现金流 (FCF)、高管持股比例 (MR) 以及股权集中度 ($H3$) 的系数均在 1% 的水平下显著, 且影响方向与预期一致, 该结果与前文的分析类似。每股收益 (EPS) 对每股股利 (税前) (DP) 的系数在 1% 的水平下显著为正, 说明每股收益越高时每股股利发放额度也越高; 每股收益 (EPS) 对股利分配率 (DR) 的系数在 1% 的水平下显著为负, 即每股收益越高时, 股利分配率反而越低。这是因为每股收益指标为净利润与总股数的比值, 在总股数一定的情况下, 每股收益越高则净利润也越高, 因而股利分配所占的比重相应降低, 特别是在股息支付额增长率低于净利润增长率时, 所以股利分配率对每股收益表现为负向关系。同理, 净利润增长率 (NPG) 对股利分配率 (DR) 的系数为负, 但不显著; 对每股股利 (税前) (DP) 的系数为正, 也不显著, 这与模型 (7.1) 的结果一致。

(3) 民营上市公司非控股国有股权比例与是否发放现金股利

表 7 - 7 报告了模型 (7.2) 的回归结果。模型 (7.2) 为 probit 回归, 用于检验民营上市公司非控股国有股权比例对其是否发放现金股利的影响, 该回归为非控股样本, 即只包括公司股权结构中含有非控股国有股权的民营企业。

表7-7 模型（7.2）回归结果（部分样本）——probit 模型

观测值：380	被解释变量：是否发放现金股利（DD）			
解释变量	预期符号	系数	z 统计量	边际效应
SER	−	− 0.009 *	− 1.680	− 0.003
TA	+	0.426 ***	6.062	0.126
LEV	−	− 1.657 ***	− 4.383	− 0.492
EPS	+	0.459 ***	2.912	0.136
FCF	+	0.214 ***	2.745	0.064
NPG	−	− 0.017	− 0.972	− 0.005
MR	?	1.671 **	2.458	0.496
H3	+	− 0.164	− 0.281	− 0.049
IND	/	控制	/	/
YR	/	控制	/	/
常数项	/	− 8.393 ***	− 5.683	
LR	/	101.609 ***	/	/
McFadden R^2	/	0.158	/	/

注：*、**、*** 分别表示在 10%、5% 和 1% 的水平下统计显著。

表7-7 的回归结果显示，非控股国有股权比例（SER）对是否发放现金股利（DD）的系数在 10% 的水平下显著为负，也就是说，非控股国有股权比例越高的民营上市公司其发放现金股利的倾向越低。从边际效应来看，在其他条件相同的情况下，民营上市公司的非控股国有股权比例每增加 1 个百分点，现金股利发放倾向降低 0.003 个百分点。因此，假设 7.3 得以验证。对于含有非控股国有股权的民营企业来说，非控股国有股权比例越高，国有股权在公司中的话语权与影响力也越高，相应地与政府的关联也越强，因而非控股国有股权所发挥的政治关联效应、产权保护效应以及信号传递效应也越强，从而企业发放现金股利的倾向就越低。

在控制变量方面，资产规模（TA）、财务杠杆（LEV）、每股收益（EPS）、每股现金流（FCF）的系数均在 1% 的水平下显著，高管持股比例（MR）的系数在 5% 的水平下显著，且影响方向与预期一致，该结果与前文的分析类似。净利润增长率（NPG）的系数为负，但统计上不显著，也就是说对于含有非控股国有股权的民营企业来说，其净利润增长率越高可能越不倾向于发放现金股利。股权集中度（H3）的系数为负，但不显著，与我们的预期不一致，说明对于含有非控股国有股权的民营企业来说，其股权集中度越高可能越不倾向于发放现金股利，而倾向于发放现金股利的通常为非控股国有股权比例较低的民营企业。对于非控股国有股权比例较高的民营企业来说，股权集中度越高表明大股东进行"掠夺"的可能性越高，此时非控股国有股权比例越高就越有利于对私有股权形成制衡，从而降低其股利发放倾向来减少大股东通过现金分红转移资产的行为。

（4）民营上市公司非控股国有股权比例与现金股利发放力度

表7-8为模型（7.4）的回归结果。模型（7.4）为tobit回归，用于检验民营上市公司非控股国有股权比例对其现金股利发放力度的影响，该回归为部分样本，即只包括公司股权结构中含有非控股国有股权的民营企业。

表7-8　模型（7.4）回归结果（部分样本）——tobit模型

观测值：380		被解释变量：发放现金股利力度					
		DP			DR		
解释变量	预期符号	系数	z统计量	边际效应	系数	z统计量	边际效应
SER	−	− 0.001 *	− 1.864	− 0.001	− 0.006 **	− 2.096	− 0.002
TA	+	0.040 ***	4.975	0.016	0.129 ***	4.292	0.048
LEV	−	− 0.242 ***	− 5.405	− 0.095	− 0.446 ***	− 2.653	− 0.167
EPS	+	0.162 ***	10.297	0.064	− 0.107 *	− 1.684	− 0.040
FCF	+	0.039 ***	4.541	0.016	0.084 **	2.571	0.032
NPG	−	− 0.002 **	− 2.457	0.000	− 0.013 *	− 1.841	− 0.004
MR	?	0.244 ***	3.348	0.096	0.560 **	2.016	0.210
H3	+	0.061	0.884	0.0234	0.246 **	0.958	0.092
IND	/	控制			控制		
YR	/	控制			控制		
常数项	/	− 0.821 ***	− 4.792		− 2.540 ***	− 3.997	

注：*、**、***分别表示在10%、5%和1%的水平下统计显著。

表7-8的回归结果显示，非控股国有股权比例（SER）对每股股利（税前）（DP）的系数在10%的水平下显著为负，对股利分配率（DR）的系数在5%的水平下显著为负。从边际效应来看，在其他条件相同的情况

下，非控股国有股权比例每增加 1 个百分点，民营上市公司每股股利减少
0.001 元，股利分配率减少 0.002 个百分点。也就是说，非控股国有股权比
例越高的民营上市公司每股股利发放量以及股利分配率越低。因此，假设
7.4 得以验证。在含有非控股国有股权的民营企业中，其非控股国有股权比
例越高，企业发放现金股利的力度就越小，说明在这类企业中非控股国有
股权的政治关联效应越强对企业行为的影响就越大。

在控制变量方面，资产规模（TA）、财务杠杆（LEV）、每股现金流
（FCF）以及高管持股比例（MR）的系数均在 5% 以下水平下显著，且影响
方向与预期一致，该结果与前文的分析类似。每股收益（EPS）对每股股利
（税前）（DP）的系数在 1% 的水平下显著为正，说明每股收益越高时每股
股利发放额度也越高；而每股收益（EPS）对股利分配率（DR）的系数在
10% 的水平下显著为负，即每股收益越高时，股利分配率反而越低，与前文
模型（7.3）中的结果类似，这可能是因为股息支付额的增长率低于净利润
增长率，故而股利分配率与每股收益呈负向关系。净利润增长率（NPG）
对每股股利（税前）（DP）的系数在 5% 的水平下显著为负，对股利分配率
（DR）的系数在 10% 的水平下显著为负，说明对于含有非控股国有股权的
民营企业来说，净利润增长率越高就越倾向于将剩余利润用于企业未来的
投资，从而减少现金股利的发放力度。股权集中度（$H3$）对每股股利（税
前）（DP）的系数为正，但不显著；对股利分配率（DR）的系数在 1% 的
水平下显著为正，表明企业股权集中度越高，现金股利发放力度就越大。

7.4.5　稳健性检验

为了对以上回归结果的稳健性做进一步检验，从而增强结果的可靠性。
我们替换了主要解释变量非控股国有股权比例（SER），采用了董事会中非
控股国有董事占比（$SEBR$）来体现民营控股公司中国有股权的影响力，将
变量 $SEBR$ 代入模型（7.2）与模型（7.4）中，重新检验部分样本公司的
董事会中非控股国有董事占比对其现金股利分配政策的影响，检验结果如
表 7-9 所示。表 7-9 可以看出，变量 $SEBR$ 的系数均至少在 10% 的水平下
显著为负，该结果进一步验证了非控股国有股权在民营控股公司中具有较
强的影响力，即本章研究结果具有一定的可靠性。

表 7 – 9 稳健性检验回归结果（部分样本）

观测值：225	被解释变量		
	DD	DP	DR
解释变量	probit 模型（7.2）	tobit 模型（7.4）a	tobit 模型（7.4）b
SEBR	− 0.008 * （− 1.664）	− 0.003 ** （− 1.985）	− 0.006 ** （− 2.176）
TA	0.417 *** （4.383）	0.046 *** （7.546）	0.135 *** （4.572）
LEV	− 0.868 *** （− 4.855）	− 0.464 *** （− 7.047）	− 0.364 *** （− 4.395）
EPS	0.532 *** （4.642）	0.189 *** （5.572）	− 0.136 ** （− 1.905）
FCF	0.380 *** （3.374）	0.054 ** （2.506）	0.069 ** （2.261）
NPG	− 0.013 （− 0.567）	− 0.003 * （− 1.657）	− 0.013 * （− 1.794）
MR	1.543 *** （5.470）	0.257 *** （4.786）	0.598 * （1.706）
H3	− 0.123 * （− 1.690）	0.035 （0.475）	0.052 （0.778）
IND	控制	控制	控制
YR	控制	控制	控制
LR	158.894 ***	/	/
McFadden R^2	0.161	/	/

注：*、**、*** 分别表示在 10%、5% 和 1% 的水平下统计显著。

7.5 本章小结

　　本章以 2009～2016 年中国民营控股上市公司为样本，研究了民营企业含有的非控股国有股权对公司现金股利发放的影响。研究结果表明：民营控股公司是否含有非控股国有股权对其是否发放现金股利有显著的影响，含有非控股国有股权的民营企业不倾向于发放现金股利。民营控股公司中非控股国有股权的持股比例对其是否发放现金股利有显著的影响，非控股国有股权比例越高的民营企业越不倾向于发放现金股利。民营控股公司是否含有非控股国有股权对其发放现金股利的力度有显著影响，含有非控股国有股权的民营企业发放每股股利的额度以及股利分配率可能会较低。民营控股公司中非控股国有股权比例对其发放现金股利的力度有显著影响，非控股国有股权比例越高的民营企业发放每股股利的额度以及股利分配率可能越低。

除此之外，我们还发现企业净利润增长率以及股权集中度也有不同程度的影响。对于全样本企业来说，企业净利润增长率与现金股利发放表现为不显著的正相关关系；但对于含有非控股国有股权的民营企业来说，企业净利润增长率与现金股利发放力度呈显著的负相关关系，这进一步证实了含有非控股国有股权的民营企业更可能将剩余利润用于公司未来的投资项目上，从而减少了现金股利的发放。

企业发放现金股利受诸多因素的影响，尽管监管层通过制定一系列管理规定进行指引和督促，但仍存在落实不到位的问题。比如本章研究发现，含有非控股国有股权的民营企业由于享有非控股国有股权带来的政治关联效应、产权保护效应及信号传递效应，故减少了现金股利的发放。为此，监管层应切实加强相关政策规定的落实，增强民营企业回馈投资者的观念，加大对民营企业执行相关规定的监督。

8　企业政治资本与公司定向增发的关系

8.1　研究基础

经过四十多年的改革开放，中国已发展成为世界第二大经济体，其中民营经济功不可没，为国家的经济增长提供了重要动力，创造了大量就业岗位与财政税收。然而中国的市场经济体制是由计划经济转变而来，企业有国有与私营之分，同时政府掌握了大部分资源，相比国有企业，民营企业面临制度环境等方面的约束，包括融资困难（李广子、刘力，2009；Luo and Ying，2014）、行业进入壁垒（高雅等，2013；Chen et al.，2014）等。对此，很多文献研究指出民营企业通过建立政治关联这种替代性机制来弥补制度环境的不足，从而为自身发展寻找出路。

民营企业之所以积极建立与政府之间的关系，其主要的目的是为自己营造一个有利的市场环境，为自身发展获取所需的资源，进而提升公司的经营业绩。企业通过运用政治资本，寻求政府保护从而减少自身产权受到的侵害，缓解我国长期存在的所有制歧视给民营企业经营发展带来的负面影响（Wu et al.，2012a；Xu et al.，2013）。应千伟和罗党论（2015）指出处于经济转型时期的中国，政府在资源配置上仍发挥着重要作用，尤其是金融资源大都由各级政府所属的国有金融机构掌控，因而民营企业会努力拉近与政府的关系。国内外已有较多学者通过研究发现，与其他资质类似的企业相比，拥有政治资本的企业更容易获得经济资源，特别是在企业融资方面，这种政治资本所起的作用更为明显（Khwaja and Mian，2005；Li et al.，2008；Ding et al.，2015；余明桂、潘红波，2008a）。

定向增发（也称非公开发行）作为上市公司再融资的一种方式，也是民营企业获取金融资源的重要渠道。它是指上市公司向特定的少数几个对象发行股票从而募集资金，由于其发行条件较为宽松，没有业绩指标等硬性规定，也无融资额限制等要求，能为企业抓住产业投资机会、实现扩张提供资金来源；也有利于企业间的并购或重组，从而实现资源整合。这种相对灵活的融资方式广受上市公司的青睐而被广泛使用，目前已成为我国上市公司股权再融资的主要方式之一（赵玉芳等，2011；Fonseka et al.，2015）。

然而，现有研究很少涉及企业政治关联对定向增发的影响。由于定向增发也属于民营企业获取外部融资的一种重要途径，因此这种资源就会成为企业争取的对象，而定向增发的许可证掌握在政府手中，因而企业政治关联与获取定向增发这种金融资源之间存在怎样的关系值得我们探索。本章探究了中国民营上市公司的政治资本对定向增发的影响，并将民营企业不同类型的政治资本区分为显性政治资本与隐性政治资本，通过定向增发的审批时间、审批结果及融资规模三个方面进行衡量。本章对民营企业融资问题提供了更广阔的研究视角，为政府部门思考如何进行制度建设、改善民营企业融资环境提供新的理论依据。

8.2 理论分析与研究假设

8.2.1 民营企业政治资本的分类

大多数研究将民营企业的政治资本集中于企业家和公司高管的个人政治身份上，比如担任人大代表、政协委员或政府官员等（Wu et al.，2012b；Xu et al.，2013；杜兴强等，2009；应千伟、罗党论，2015）。但实际上，民营企业家或公司高管对于曾在政府部门任职这种背景通常不会进行大肆宣扬，而当他们现任人大代表或政协委员时则会向外界积极释放这种信息，因而我们将这种代表委员类与政府官员类的政治资本区分为显性政治资本和隐性政治资本。

（1）第一类：显性政治资本

一种是民营企业家的政治参与。主要指民营企业家通过担任人大代表、政协委员直接参政，并通过个人拥有的这种政治身份和政治地位在国家政策制定、工作会议中发表意见、投票表决等。这种政治资本是建立在我国参政议政的政治制度上的，具有一定的法律保障，但同时它也是一种个人层面的政治资本，依赖民营企业家个人的积极作为与影响。

还有一种近年来为少数学者所研究的显性政治资本，是民营企业在公司股权结构中引入（保留）一定比例的国有股权（王砚羽等，2014）。宋增基等（2014）指出民营企业含有部分国有股权能与政府建立一种天然联系，通过在制度层面上与政府确立合作关系，从而与政府形成体制性关联并从中获取便利。Song 等（2017）研究发现这种建立在国家制度层面上的政治资本能为民营企业带来更多的银行贷款、经营许可等经济资源，并在影响程度上强于民营企业家参政的作用。

（2）第二类：隐性政治资本

主要指民营企业家或公司高管曾在政府部门担任过一定级别的职务。一方面，由于中国在市场经济改革之初曾有很多官员下海经商（Yu et al.，2017），许多民营企业也就与一些政府部门存在千丝万缕的联系。另一方面，很多民营企业都热衷于聘请具有一定政治影响力的原政府官员到企业任职（Chen et al.，2011）。正是因为他们熟悉政府工作的各个环节，并掌握着大量包括其原同事、原上下级甚至朋友、亲属等人际关系，这些基于社会关系网络的社会资本便成为企业获取经济资源的重要渠道（杨鹏鹏等，2005；Ding et al.，2015）。然而这种政治资本显然与前述两种显性政治资本不一样，它是不在"台面"上的，是一种民营企业暗自维持却不会透露的隐性政治资本（Fisman and Wang，2015）。这种隐性政治资本不具有国家正式制度上的保障，而完全依赖社会关系网络，也就意味着它存在一定的不确定性。

根据上述对民营企业政治资本的大致分类，我们整理出民营企业政治资本的分类，如表 8 - 1 所示。

表 8 - 1　民营企业政治资本的分类

类型	关联途径	具体表现方式	维度
显性 政治资本	国有股权	民营企业公司股权结构中含有一定比例的国有股权	制度层面
	民营企业家参政	企业家或公司高管现任人大代表、政协委员	个人层面
隐性 政治资本	社会资本	企业家或公司高管曾在政府部门任职，或其主要亲属为政府高官	个人层面

8.2.2　民营企业政治资本与定向增发

我国作为经济转型国家，目前市场经济秩序尚未完全建立起来，生产要素配置的市场化程度不高，政府手中掌握了许多民营企业发展所需的经济资源（Su et al.，2014；邢春玉等，2016）。与国有企业相比，民营企业规模较小且缺乏风险承担能力，因而国有银行等金融机构更愿意将信贷资源配置给国有企业，民营企业融资难问题始终挥之不去。定向增发作为上市公司再融资的一种重要渠道，与公司首次公开发行（IPO）实行的核准制类似，需经证监会审核通过才可进行。

民营企业通过个人政治资本或在公司股权结构中设立部分国有股权便能与政府建立紧密的联系，这些政治资本不仅可以为企业带来资金、优惠政策、信息等资源，还能让企业获得某种制度上的保护。Xu 等（2013）研究发现民营企业家的政治身份能在一定程度上传递信号暗示，缓解银行等金融机构的信息不对称问题，从而有助于企业获得金融资源。应千伟和罗党论（2015）通过实证分析发现，企业拥有的政治关联层级越高，越容易获取银行的授信额度。邓新明（2011）研究认为，拥有政治资源的民营企业更可能进入受政府严格管制的行业，并进行多元化投资。另外，与民营企业家参政、含有部分国有股权这样的显性政治资本以获得政府部门的支持不同，企业家的隐性政治资本是建立在私人的、长期工作交往的感情与信任基础之上的。王建斌（2012）将这种人际关系网络描述为一个个的"关系圈"，每个人以自我为中心按照血亲关系、关系要好的熟人、普通熟人及生人向外围排序，并基于这种"圈内""圈外"的判断处理问题。这种关系的亲疏判断甚至在效用上还可能高于组织的规章制度。具有政府机构工作背景的企业家，对政府职能部门的管理权限以及审批流程也更为了解，从而更容易获取相关信息和资源。因而企业若掌握一定的政治关系，即可依靠其特殊的关联渠道获取资源（Cai and Yang，2014）。

对于本章所提到的三种不同类型的政治关联途径，由于它们发挥作用的机制并不相同，由此我们猜测其对企业定向增发的影响也存在差异，具体影响如何有待下文的实证检验。我们已知，企业拥有一定的政治关联将有助于其从政府手中获取资源，因而民营上市公司若拥有某方面的政治关联渠道，可能更容易得到定向增发的机会，具体表现为在审批时间上等待周期更短，在结果上则具有更高的审批通过率以及更大的融资规模。因此，我们提出如下假设。

假设 8.1：在其他条件相同的情况下，拥有政治资本的民营上市公司定向增发的审批时间更短。

假设 8.2：在其他条件相同的情况下，拥有政治资本的民营上市公司定向增发的审批通过率更高。

8.2.3 民营企业中国有股权与其他政治资本对定向增发的影响

由于民营企业实施定向增发计划主要考虑资金的回报率，因而企业不会盲目提高融资额度（杨星等，2016）。相比于深受政府支持的国有企业，民营企业长期受所有制的影响而难以被国家有关部门接纳，政府在审批其定向增发方案时可能会进行更为严格的把控。而对于含有国有股权的民营企业来说，其在制度层面上与政府建立了紧密的联系，从而传达出公司具有较强实力及获得政府支持的信号（Song et al.，2015），因而定向增发融资额度更有可能获得政府监管部门通过。因此，我们提出如下假设。

假设 8.3：相较于其他两种类型的政治资本，含有部分国有股权的民营上市公司具有更大的定向增发规模。

8.3 样本与研究方法

8.3.1 样本选择和数据来源

2006 年，在新《证券法》正式实施的背景下，证监会开始推出定向增发，允许上市公司通过非公开发行方式再融资。受 2008 年全球金融危机的影响，资本市场波动较大，为剔除宏观环境因素的影响，本章的研究样本选定为 2009～2014 年中国 A 股民营上市公司 1418 个定向增发申请事件。按照以下方式对原始样本进行了剔除：①金融、保险行业的公司；②被 ST、PT 等特殊处理的公司；③存在数据缺失、信息披露不详的公司。经过筛选，最终得到 783 个有审批结果的定向增发事件。

数据来源方面，关于定向增发的所有信息均来自 Wind 数据库，包括公司拟定向增发的申请日期、获批日期、审批结果以及数额，均以公司公告或证监会公告为准。企业政治资本情况则通过 Wind 数据库的子数据库"股票深度资料"中"董事会及管理者信息"一栏进行手动收集，并结合互联网搜索引擎工具整理而来。公司股权结构及其财务数据均来自 CSMAR 数据库。

8.3.2　计量模型与变量说明

（1）政治资本变量

根据前文对民营企业政治资本的分类，我们从两大不同类型的政治资本入手，按照三种形式分别考察它们产生的不同影响。

关于民营企业家的政治参与，我们采用民营企业家参政（PC）进行度量，即民营上市公司的实际控制人/董事长或总经理当选为人大代表、政协委员，则该值为 1，否则为 0。由于民营上市公司一般对当地社会经济的影响较大，公司也大多分布在地级及以上城市，因而本章定义的当选人大代表或政协委员等职务均指地市级及以上。

关于民营企业中含有的部分国有股权，我们采用非控股国有股权比例（SER）进行度量。根据 CSMAR 数据库中得到的各个公司的前十大股东中国有股本数与公司前十大股东的总股本，计算得出该比例。一般来说，非控股国有股权所占比例越高，企业拥有的政治资本也越强。

在民营企业的隐性政治资本方面，我们采用企业家社会资本（SC）进行度量。根据上市公司披露的董事会成员或公司管理层信息，逐一检索出公司实际控制人/董事长或总经理曾任职于国家产经部门或其他政府机构的信息。另外，通过将上述高管的姓名输入搜索引擎中查询，筛选出其主要亲属是否在政府部门担任高官。本章所定义的官员级别为县处级及以上。

（2）定向增发

与公司首次公开发行需要通过证监会发行审核一样，上市公司申请定向增发也需获得证监会的核准，虽然流程不如 IPO 复杂，排队等待没有那么漫长，但也需要一定的时间方能收到证监会发出的关于非公开发行是否获准的公告。本章通过审批时间（AT）、审批结果（AR）、融资占比（AA）、融资额度（AL）四个指标来反映定向增发的相关情况。

（3）控制变量

我们控制了多个可能影响民营上市公司定向增发的公司特征变量：公司规模（TA）、财务杠杆（LEV）、总资产报酬率（ROA）、发展前景（BM）、成长性（GR）。此外，为消除行业差异及时间年份的影响，我们还设置了行业虚拟变量（IND）和年度虚拟变量（YR）。其中，行业划分按照证监会于2012年颁布的《上市公司行业分类指引》进行设定。详细的变量定义见表8-2。

表8-2 变量的定义及说明

变量	变量符号	定义
被解释变量		
审批时间	AT	根据公司发出定向增发公告的日期及证监会发出审批结果公告的日期计算持续天数，并取其自然对数值
审批结果	AR	虚拟变量，若审批结果为通过则取1，否则取0
融资占比	AA	定向增发的融资额度与公司总资产的比值，用于衡量定向增发规模
融资额度	AL	定向增发的融资额度的自然对数，用于衡量定向增发规模
政治资本变量		
政治资本	PI	虚拟变量，企业拥有任意一种形式的政治资本则值为1，否则为0
民营企业家参政	PC	虚拟变量，当公司实际控制人/董事长或总经理是地市级以上人大代表或政协委员时则为1，否则为0
非控股国有股权比例	SER	公司前十大股东中国有股本/公司前十大股东的总股本
企业家社会资本	SC	虚拟变量，当公司实际控制人/董事长或总经理曾任职于政府部门并担任过处级及以上行政职务，或其主要亲属担任上述职务时则为1，否则为0
控制变量		
公司规模	TA	提出定向增发申请时年初总资产的自然对数值
财务杠杆	LEV	公司资产负债率，年初总负债与总资产的比值
总资产报酬率	ROA	年初净利润与平均资产总额的比值
发展前景	BM	公司的账面市值比

续表

变量	变量符号	定义
成长性	GR	（年初销售收入 – 上年年初销售收入）/上年年初销售收入
年度	YR	虚拟变量，样本观测值处于该年度时为1，否则为0
行业	IND	虚拟变量，当企业处于该行业时为1，否则为0

为检验本章提出的假设，我们构造了如下模型：

$$AT_{it} = \alpha_0 + \alpha_1 PC_{it} + \alpha_2 Control_{it} + YR + IND + \varepsilon_{it} \qquad (8.1)$$

$$\text{Logit}(AR_{it}) = \alpha_0 + \alpha_1 PC_{it} + \alpha_2 Control_{it} + YR + IND + \varepsilon_{it} \qquad (8.2)$$

$$AL_{it} = \alpha_0 + \alpha_1 PC_{it} + \alpha_2 Control_{it} + YR + IND + \varepsilon_{it} \qquad (8.3)$$

其中 PI 为政治资本变量，$Control$ 为一系列公司特征变量，包括公司规模（TA）、财务杠杆（LEV）、总资产报酬率（ROA）、发展前景（BM）、成长性（GR）。i 代表横截面上不同的公司，t 表示不同年份。

模型（8.1）为多元线性回归，用于检验公司不同类型的政治资本对审批时间的影响程度；模型（8.2）为 logistic 回归，用于检验公司不同类型的政治资本对审批结果是否有影响；模型（8.3）则是为了检验公司不同类型的政治资本对融资额度的影响大小。

8.4　实证结果及分析

8.4.1　描述性统计

表 8 – 3 是对研究变量的描述性统计。

表 8 – 3　研究变量的描述性统计

变量	观测值	最小值	最大值	均值	标准差
AT	783	3.332	6.064	4.718	0.587
AR	783	0	1	0.697	0.461
AA	783	0.892	4.747	1.419	4.268
AL	783	18.421	23.208	20.986	0.901
PI	783	0	1	0.895	0.283

变量	观测值	最小值	最大值	均值	标准差
PC	783	0	1	0.596	0.358
SER	783	0	0.353	0.157	0.314
SC	783	0	1	0.523	0.352
TA	783	17.693	35.734	20.425	2.853
LEV	783	0.036	0.751	0.585	0.384
ROA	783	-0.235	0.211	0.046	0.128
BM	783	0.124	0.843	0.632	0.362
GR	783	-1.116	19.378	0.132	9.573

表 8-3 显示，民营上市公司定向增发审批时间（AT）的均值为 4.718，即平均为 3~4 个月的审批时长；审批结果（AR）的均值为 0.697，即超过 2/3 的民营上市公司其定向增发申请能被通过；融资额度（AL）的均值为 20.986，即民营上市公司定向增发的平均规模约为 13 亿元。在公司政治资本方面，民营企业家参政（PC）的均值为 0.596，说明在所取样本中，有将近 60% 的民营上市公司其实际控制人或高管是地市级以上人大代表或政协委员。非控股国有股权比例（SER）的均值为 0.157，说明非控股国有股权在样本公司的股权结构中占到了相当比例。企业家社会资本（SC）的均值为 0.523，说明样本中有一半以上的企业家曾在政府部门担任要职。总体来看，政治资本（PI）的均值为 0.895，可见，民营企业拥有任意一种形式的政治资本是非常普遍的情况。

另外，在控制变量方面，LEV、TA、ROA 的均值分别为 58.5%、20.425 和 0.046，说明样本公司的整体负债正常，但盈利能力并不是很强。而 GR 的均值为 0.132，BM 的均值为 0.632，表明民营上市公司还有较大的成长空间。

8.4.2　变量的相关性检验

表 8-4 显示，政治资本（PI）与定向增发审批时间（AT）、审批结果（AR）及融资规模（AA、AL）均至少在 10% 的水平下显著相关。其中与审批时间（AT）为负相关关系，与审批结果（AR）及融资规模（AA、AL）则

表 8 - 4　研究变量的 Pearson 相关系数

变量	AT	AR	AA	AL	PI	PC	SER	SC	TA	LEV	ROA	BM	GR
AT	1												
AR	0.127	1											
AA	0.225	0.308	1										
AL	0.169	0.133	0.678	1									
PI	-0.164*	0.274**	0.843*	0.744*	1								
PC	-0.203*	0.367*	0.032	0.109	0.046*	1							
SER	-0.023	0.261***	0.196***	0.217***	0.106*	0.113	1						
SC	-0.271***	0.187	0.095	0.073	0.058*	0.032	0.044	1					
TA	0.061	0.093	-0.186**	0.203**	0.108	0.085	0.046	0.033	1				
LEV	-0.126*	-0.193*	0.282**	0.116	0.055	0.039	0.063	0.055	0.063	1			
ROA	0.053	0.187*	0.156**	0.139*	0.026	0.083	0.072	0.069	0.091	0.035	1		
BM	0.036	0.169*	-0.106	-0.188**	0.076	0.043	0.036	0.052	0.017	0.028	0.061	1	
GR	0.029	0.225**	-0.081	-0.217*	0.065	0.077	0.038	0.037	0.063	0.023	0.058	0.028*	1

注: *、**、***分别表示在 10%、5% 和 1% 的水平下显著。

为显著正相关关系，这为我们检验研究假设提供了基础。具体来看，民营企业家参政（PC）与审批结果（AR）在10%的水平下存在正相关关系，与审批时间（AT）在10%的水平下存在负相关关系，与融资规模（AA、AL）不存在显著的相关关系；非控股国有股权比例（SER）与审批结果（AR）及融资规模（AA、AL）在1%的水平下有显著的正向相关关系，与审批时间（AT）则无明显的相关关系；企业家社会资本（SC）与审批时间（AT）在1%的水平下显著负相关，而与审批结果（AR）及融资规模（AA、AL）不存在明显的相关关系。此外，公司规模（TA）及总资产报酬率（ROA）与定向增发融资规模（AA、AL）存在显著的相关关系。企业发展前景（BM）及成长性（GR）与审批结果（AR）存在显著的相关关系。以上结果表明各变量之间不存在明显的多重共线性问题。

8.4.3　分组的单变量分析

在进行回归分析前，以样本公司是否拥有政治资本为依据，对所涉及的变量进行了分组t检验，若公司不存在任意一种形式的政治资本则分为无政治资本组，检验结果如表8-5所示。

表8-5　变量分组的均值t检验

变量	有政治资本组	无政治资本组	t检验
AT	4.697	5.084	1.473 *
AR	0.754	0.682	1.995 **
AA	1.586	1.207	1.353 *
AL	21.578	19.047	1.463 *
TA	20.456	20.408	1.281
LEV	0.587	0.579	0.897
ROA	0.047	0.045	0.953
BM	0.637	0.593	1.157
GR	0.133	0.128	1.074

注：*、**、***分别表示在10%、5%和1%的水平下显著。

表8-5显示，拥有政治资本的公司在定向增发的审批时间（AT）、审

批结果（AR）及融资规模（AA、AL）方面与无政治资本的公司均存在显著的组间差异，说明本章的研究假设存在实证检验的意义，即民营上市公司拥有的政治资本对其定向增发的审批时间、审批结果及融资规模带来影响。而公司规模（TA）、财务杠杆（LEV）、总资产报酬率（ROA）、发展前景（BM）及成长性（GR）的组间检验均为不显著，这也与上文变量间的相关性检验结果类似。

8.4.4 回归结果分析

（1）民营企业政治资本与定向增发审批时间

表8-6检验了民营企业不同类型的政治资本对定向增发审批时间的影响。

表8-6　民营企业政治资本与定向增发审批时间的回归结果（模型8.1）

	被解释变量：AT			
	（1）	（2）	（3）	（4）
政治资本变量				
PI	-0.024 *			
	（-1.583）			
PC		-0.027		
		（-1.162）		
SER			-0.016	
			（-1.048）	
SC				-0.034 ***
				（-2.263）
公司特征变量				
TA	0.124	0.003	0.002	0.004
	（1.015）	（0.894）	（0.748）	（0.963）
LEV	-0.152 *	-0.137 *	-0.145 *	-0.158 *
	（-1.362）	（-1.403）	（-1.526）	（-1.403）
ROA	0.102	0.093	0.097	0.114
	（1.041）	（0.781）	（0.972）	（0.781）
BM	0.071	0.064	0.068	0.074
	（0.585）	（0.853）	（0.638）	（0.853）

	被解释变量：AT			
	（1）	（2）	（3）	（4）
GR	0.069	0.054	0.057	0.075
	(0.831)	(0.936)	(0.837)	(0.936)
IND	控制	控制	控制	控制
YR	控制	控制	控制	控制
Adjusted-R^2	0.197	0.194	0.199	0.206
F Value	19.626 ***	19.894 ***	20.175 ***	21.603 ***
Observations	783	783	783	783

注：*、**、*** 分别表示在10%、5%和1%的水平下显著。

表 8 – 6 显示，PI 的系数在 10% 的水平下显著为负，表明政治资本对定向增发的审批时间存在明显的负向影响，即企业拥有的政治资本能显著缩短定向增发的审批时间，因而假设 8.1 得以验证。具体来看。企业家社会资本（SC）在 1% 的水平下显著为负，即民营上市公司拥有隐性政治资本时，能显著缩短国家监管部门的审批时间。而民营企业家参政（PC）以及非控股国有股权比例（SER）在统计上并不显著，说明民营企业家参政或含有一定比例国有股权的民营企业对定向增发的审批时间不具有显著影响。以上分析结果表明，民营上市公司拥有一定的政治资本确实能对定向增发的审批时间产生影响，但并不是所有政治关联途径都能够显著影响审批时间，民营企业家参政及国有股权形式的政治资本就没有显著影响，而企业家社会资本的影响最为显著。究其原因，民营企业家参政这种代表委员类的政治资本与非控股国有股权这种制度层面上的政治资本，相对隐性政治资本来说显得更正式、公开，必然在涉及政府监管部门的审批流程时按规章制度办事，而不像隐性政治资本这种"不在台面上"的办事方式是基于社会关系网络以及人情社会的文化心理。因此，对于民营企业定向增发的审批时间，只有隐性政治资本会有显著的影响。

（2）民营企业政治资本与定向增发审批结果

表 8 – 7 检验了民营企业不同类型的政治资本对定向增发审批结果的影响。

表 8 – 7　民营企业政治资本与定向增发审批结果的回归结果（模型 8.2）

	被解释变量：AR			
	（1）	（2）	（3）	（4）
政治资本变量				
PI	0.557 **			
	(2.174)			
PC		0.532 *		
		(1.483)		
SER			0.638 ***	
			(2.709)	
SC				0.276
				(1.035)
公司特征变量				
TA	0.126	0.121	0.128	0.122
	(1.106)	(1.247)	(1.004)	(0.694)
LEV	– 0.098 **	– 0.086 **	– 0.103 **	– 0.092 **
	(– 1.894)	(– 1.903)	(– 1.848)	(– 1.756)
ROA	0.192 **	0.174 **	0.198 **	0.183 **
	(1.786)	(1.868)	(2.073)	(1.928)
BM	0.249 **	0.244 **	0.253 **	0.250 **
	(1.807)	(2.163)	(2.274)	(1.988)
GR	0.334 **	0.330 **	0.341 **	0.338 **
	(1.737)	(1.864)	(1.906)	(1.981)
IND	控制	控制	控制	控制
YR	控制	控制	控制	控制
Nagelkerke-R^2	0.207	0.203	0.213	0.205
LR chi^2	116.33 ***	125.29 ***	120.84 ***	121.66 ***
Observations	783	783	783	783

注：*、**、*** 分别表示在 10%、5% 和 1% 的水平下显著。

表 8 – 7 显示，PI 的系数在 5% 的水平下显著为正，表明企业拥有一定的政治资本有利于提高定向增发的审批通过率，因而假设 8.2 得以验证。具体来看，民营企业家参政（PC）在 10% 的水平下显著为正，表明企业家的政治参与有利于促进定向增发的审批通过，从而正向影响审批结果。非控股国有股权比例（SER）则在 1% 的水平下显著为正，说明含有非控股国有

股权的民营企业在定向增发时具有更高的审批通过率。而企业家社会资本（*SC*）的回归结果并未通过显著性检验，即民营上市公司拥有的隐性政治资本并不能显著提高其定向增发的审批通过率。以上分析结果表明，民营上市公司建立一定的政治关联渠道确实能正向影响其定向增发的审批结果，其中民营企业家参政和国有股权形式的政治资本能发挥显著的影响，而企业家社会资本形式的政治资本对定向增发结果的影响则较为有限。

在控制变量方面，公司规模（*TA*）的系数虽然为正，但并未通过显著性检验，即企业资产规模对其是否通过定向增发审批不具有显著的影响。总资产报酬率（*ROA*）的系数在5%的水平下显著为正，表明企业盈利能力对其获取定向增发资格具有一定的贡献。财务杠杆（*LEV*）的系数在5%的水平下显著为负，说明企业负债水平对定向增发审批结果具有相当的负面影响。发展前景（*BM*）的系数在5%的水平下显著为正，说明企业发展前景越好越容易获取定向增发的资格。

从以上结果我们可以看出，虽然前文已检验出企业家社会资本（*SC*）能显著缩减民营企业定向增发的审批时间，但并不能显著影响其审批通过率。也就是说，在我国政府监管部门的审核工作中，基于社会关系网络的社会资本在政府工作流程中虽有发挥的空间，但并不能显著影响最终的审批结果。相反，民营企业家参政和国有股权形式的政治资本有利于民营企业获取定向增发的资格，也就是说政府部门在资源分配上会将企业家的政治地位、企业的社会影响纳入考察因素，从而更倾向于将金融资源分配给企业家担任了人大代表、政协委员的民营企业或含有非控股国有股权的民营企业。

（3）民营企业政治资本与定向增发融资规模

表8-8检验了民营企业不同类型的政治资本对定向增发规模的影响。

表8-8中列（1）～（4）是对*AA*的回归结果，列（5）～（8）则是对*AL*的回归结果。首先看前四列，*PI*的系数在10%的水平下显著为正，表明企业拥有的政治资本能正向影响定向增发规模，使企业获得更高的定向增发融资额度。具体来看，民营企业家参政（*PC*）及企业家社会资本（*SC*）的系数在回归中均不显著，表明企业拥有个人层面上的政治资本不能显著提高其定向增发的融资额度。而非控股国有股权比例（*SER*）则在1%的水平下

表 8－8 民营企业政治资本与定向增发规模的回归结果（模型 8.3）

	被解释变量							
	AA				AL			
	(1)	(2)	(3)	(4)	(5)	(6)	(7)	(8)
政治资本变量								
PI	0.786 * (1.372)				0.173 * (1.477)			
PC		0.726 (0.948)				0.168 (0.689)		
SER			0.853 *** (2.649)				0.271 *** (2.738)	
SC				0.434 (1.017)				0.052 (1.109)
公司特征变量								
TA	-0.543 *** (-3.281)	-0.528 *** (-3.094)	-0.577 *** (-3.732)	-0.540 *** (-2.864)	0.237 *** (3.193)	0.351 *** (3.452)	0.346 *** (2.893)	0.201 *** (3.075)
LEV	0.087 *** (4.984)	0.076 *** (3.673)	0.089 *** (3.245)	0.085 *** (3.583)	0.242 (0.982)	0.207 (0.895)	0.244 (0.973)	0.229 (0.806)
ROA	0.169 * (1.767)	0.165 ** (1.953)	0.174 ** (1.807)	0.171 ** (2.168)	0.037 * (1.795)	0.034 ** (1.894)	0.046 ** (1.950)	0.042 ** (1.783)
BM	-0.731 (0.867)	-0.683 (0.963)	-0.783 (0.738)	-0.704 (0.872)	-0.771 ** (1.734)	-0.684 ** (1.874)	-0.783 ** (1.941)	-0.706 ** (2.168)
GR	-0.657 (0.974)	-0.594 (0.895)	-0.672 (1.038)	-0.661 (0.749)	-0.686 ** (1.881)	-0.609 ** (1.953)	-0.704 ** (1.847)	-0.678 ** (1.808)

续表

	被解释变量							
	AA				AL			
	(1)	(2)	(3)	(4)	(5)	(6)	(7)	(8)
IND	控制	控制	控制	控制	控制	控制	控制	控制
YR	控制	控制	控制	控制	控制	控制	控制	控制
Adjusted-R^2	0.216	0.213	0.224	0.218	0.224	0.218	0.226	0.220
F Value	22.609***	21.632***	22.873***	21.604***	21.782***	23.062***	22.674***	23.105***
Observations	783	783	783	783	783	783	783	783

注：*、**、***分别表示在10%、5%和1%的水平下显著。

显著为正，即含有一定比例国有股权的民营企业在定向增发时更能有效扩大规模。同理，后四列的回归结果与前四列类似，因而假设8.3得以验证。

以上的分析结果表明，民营上市公司拥有一定的政治资本能显著扩大其定向增发规模，但其中真正发挥作用的政治资本形式为公司股权结构中含有的部分国有股权，而民营企业家参政及企业家社会资本并不能对定向增发规模产生显著的影响。出现这种现象的原因可能在于，民营企业的融资规模一方面根据自身的发展需要来确定，同时需由国家监管部门进行审核；另一方面根据资本市场的资金环境及政策导向而有所浮动，因而企业在确定融资规模时会因为资金市场较为宽松或其自身发展符合政府的政策导向而扩大融资规模。对于含有部分国有股权的民营企业来说，其中的部分国有股权代表的是国家利益，其发展方向也会倾向于政策支持的产业，因而这些企业会给监管部门传递出一种信号，即企业的融资需求是以国家利益为导向的。相较于另外两种个人层面上的政治资本，国有股权这种制度层面上的政治资本能显著影响民营企业的定向增发规模。

在控制变量方面，公司规模（*TA*）对*AA*的系数在1%的水平下显著为负，对*AL*的系数在1%的水平下显著为正。总资产报酬率（*ROA*）的系数均在5%的水平下显著为正，表明企业盈利能力对其获取较高额度的定向增发融资存在一定的影响。财务杠杆（*LEV*）对*AL*的系数在回归中虽然为正，但不显著；而*LEV*对*AA*的系数在1%的水平下显著为正。发展前景（*BM*）对*AL*的系数在5%的水平下显著为负，说明企业的发展前景越好其融资规模反而越小，之所以这样，原因可能是发展前景好的企业有更多的融资渠道，比如商业银行贷款等，因而在定向增发融资规模的申请上就会有所保留。

综上所述，本章提出的假设8.1、假设8.2、假设8.3均得到了验证。即相对于其他条件相同的民营企业来说，具有不同形式的政治资本有助于缩短公司定向增发的审批时间、提高定向增发的审批通过率以及融资额度。具体来看，企业家社会资本能显著缩短定向增发的审批时间，而民营企业家参政和国有股权这两种显性政治资本则对审批时间不具有显著影响。国有股权对融资额度的影响最为显著，民营企业家参政及企业家社会资本对融资额度则无显著的影响。关于审批通过率，国有股权及民营企业家参政这些显性政治资本均对审批结果有显著影响,隐性政治资本(企业家社会资本)则不具有显著影响。由此可见,我国的法制体系仍有待完善,人们的法制观念也还需加强,中国社会基于传统文化心理的"讲关系""走后门"现象依然存在,人们依靠基于社会关系网络的社会资本办事的情况也时有发生。但就像本章结果显示的那样,政府有关部门的工作制度正朝着法制化、透明化方向不断完善,企业在与政府部门打交道时可能会通过隐性政治资本"走后门"而缩短一定的等待时间,但最终的结果却不能靠"关系"决定。我国上市公司定向增发申请的审批流程总体来说是比较透明的(杨星等,2016)。

本章的检验结果也从侧面为近年"IPO 扶贫"事件引发的争议做出了回答。2016 年 9 月,证监会推出"IPO 扶贫"新政,对于满足注册地及生产经营地均在贫困地区且生产经营与纳税满三年等条件的企业实行"即报即审、审过即发"的政策,此举引来不少争议。人们担心这样会恶化 A 股上市公司质量。但与本章的实证结果一致的是,证监会发布的该政策只是免除了贫困地区企业的排队之苦,大大缩减其 IPO 的审批时间,但并没有降低实质审查标准,对于不满足上市条件的,只不过早日上早日被否定罢了。从本章的结果来看,对于拥有隐性政治资本的民营企业来说,虽然其在审批时间上具有一定的优势,但最终的审批结果仍需靠自身的硬实力。

8.5　本章小结

本章从民营企业的再融资角度出发,考察企业拥有的政治资本对其定向增发的影响。并将政治资本区分为民营企业家参政、含有部分国有股权以及企业家社会资本这三种形式,分别检验三者的效用。通过选取中国 A 股民营上市公司 2009～2014 年的定向增发事件,分别对定向增发的审批时间、审批结果及融资额度进行了回归分析,结果发现:民营企业拥有一定的政治资本能显著影响其定向增发的审批时间、审批结果及融资规模。其中企业家社会资本能显著缩短定向增发的审批时间,而民营企业家参政和国有股权这两种显性政治资本则对审批时间不具有显著的影响。国有股权对融资额度的影响最为显著,民营企业家参政及企业家社会资本对融资额度则无显著影响。关于审批通过率，国有股权及民营企业家参政这些显性政治资本均对审批结果有显著影响，隐性政治资本（企业家社会资本）则不具有显著影响。

本章的实证结果在一定程度上揭示出，虽然基于社会关系网络的隐性政治资本仍广泛存在于我国的政治体制中并在监管部门的工作进程中发挥作用，但其并不能对最终的结果产生实质性影响。本章的结论为民营企业构建"亲""清"新型政商关系提供了一定的理论支持，并为国家的制度设计提供了相应的政策参考。

9 企业家社会资本与公司资源获取

9.1 研究基础

近年来，随着我国市场经济制度环境的日趋完善、民营经济的不断壮大，民营企业的经营发展更加规范，组织形式不断优化，股东的投资方式也更加多元化。许多优质的民营企业通过 IPO、资产重组等方式进入中国的证券市场。统计显示，截至 2018 年底，中国的民营上市公司数量已接近2300 家。

伴随民营企业的快速成长，其经营环境与市场经济制度完善的国家相比，仍存在较大的差异。Allen 等（2005）认为，在制度环境不匹配的情况下，民营经济得以快速发展，应该有某种隐含的替代性机制能够弥补这种制度上的缺陷。现有研究文献表明，中国的民营企业与各级政府建立起来的政治关系可以为公司带来许多好处（Bao et al.，2016；Ge et al.，2017）。公司的"政治关联"是目前公司治理研究领域的热点课题（封思贤等，2012）。应该说明的是，公司的政治关联与寻租、腐败等概念在公司金融研究领域内有着不同的含义（Faccio，2006）。

由于当前中国正处于经济转型时期，学者们大多采用实证研究的方法，对民营企业"政治关联"的相关问题展开了较为深入的探索，并在某些方面提出了具有启发性的议题。张天舒等（2015）认为民营企业家的政治参与是在目前法律制度有待健全，尤其是公司产权保护还不到位背景下而产生的保护替代性机制；张雯等（2013）研究发现，在法制环境尚不完善的情况下，民营企业家参政能在一定程度上保护公司的合法产权免于遭受政府的侵占；李维安和徐业坤（2012）认为，在我国市场化程度较低、金融发展水平较差以及法制建设水平亟须提高的地区，民营企业家通常会积极地寻求政治参与。此外，已有较多的研究证实与各级政府建立政治联系的民营企业更容易从政府有关部门获得相关的资源与便利，郑建明等（2014）认为，民营企业家的个人政治身份有助于公司实施多元化经营；李维安和徐业坤（2013）研究发现，拥有较强政治关联的民营控股公司能够合理地规避部分税收，也在一定程度上减轻了公司的财务负担。田利辉和张伟（2013）发现，民营企业拥有的政治资本有助于公司获得更多的财政补贴，公司业绩也会得到明显的改善。然而这些研究仅将中国民营企业与政府有关部门之间的关联局限为公司董事会成员、高级管理人员的个人政治身份。

由于中国特殊的历史文化背景，另外一种企业与政府隐性的关联却很少被学者注意，即企业家的社会（网络）资本。通过对中国民营上市公司的分析，我们发现民营企业家主要有四大来源。其一为平民创业，其特点是，企业家白手起家，几乎没有任何背景，大多靠发展制造业，在激烈的竞争中逐渐壮大，经过十年乃至几十年的努力，成功上市。其二为企业家从体制内起步，在改革开放过程中抓住机会下海创业。其三为企业家来自干部家庭，这类企业家拥有深厚的关系网络，创业起点高，容易获得社会资源。其四是近年来，随着知识经济的崛起，一些知识分子（很多都有海外留学或工作背景）凭借持有高技术产品或专利的优势，在创业板成功上市。

孙俊华和陈传明（2009）分析认为，民营企业家是否拥有较为广泛的社交关系与公司的兴衰密切相关。企业通过这种社交关系，能够得到有价值的信息，捕捉市场机会，并获取经济资源，从而在激烈的商业竞争中扬长避短，立于不败之地。民营企业家的社交关系对企业的生存与发展之所以显得如此重要，其根源在于这些社会交往对企业来说是一种资源，在管理学理论中被称作企业的"社会资本"。Laumann 等（1978）认为，由各种类型的社会关系连接在一起的不同"节点"构成了企业家的社会（网络）关系，该网络的不同部分由不同种类的关系组成。企业家社会网络资本（Entrepreneurial Social Network Capital）根植于当地的传统文化中，是商业机构间合作的产物，对企业家起着支持作用，其目的在于获取资源并谋求更大的商业利益（Gnyawali and Madhavan，2001；Westlund and Boltion，2003）。在当前中国经济转型的背景下，获取资源的渠道具有两种层级，第一层级是以公务关系为基础，即不同组织间的渠道相连接；第二层级则是以私人关系为基础，即企业实际控制人/高管与资源提供单位负责人间的渠道相连接。刘林（2015）将企业家社会资本视为企业家个人与社会组织或企业以外的社会成员以及企业家个人与企业内部的成员之间能够为企业带来资源的社会关系网络。因此，企业家的社会（网络）关系能够像政治关联一样，可以作为企业的一种社会资源，带来企业发展获取所需的稀缺资源。Wu 和 Cheng（2011）认为，受中国传统文化的影响，民营企业普遍倾向于运用人际关系而非通过市场竞争的方式去获取经济资源。Chen 等（2012）发现，民营企业相较于大型的国有企业而言，通常会把与各级政府之间的关系当作构建企业竞争力的重要环节，因而往往会投入较多的精力、资本来维持这种关系，以得到在当前的经营环境下不易获得的支持与保护。国内学者对企业家的社会资源研究较为简单，仅在企业家个人特征方面有一些研究。傅慧等（2007）研究发现，企业家的年龄、受教育程度、在位时间、所处的职位、工作努力程度均显著地影响企业的市场盈利能力和成长潜力。陈传明和孙俊华（2008）发现，拥有技术类专业背景的企业家的公司多元化程度更高，同时拥有财务背景的企业家的公司多元化程度较低。

民营企业家出身背景所带来的社会网络资源能否为企业带来获取资源的优势？这种社会网络资源与民营企业家的政治参与有何种相互关系？对这些问题的研究，有助于解释民营企业在转型时期，制度环境存在缺失的情况下，仍可以得到快速发展的内在机制。本研究也可为解释中国社会文化环境对企业的影响提供新的理论依据。本章的贡献主要体现在将管理学和社会学研究的社会资本理论引入公司金融的研究范畴，并拓展了现有公司政治关联研究的范畴。实证比较了企业家社会网络资本与民营企业家参政的相互关系，研究结果为政府完善制度建设，通过市场化手段引导企业进行有效资源配置提供了新的依据。

9.2　理论分析与研究假设

9.2.1　社会资本的概念、 理论及研究评述

"社会资本"早期是从社会学研究中提出的理论概念，国外的学者普遍

关注于个人层面上的社会资本。他们认为，社会资本大多指人群之间自然形成的社交关系，人们通过这种关联可以获取要素市场中所需的各种技术与信息。Loury（1977）最早将"社会资本"这一概念引入经济理论的研究中，并将其界定为："人与人之间通过自然交往所形成的一种社会关系，这种关系能够促进或协助获取市场中有价值的特殊技能。"然而，有学者对于其本质却持有不同的观点，但多数学者认为社会资本是存在于社会结构中的一种稀缺资源，它不仅可以创造价值，还能使各项要素、资源得到一定程度的增值。鲍常勇（2009）将社会资本界定为："以人们的社会交往为基础，以文化背景为规范，并以组织的共同利益为目标，自发形成的一种能够为人们实现自身价值的社会结构性资源。"Stiglitz（2000）认为社会资本的内涵主要包括：人们达成的共识，在某种程度上形成认知力、凝聚力及共同志愿的"纽带"。Lin（2001）将社会资本界定为人们在生活中能够获取并进行使用的嵌入在个体之间社会网络中的各种资源。Nahapiet 和 Ghoshal（1998）将社会资本本身视为一种资源，包含实际资源和潜在资源，它植根于关系网络，并通过关系网络获取。Leana 和 Van Buren（1999）将社会资本定义为社会关系和社会网络中具有一定价值的资产。苗月霞（2006）也将社会资本定义为存在于社会结构中的网络与资源。Pennings 和 Lee（1999）认为企业家拥有的社会资本是一种能够帮助企业内部与外部进行紧密合作的稀缺资源。Adler 和 Kwon（2000）将社会资本定义为经由长久稳定的社会关联所形成的个人与组织资源。Erickson（1996）研究认为社会资本由嵌入在社会结构和社会关系中的资源组成。Putnam（1999）定义其"能够通过协调的行动来提高社会效率的信任、规范和网络"。Becker（2000）认为，社会资本是指个人或组织在人际和商业网络中，通过利用这些关系能够获得各项资源，包括商业机会、信贷资源以及情感支持等方面。Flap 和 Boxman（2001）研究认为社会资本是一种嵌入自我的观点，是个人融入网络的产物，并以关系网络的方式存在，如地缘、学缘、亲缘。人们能够通过建立人际关系以获取自身发展所需的各项资源，如知识、信息、支持以及合作等（Podolny and Page，1998；Gargiulo and Benassi，2000）。

在社会资本理论中，社会成员能够凭借自身资源从各种不同的社会结构中获得利益。Flap 和 De Graaf（1986）总结了社会资本应该具有的三个要素：①在个体的社会关系网络中，"在需要帮助的时候，愿意给予帮助"的人的数量；②帮忙的关系强度；③提供帮助者所拥有的各种资源。他们认为社会资本是与自我有强关系的他人所能提供的资源。而社会资本理论的代表人物 Lin（2001）则从以下三个方面界定了社会资本所具有的内涵：①植根于个人的社会（网络）关系中；②是具有增值效应的资源；③是嵌入在个人社会（网络）关系中的一种稀缺资源。他从个人主义的视角发展了社会资本理论，并认为决定个人拥有的社会资源在质量和数量方面通常会有以下特点：①个人在社会（网络）关系中的异质性；②在该网络中，成员所处的社会地位；③个人与网络成员之间的关系强度。所以，如果个人拥有的社会（网络）关系存在较大的异质性，则该网络成员所处的社会地位会更高，个人与成员之间的关系会更强，在此情况下，其拥有的各类社会资源也更加丰富多样。

根据以上分析能够看出，社会资本的概念界定不够统一，但大致上我们可以认为，社会资本是个人或组织之间的关联如社会（网络）关系、互惠性规范并由此产生的一种信任，是人们凭借在社会结构中所处的阶层而带来的各种资源。其表现方式通常为社会网络、权威、信任、规范、行动的共识以及社会道德等（孙俊华、陈传明，2009）。很多学者认同社会（网络）关系是衡量社会资本最重要的维度（游家兴、刘淳，2011）。其中社会（网络）关系主要包括血缘关系、金融关系、同学关系以及工作关系等。

9.2.2 民营企业家社会（网络）关系对公司获取经济资源的作用

在中华文化圈中，社会（网络）关系或简称"关系"的概念，源于儒家思想，五千年来一直影响着中国社会的信仰体系。儒家认为，人类本质上是关系导向型，并构建强大、有序的关系层次，有助于稳定社会经济秩序（Zhang and Zhang，2006）。这种人际关系层次的重点是隐性的相互义务、互惠和信任，从而形成了中国社会（网络）关系的基础。因此，由于文化的嵌入性质，关系已成为中国社会交往和商业行为的重要资源（Chai and

Rhee，2010；Guo and Miller，2010）。Wang（2007）认为，中国社会（网络）关系的基石是人的"感情"，包含了亲情和友情，它高度存在于内部网络中，通常不会被推广到外部社会网络的成员中。

从社会学的角度来看，渗透进中国社会各个角落的社交工具也是社会网络关系，它描绘了一幅个人与个人或与利益伙伴之间的交际网（Peng et al.，2016）。"关系"在中国文化中根深蒂固，是提高日常事务及公司运营效率的"润滑剂"。同时，它也作为一种非正式的替代机制，能够帮助民营企业创造经济价值（Gu et al.，2008）。在中国，社会（网络）关系是民营企业获取稀缺资源以及与合作机构打交道时必备的基础。有较强社会（网络）关系的人可以获得一般人难以企及的稀缺资源和服务。对于中国的民营企业而言，公司创始人或控制人（包括高层管理人员）的一系列社会关系的总和构成了企业的社会关系网络资源，是一种重要的无形资产（Lu，2011）。实际上，企业家的社会关系是公司追逐超额利润、寻求政治保护和获取稀缺资源的重要途径（李维安等，2010a）。

中国作为经济转型国家，目前市场经济秩序尚未完全建立起来，各级政府部门拥有众多民营企业发展壮大所需的经济资源，民营企业自身的投资有很多方面必须经过政府专业权威部门的严格审批才能获得，所以政府外在环境对市场参与主体的影响较大。实际上，在中国特定文化背景和并不完善的经济体制下，政府有可能基于关系的亲疏远近来进行资源配置。这与中国人日常交际过程中"差序格局"的特点有很大关系，也就是说，人们通常会根据关系的亲疏程度来判定相应的对待方式。因而民营企业家的社会网络资源具有至关重要的作用。企业家的社会（网络）关系不仅能为公司带来资金、项目、政策等稀缺性资源，甚至还能使公司受到一定程度上的制度性支持与保护。另外，由于经济转型时期法律体系不够完善且交易成本昂贵，民营企业普遍倾向于把构建重要的人际网络关系作为其营运发展的关键组成部分，以获得更多资源及优惠待遇（Chen et al.，2012）。Chen 等（2011）通过研究发现，在中国执法效率有待提高、市场经济制度有待健全、金融发展环境有待完善的地区，企业越有动机利用企业家的社会资本来获取企业发展所需的各种资源。具有金融机构工作背景的企业家除了有金融行业的人脉关系外，对银行业务流程和公司财务也更为熟悉。

同样，具有政府机构工作背景的企业家，对政府职能部门的管理权限以及审批制度也更为了解，在有"关系"的基础上，更容易获取信息和资源。许多学者例如 Qin 和 Deng（2016）等也持有类似的观点。基于以上分析，提出假设 9.1。

假设 9.1a：一般地，具有金融机构工作背景的企业家能够帮助公司获得更多的金融支持。

假设 9.1b：一般地，具有政府机构工作背景的企业家能够帮助公司更容易进入高壁垒行业。

9.2.3   民营企业家社会网络关系与企业家政治关联的作用效果比较

理论分析认为，公司的政治资本对其业绩具有显著的正向作用，公司政治关联作用的机制是基于公司所拥有的政治资本，通常可以为其带来优惠的待遇及便利的政策（李维安、徐业坤，2013；田利辉、张伟，2013；李维安等，2010a），同时也能够有效地保护公司的合法产权避免遭受政府的侵蚀（李维安、徐业坤，2012）。罗党论和赵聪（2013）认为民营企业家参政有助于企业进入国家的各大高壁垒行业，进而获取这些行业中的"超额利润"；Luo 和 Ying（2014）研究发现，民营企业家的政治身份和政治头衔在某种程度上可以部分消除银行对民营企业根深蒂固的信贷歧视和不公正现象，从而对企业"融资难"问题起到了缓解作用；Li 等（2008）通过实证研究发现，民营企业家如果是中共党员，则有利于公司获得信贷资源。

与民营企业家参政以获得政府部门及金融机构的支持不同，企业家的社会网络资本建立在私人的感情与信任基础之上。由于中国社会及文化的特点，所谓"关系"是中国社会中社会群体奉行的"插队"原则，为谋求一己私利处置社会资源的一种非正常分配手段，具有隐蔽性和不公平性。"关系"的种类大致可分为四种，第一种是靠血缘形成的亲属纽带关系；第二种是靠同学、朋友、同事、战友形成的关系；第三种是同一部门里领导与下属之间长时间工作形成的关系；第四种是拉关系者和被拉关系者之间本来不认识，靠金钱等物质交换形成的关系。梁漱溟认为中国是伦理本位的社会，中国社会在缺少法治契约精神的漫长岁月中，社会治理大多基于亲族、同门、乡情地缘等社会关系（孙俊华、陈传明，2009）。王露璐（2015）将中国社会的深层次结构归纳为"差序格局"，并指出中国人在行为处事方面通常会因血缘上的亲疏、交际上的生熟而明显有别。还有许多学者认为面子、缘分、回报、人情等因素在维系中国社会秩序稳定时发挥了关键性作用（纪莺莺，2012）。张云武（2009）认为，在人际交往的过程中，如果个体之间的关系越是靠近亲缘的核心，其就越容易被人们接纳，同时也更容易进行合作，从而会形成较为亲密的人际关系；反之，越是远离亲缘的核心，则越容易被人们排斥，通常就会形成较为疏淡的人际关系。这种具有中国特色的人际关系是比民营企业家参政更为有效的利益关联途径。在现实社会中，我们可以观察到，即使是在各种政治联盟或政治团体中，成员之间因不同的亲疏远近关系或利益追求的差异会存在差异化的行为。因此当民营企业家具有上述背景时，在公司获取经济资源支持时，企业家社会网络资本所起的作用有可能会远超表面层次上的民营企业家参政这一政治资本。换句话说，有"关系"的公司在获取稀缺资源时，对企业家政治资本的依赖就会相应减弱。由此，提出假设9.2。

假设9.2：企业家具有特殊社会网络资本比企业家参政对公司获取资源的影响程度更大。

9.3　研究设计

9.3.1　样本选择和数据来源

中国的民营控股上市公司主要分为两类：①上市前就是民营性质；②上市后通过产权转让变为民营性质。我们选取公司最大股东为产权明晰的民营资本，或者实际控制权归属于民营性质并在沪深交易所上市的A股公司。为了使研究公司的政治关联具有纯粹性，我们排除了原为国有上市公司后通过产权转让而成为民营性质的样本公司，其原因在于，这些公司在产权转让之前就存在较为复杂的政治关联，本研究的样本时间为2009～2014年。

为了保证研究的准确性，我们再按以下方式对最初的样本进行了剔除：
①股权信息不详的公司；②银行等金融类公司；③最终控制人信息披露不完整的公司；④创业板公司。因为这些公司的实际控制人多数具有海外学习或工作背景，且公司规模较小，业务也比较单一，与本章的研究宗旨不符。最后包括 182 家公司，共计 766 个研究观测值。研究的全部数据取自CSMAR 数据库。此外，关于企业家社会资本、人力资本和个人政治资本的数据是通过公司披露的年报以及公司官方网站或检索企业的相关信息进行手动整理而得到。

9.3.2 计量模型与变量说明

对个人拥有的社会资本进行定量刻画是一项较为烦琐的工作，这项工作不仅取决于社会资本结构性因素的全面解释与内生关系的准确辨识，还取决于相关研究领域对有关指标的系统性开发（戴亦一等，2014）。在当前的实证研究中，对个人社会资本的刻画依然缺乏较为可靠的测量工具，学者们在选取替代变量时通常会基于社会资本的具体表现方式、获取社会资本的途径以及社会资本理论概念的范畴与研究对象进行确定。此外，由于不同研究领域学者关注的重点不尽相同、对社会资本理论内涵的认知也存在一定差异，因此，学者们大多基于自身不同的需求从社会资本的某一分析层面（维度）选取适当的替代性指标，即使在相同的层面（维度）上，不同学者选取的替代性指标也会有一定的差别。

中国社会网络关系的基石是人的"感情"，包含了亲情和友情，通常可以用情感承诺的水平和有关各方的亲密度来衡量（Wang，2007；Cao et al.，2016）。与以往研究不同，针对中国民营控股上市公司的情况及"关系"在现实中的隐蔽性和数据的可获得性，结合本章研究的实际情况，我们用民营企业家的出身背景来衡量企业家拥有的社会网络资本。根据研究设计，将企业家的出身背景分为是否具有金融机构从业经历；是否具有政府机构或行政事业单位管理经历（对于具有国有企业管理经验的企业家，考虑到国有企业与政府有较强的政治关联，将这类企业家与具有政府机构工作背景的企业家归为一类）；是否具有干部家庭背景（干部家庭指企业家父母或岳父母为现任或曾任厅局级以上干部，对于这类人员如果曾经有过五年以上的政府或国有企业管理经历，可认为其社会资本多来源于政府部门的从政经历，将其归为有政府机构工作背景）。这里的企业家我们定义为民营控股上市公司的创始人或实际控制人，在稳健性检验中，用公司总经理相关数据进行替换。上述企业家的出身背景指标是符合社会网络资本主要研究内容的，然而该指标并不全面，也不能囊括企业社会资本的所有内容。但作为尝试引用这一社会学概念并进行刻画的分析方法，本章的定量研究只是一个初步的尝试，希望能起到抛砖引玉的作用，同时也希望今后有更多的研究能够不断完善相关指标的数量刻画。

另外，为了与已有的政治关联研究进行比较分析，本章对民营企业家的政治身份也进行了相关的度量。当前，我国民营企业家主要的参政方式有：①出任不同级别的人大代表、政协委员；②在工商联等社会团体组织中担任一定级别的职务；③加入党派组织并担任一定的职务。为了与大多数研究的变量定义相一致以便进一步进行对比分析，我们将企业家的政治资本限定为公司实际控制人/董事长当选为人大代表或政协委员。本章的实证研究按照公司治理的原则进行划分，即前期按照公司实际控制人/董事长为准来判断其是否具有政治身份，而在稳健性检验中，以公司总经理的政治身份进行替代回归检验。表9-1给出了样本公司的政治关联分布情况。

表9-1　样本公司企业家出身背景与参政的分布情况

企业家出身背景	公司数（家）	占比（%）	企业家参政情况（家）	占比（%）
金融机构	29	16.0	21	11.5
政府机构或国有企业	65	35.7	52	28.6
干部家庭	21	11.5	13	7.1
平民	67	36.8	32	17.6
合计	182	100	118	64.8

表9-1统计显示，在182家样本公司中，企业家来自政府机构或国有企业和平民阶层的比例分别为35.7%和36.8%，这与中国经济体制和国有企业改革的历史基本相符。企业家来自干部家庭的比例只有11.5%，这可

能与政府对干部家属经商办企业的政策规定较严格有关。在企业家参政方面，在研究的样本公司中，有118家公司的企业家有政治参与（当选人大代表/政协委员），占比为64.8%，说明在中国民营控股上市公司中企业家参政的情况非常普遍。值得注意的是，在所有样本中，平民企业家的参政比例达17.6%，这一数据并不算低，这可能与2002年中共十六大以来，民营企业家的社会与政治地位提高有关。

研究使用的多元线性回归模型为：

$$R_{it}\alpha + \beta Background_{it} + \gamma Z_{it} + \varepsilon_{it} \tag{9.1}$$

在上述模型中，R 代表公司的资源变量：银行贷款比例（$LOAN$）和公司是否进入高壁垒行业（BAR）。企业家的出身背景用 $Background$ 表示，Z 代表模型中使用的控制变量、企业家参政变量以及交互变量。由于在金融机构批准发放商业贷款以及政府有关部门审批企业是否进入高壁垒行业时，通常会考察公司上一财政年度的经营情况，在进行回归分析时，我们对自变量中涉及的经营数据均使用了上一财年的数据。

为了更准确地检验企业家出身背景对公司获取经济资源的影响，避免因为这些企业家自身的才能或企业自身的治理水平或公司绩效对被解释变量的影响，我们在控制变量中使用了企业家个人的人力资本变量，分别是企业家的受教育程度（EDU）、国有部门工作经历（$EXPE$）。对于公司治理水平，我们使用了控股股东持股比例（$BLOCK$）及领导权结构（$LEAD$）变量。公司的特征变量包括：公司规模（TA）、固定资产比例（FA）、成长性（GR）、总资产报酬率（ROA）、上市时间（LT）。民营企业家参政（PC）使用虚拟变量，为了检验企业家出身背景与政治参与的相互关系，在上述变量的基础上，加入企业家出身背景变量与政治资本变量的交互项。

本章的回归检验还采用虚拟变量来控制年度和行业影响，年度虚拟变量（YR）以公司数据的不同年份进行设定，行业虚拟变量（IND）则依据中国证券监督管理委员会于2012年颁布的《上市公司行业分类指引》中的行业分类和次分类进行界定。所有的变量定义列于表9-2。

表 9 - 2 变量的定义及度量

变量	变量名	定义
公司资源变量		
银行贷款比例	LOAN	[短期借款＋长期借款] /总资产
是否进入高壁垒行业	BAR	虚拟变量：如果公司进入高壁垒行业则值为1，否则为0
企业家社会资本变量		
金融机构工作背景	FO	虚拟变量：企业家具有金融机构工作背景则值为1，否则为0
政府机构工作背景	GOV	虚拟变量：企业家具有政府机构或国有企业工作背景则值为1，否则为0
干部家庭背景	FAM	虚拟变量：企业家具有干部家庭背景则值为1，否则为0
企业家人力资本变量		
受教育程度	EDU	虚拟变量：企业家具有大专及以上学历则值为1，否则为0
国有部门工作经历	EXPE	企业家在民营企业成立前在国有部门的工作年限
企业家政治资本变量		
民营企业家参政	PC	虚拟变量：企业家是地市级别及以上人大代表或政协委员时则为1，否则为0
公司治理变量		
控股股东持股比例	BLOCK	第一大股东持股数/总股数
领导权结构	LEAD	虚拟变量：公司董事长与总经理两职分离则值为1，否则为0
公司特征变量		
公司规模	TA	公司总资产的对数值
固定资产比例	FA	净固定资产/总资产
成长性	GR	[当年销售收入－上年销售收入] /上年销售收入
总资产报酬率	ROA	净利润/平均资产总额
上市时间	LT	公司上市年限
年度	YR	虚拟变量，样本观测值处于该年度时为1，否则为0
行业	IND	虚拟变量，当企业处于该行业时为1，否则为0

注：由于上市公司在地方经济中的影响力较大，样本企业绝大多数民营企业家参政的级别都在地市级以上，本章定义的当选人大代表或政协委员均指地市级别及以上。

9.4 实证结果及分析

9.4.1 描述性统计

表 9-3 是对研究变量的描述性统计。

表 9-3 研究变量的描述性统计

	观测值	最小值	最大值	均值	标准差
公司资源变量					
LOAN	766	0.279	0.701	0.452	0.961
BAR	766	0	1	0.193	0.328
企业家社会资本变量					
FO	766	0	1	0.157	0.452
GOV	766	0	1	0.326	0.397
FAM	766	0	1	0.098	0.539
企业家人力资本变量					
EDU	766	0	1	0.767	0.841
EXPE	766	0	12	6.753	5.329
企业家政治资本变量					
PC	766	0	1	0.626	0.834
公司治理变量					
BLOCK	766	0.127	0.416	0.227	0.396
LEAD	766	0	1	0.789	0.825
公司特征变量					
TA	766	11.890	29.701	16.652	12.398
FA	766	0.136	0.525	0.467	0.520
GR	766	-0.316	0.738	0.165	0.486
ROA	766	-0.016	0.621	0.316	0.373
LT	766	1	17	7.736	6.529

表 9-3 显示，样本公司的贷款均值约占总资产的 45.2%，说明中国的上市公司负债状况较为合理，尽管目前上市公司融资途径较为广泛，但主要的融资方式还是金融机构贷款。样本中进入高壁垒行业的公司占比为

19.3%，这说明虽然民营企业的规模在逐步发展壮大，然而在进入高壁垒行业时依然会面临来自政府有关部门的所有制歧视。尽管如此，与以往研究相比，本章的样本公司中仍有部分企业进入了矿产资源、汽车制造等行业。

另外，对182家公司的766个样本观测值的统计显示，企业家具有金融机构工作背景（FO）的占15.7%，具有政府机构工作背景（GOV）的占32.6%，具有干部家庭背景（FAM）的占9.8%，民营企业家参政（PC）占比为62.6%，统计结果与表9-1基本一致。对企业家的人力资本变量统计发现，企业家在创办民营企业之前平均均有6~7年的国有部门工作经历。并且，与早期的研究结果不同，本章的统计发现，民营企业家的受教育程度（EDU）普遍较高，样本公司中76.7%的企业家拥有大专及以上学历，这可能是因为最近十年以来，大多数企业家接受了 MBA 或 EMBA 教育。

统计显示，民营企业的公司治理水平相对较高。具体表现在，样本公司股权结构较为分散，机构投资者占比有增加的趋势，控股股东持股比例（$BLOCK$）平均为22.7%，基本上处于相对控股状态。公司领导权结构（$LEAD$）表明，近80%公司都选择了两职分离的治理结构，符合现代公司的治理原则。

在公司特征变量方面，公司规模（TA）均值为16.652，固定资产比例（FA）均值为46.7%，总资产报酬率（ROA）均值为31.6%，说明民营企业的整体规模适中，盈利能力较好。而公司成长性（GR）的均值为16.5%，说明样本公司的成长仍有较大的发展空间；公司上市时间（LT）的均值为7.736，表明样本民营企业上市已持续较长时间，其公司特征数据有利于我们的研究。

9.4.2　变量的相关性检验

按照计量经济学分析的一般方法，在进行多元线性回归分析之前，本章对定义的研究变量进行了 Pearson 相关性检验，其结果列于表9-4。

通过表9-4可以看出，银行贷款比例（$LOAN$）与企业家的金融机构工作背景（FO）在1%的水平下显著正相关，是否进入高壁垒行业（BAR）与企业家的政府机构工作背景（GOV）和干部家庭背景（FAM）均在5%的水平下呈显著正相关关系，这为我们检验假设9.1提供了继续研究的基础。

表9-4　研究变量的 Pearson 相关系数

变量	LOAN	BAR	FO	GOV	FAM	EDU	EXPE	PC	BLOCK	LEAD	TA	FA	GR	ROA	LT
LOAN	1														
BAR	0.342	1													
FO	0.267***	0.369	1												
GOV	0.145*	0.034**	0.297	1											
FAM	0.048*	0.215**	0.212	0.105	1										
EDU	0.136	0.067	0.032	0.309	0.046	1									
EXPE	0.023*	0.025**	0.016	0.204	0.162	0.203	1								
PC	0.321**	0.103*	0.047	0.036	0.057	0.026	0.246	1							
BLOCK	-0.062	0.312	0.175	0.208	0.204	0.052	0.015	0.047	1						
LEAD	0.125*	0.197*	0.082	0.011	0.051	0.038	0.061	0.025	0.075	1					
TA	0.061	0.087*	0.051	0.138	0.022	0.103	0.025	0.019*	0.098	0.135	1				
FA	0.130*	0.129	0.085	0.086	0.076	0.042	0.018	0.026	0.012	0.048	0.460*	1			
GR	0.032	0.025	0.051	0.213	0.065	0.087	0.031	0.010	0.063	0.020	0.058	-0.020	1		
ROA	0.360*	0.062	0.097	0.096	0.201	0.046	0.047	0.014*	0.077	0.276	0.165	0.083	0.046	1	
LT	0.163	0.149	0.038	0.087	0.057	0.071	0.032	0.063	0.056	0.095	0.076	0.059	0.037	0.048	1

注：*、**、***分别表示在10%、5%和1%的水平下显著。

此外，企业家的国有部门工作经历（*EXPE*）、民营企业家参政（*PC*）、公司规模（*TA*）对这两个资源变量有显著的正向影响。公司规模（*TA*）的系数为正并且在统计上显著，其原因可能有两点：一是企业规模越大，抗风险能力越强，在银行贷款规模上越有优势；二是企业规模可能会影响到企业能否进入高壁垒行业，当公司具有较大的规模后，政府有关部门才会认同该企业进入相关的高壁垒行业。对于其他控制变量，除 *ROA*、*TA* 与 *PC* 有一定相关性外，其他变量基本上与企业家背景变量间不具有显著的相关关系。也就是说，这些控制变量对多元线性回归的内生性问题影响不大。

9.4.3　回归结果分析

由于进行回归分析的样本时期较短，采用一般的最小二乘法得到的估计结果有可能会产生一定的偏差，而面板数据（Panel Data）与简单的横截面数据（Cross-sectional Data）以及时间序列数据（Time-series Data）相比较，通常具有可以使用较大规模的数据进行多元回归分析的优势，并可以提高短期时间序列动态模型估计的准确性，所以我们选用面板数据回归方法。豪斯曼检验能够有效地区分固定效应模型和随机效应模型的应用方法。该检验结果报告的 p 值为 0.0018，所以拒绝了原假设，因而本章的回归采用了固定效应模型。在检验的过程中，我们还对模型的标准差进行了异方差调整和公司样本观测值的自相关调整，这样可以较准确地获得 t 统计值。此外，由于 *BAR* 是虚拟变量，在其作为回归中的因变量时，通常使用 logistic 回归方法，回归检验的结果列于表 9 - 5。

表 9 - 5 的第（1）~（6）列检验了企业家出身背景对民营企业获取金融机构贷款的影响。从第（1）列的检验结果可以看出，企业家的金融机构工作背景变量的系数在 5% 的水平下显著为正，说明具有银行或其他金融机构工作背景的企业家对公司获取金融机构贷款有显著的正向影响。另外，从企业家的人力资本变量来看，先期的国有部门工作经历也显著正向影响公司获取融资贷款，而受教育程度并无统计上的显著意义。说明在公司获取信贷资源的问题上，企业家的金融机构人脉关系以及对银行工作的熟悉程度是非常重要的。

表 9－5　企业家背景对公司资源获取的影响

	LOAN						BAR					
	(1)	(2)	(3)	(4)	(5)	(6)	(7)	(8)	(9)	(10)	(11)	(12)
企业家社会资本变量												
FO	0.039** (2.052)			0.063*** (3.167)			0.045 (1.038)			0.101 (1.362)		
GOV		0.046 (0.365)			0.046 (0.531)			0.032** (5.723)			0.071*** (8.225)	
FAM			0.068 (0.725)			0.057 (0.719)			0.109*** (12.083)			0.102*** (11.082)
企业家人力资本变量												
EDU	0.042 (0.613)	0.028 (0.804)	0.035 (0.754)	0.062 (0.591)	0.102 (0.476)	0.027 (0.853)	0.026 (1.283)	0.034 (1.352)	0.206 (1.825)	0.106 (1.572)	0.069 (1.354)	0.081 (1.249)
EXPE	0.026** (2.165)	0.076* (1.594)	0.042* (1.631)	0.064* (1.586)	0.053** (1.986)	0.102** (1.974)	0.047** (4.942)	0.021** (4.625)	0.102* (2.968)	0.116** (4.718)	0.107*** (9.316)	0.098*** (8.672)
企业家政治资本变量												
PC	0.076 (0.715)	0.059 (0.618)	0.037 (0.592)	0.030 (0.427)	0.093 (0.751)	0.038 (0.615)	0.052* (2.307)	0.037** (5.482)	0.056* (2.432)	0.031 (1.802)	0.056 (1.560)	0.047 (1.275)
公司治理变量												
BLOCK	−0.043 (−0.626)	−0.018 (−0.571)	−0.083 (−0.461)	−0.106 (−0.275)	−0.043 (−0.581)	−0.016 (−0.851)	0.037 (1.261)	0.096 (1.021)	0.068 (1.164)	0.105 (1.362)	0.087 (1.062)	0.075 (1.207)
LEAD	0.013*** (2.987)	0.042** (2.160)	0.037** (1.987)	0.061** (2.108)	0.039* (1.987)	0.103** (1.675)	0.047* (2.534)	0.061** (2.145)	0.013** (4.887)	0.102** (2.605)	0.047** (5.933)	0.061** (5.126)
公司特征变量												
TA	0.092* (1.603)	0.085** (1.964)	0.074* (1.612)	0.040* (1.705)	0.092* (1.690)	0.083* (1.962)	0.039* (2.658)	0.040** (2.752)	0.102** (4.903)	0.082** (2.941)	0.075* (2.643)	0.042*** (10.766)

续表

	LOAN						BAR					
	(1)	(2)	(3)	(4)	(5)	(6)	(7)	(8)	(9)	(10)	(11)	(12)
FA	0.104** (2.218)	0.038* (1.593)	0.035* (1.607)	0.041** (1.978)	0.027** (2.060)	0.036* (1.593)	0.035* (2.897)	0.021* (2.528)	0.052* (2.176)	0.048* (2.610)	0.065** (5.392)	0.032* (2.522)
GR	0.103 (0.854)	0.059 (0.627)	0.076 (0.623)	0.029 (0.538)	0.042 (0.841)	0.052 (0.627)	0.081 (1.863)	0.042 (1.615)	0.102 (1.856)	0.052 (1.625)	0.076 (1.802)	0.019 (1.512)
ROA	0.120** (2.082)	0.019** (2.106)	0.085** (1.986)	0.106** (1.725)	0.074** (1.689)	0.016** (1.896)	0.083** (4.465)	0.136*** (8.029)	0.053** (5.681)	0.015** (5.871)	0.032** (2.940)	0.028** (3.025)
LT	0.049 (0.587)	0.052 (0.478)	0.028 (0.286)	0.057 (0.623)	0.049 (0.582)	0.018 (0.541)	0.036 (1.285)	0.062 (1.361)	0.104 (1.235)	0.092 (1.372)	0.087 (1.290)	0.096 (1.127)
交互项												
$FO \times PC$				-0.076** (-2.147)						-0.025*** (-9.047)		
$GOV \times PC$					-0.051*** (-3.137)						-0.041*** (-10.039)	
$FAM \times PC$						-0.067** (-1.882)						-0.076*** (-8.792)
IND	控制	控制	控制	控制	控制	控制	控制	控制	控制	控制	控制	控制
YR	控制	控制	控制	控制	控制	控制	控制	控制	控制	控制	控制	控制
Adjusted-R^2	0.216	0.235	0.197	0.228	0.248	0.217						
F Value	19.031***	20.452***	22.005***	21.546***	18.782***	19.356***						
Nagelkerke-R^2							0.216	0.195	0.183	0.197	0.231	0.225
Percentage Correct							79.5	82.6	82.3	79.2	81.5	79.9
Observations	766	766	766	766	766	766	766	766	766	766	766	766

注：*、**、*** 分别表示在10%、5%和1%的水平下显著。

在公司治理变量方面，公司领导权结构的两职分离对金融机构的信贷决策有显著的正向影响，说明公司合理有效的治理结构有助于其获得金融机构的贷款支持。在其他控制变量方面，公司规模（TA）、总资产报酬率（ROA）、固定资产比例（FA）对银行贷款比例（$LOAN$）均有显著的正向影响。实际上，这些指标通常也是银行等金融机构考察公司运营质量的关键性因素，实证结果也与大多相关的公司信贷负债类研究结论大体一致。而企业成长性（GR）对银行贷款比例（$LOAN$）虽然有正面影响，但在统计上并不显著，说明金融机构在把握信贷投放的时候，更看重公司的盈利与偿债能力，遵循审慎原则，尽量规避风险。

值得注意的是，民营企业家参政（PC）的系数在回归中为正，但统计上并不显著，说明在公司获取信贷资源这一问题上，金融机构更看重公司的内在质量和企业家的金融机构工作背景以及从业经历，与公司领导人是否当选为人大代表或政协委员的关系不大。该结果反映出，民营企业家参政与否对金融机构信贷决策的影响有限，这点与张敏等（2010）、黄珺和朱辉（2014）的研究结论不同。

从第（2）列和第（3）列的检验结果来看，企业家的政府机构或国有企业工作背景与干部家庭背景，以及受教育程度对银行贷款比例（$LOAN$）均有正向影响，但这些影响在统计上并不显著，而其他控制变量与第（1）列的检验结果基本保持一致，说明自金融机构特别是银行的商业化改革以来，专业化经营水平得到了明显提升，如果公司本身或投资项目质量不高，仅凭借权力或其他外界关系的影响，可能占不到太大的便宜。

第（4）~（6）列的回归中，分别引入了交互项 $FO \times PC$、$GOV \times PC$ 和 $FAM \times PC$。第（4）列的回归结果显示，企业家的金融机构工作背景（FO）的系数仍然为正，且在1%的水平下显著，而交互项 $FO \times PC$ 的系数显著为负，说明如果企业家具有金融行业的工作背景，金融机构在贷款决策时对民营企业家参政的重视程度会降低。换句话说，企业家的金融机构工作背景与其是否具有政治身份相比，前者会得到以前金融业同行更高的认同。第（5）~（6）列的回归结果显示，尽管不像企业家具有金融机构工作背景对公司获取贷款有显著的正向作用，交互项系数的统计结果依然表明，企业家的政府机构工作背景或干部家庭背景与民营企业家参政情况相比，金融机构在信贷决策时更重视其"出身"背景。

表 9 - 5 的第（7）~（12）列检验了企业家出身背景对民营企业进入高壁垒行业的影响。第（7）~（9）列结果显示，企业家的金融机构工作背景对民营企业进入高壁垒行业并没有统计意义上的显著作用，而公司实际控制人的政府机构工作背景或干部家庭背景对民营企业进入高壁垒行业有明显的正向影响，其系数分别在 5% 和 1% 的水平下显著。同时，在上述统计回归中，企业家的政治参与变量对进入高壁垒行业也有一定正向影响，其系数至少在 10% 的水平下显著，这也在一定程度上解释了当民营企业达到一定规模后，民营企业家积极要求政治参与，在参政议政的相关机构争取一定话语权的现象。有趣的是，在回归模型中加入交互项，最后三列回归结果显示交互项 $FO \times PC$、$GOV \times PC$ 和 $FAM \times PC$ 的系数均显著为负，而企业家的政治参与变量系数均为正，但统计上都不显著。说明在民营企业是否能够进入高壁垒行业这一问题上，企业家积累的同事关系、同学关系、原上下级关系甚至裙带关系比企业家参政要重要得多。实际上，高壁垒行业大都涉及国计民生及国家的经济战略安全，与国有企业相比，民营企业进入高壁垒行业需要国家有关部门进行严格的审批，这时，企业家的政府机构工作背景或干部家庭背景所积累的人脉关系可能会起到关键的作用。

本章对政治关联的实证研究结果与以往相关文献的研究结论不同，其差异主要体现在政治关联与社会网络资本的交互项系数均显著为负。之所以会出现这样的回归结果，可能的解释为，当企业家同时具有政治关联与社会网络资本时，社会网络资本对企业获取经济资源的作用要超过政治关联的作用，因为即使在相同的政治关联成员之间，也会因成员的亲疏远近或利益差异而带来不同的待遇结果。

综上所述，相对于其他条件相同的民营企业而言，具有银行等金融机构工作背景的企业家能够帮助公司获得更多的金融支持，具有政府机构工作背景或干部家庭背景的企业家能够帮助公司更容易进入高壁垒行业。与此同时，如果企业家具有国有部门工作背景或干部家庭背景，相比民营企业家参政对经济资源获取所发挥的作用更大，能够帮助公司获得更多的金融支持与发展空间，即假设 9.1 和假设 9.2 成立。

9.4.4 稳健性检验

为了检验上述回归结果的可靠性，我们对企业家的相关变量进行了替换，在同样的分类方法基础上，用样本公司总经理的相关变量对上述回归重新做了检验，对应回归结果列于表9－6。从检验结果来看，公司总经理的相关变量仍然能在很大程度上支持本章所提出的假设。为了更好地说明问题，我们将65家企业家来自政府机构或国有企业的公司进行了区分，并分别进行了替换回归，结果与前述分析基本一致，为节省篇幅，回归表格从简。除此之外，总经理政治参与变量及其他控制变量在稳健性检验中与先前的检验结果基本保持一致。说明本章的实证检验结果和理论解释具有较强的稳定性和说服力。

9.5 本章小结

尽管大量文献对民营企业政治关联效果进行了较为广泛的研究，但学者们大多数是将政治关联限定在公司董事会或管理层的政治参与。本研究将这种表面上的政治关系切换到企业家的个人社会资源背景，为进一步理解在中国经济转型时期企业家社会资本对企业获取稀缺资源的影响提供了一个新的研究视角，并拓展了相关的研究内容。

本章以中国民营控股上市公司的数据为研究对象，并以民营企业家出身背景所带来的社会网络资本对公司获取经济资源的效果进行了较为系统的理论分析与实证检验。研究发现，相较于其他条件相同的民营企业来说，具有金融机构工作背景的企业家能够帮助公司获得更多的金融支持，具有政府机构工作背景或干部家庭背景的企业家能够帮助公司更容易进入高壁垒行业。与此同时，如果企业家具有国有部门工作背景或干部家庭背景，相比民营企业家参政对经济资源获取所发挥的作用更大，能够帮助公司获得更多的金融支持与发展空间。

研究结论说明，民营企业家的工作与家庭背景是一种重要的社会网络资本，对民营企业发展所起的作用是在中国特色的社会文化层面，其效果应超过民营企业家通过参政所带来的这种表面层次上的政治资本，这也从实

表 9-6　总经理背景对公司资源获取的影响

	LOAN						BAR					
---	(1)	(2)	(3)	(4)	(5)	(6)	(7)	(8)	(9)	(10)	(11)	(12)
总经理社会资本变量												
FO	0.026*** (2.952)			0.053** (2.160)			0.064 (1.237)			0.098 (1.339)		
GOV		0.039 (0.479)			0.075 (0.718)			0.045*** (9.704)			0.045*** (9.278)	
FAM			0.025 (0.476)			0.068 (0.812)			0.041*** (13.065)			0.082*** (12.094)
总经理人力资本变量												
EDU	0.031 (0.620)	0.048 (0.754)	0.029 (0.673)	0.058 (0.617)	0.093 (0.758)	0.031 (0.637)	0.053 (1.301)	0.039 (1.286)	0.097 (1.412)	0.064 (1.435)	0.102 (1.504)	0.097 (1.429)
EXPE	0.012** (2.146)	0.056* (1.629)	0.039* (1.643)	0.037* (1.967)	0.029** (2.180)	0.092** (2.043)	0.073** (5.046)	0.035*** (9.623)	0.046*** (4.985)	0.103*** (5.071)	0.085*** (11.302)	0.021*** (9.720)
总经理政治资本变量												
PC	0.039 (0.817)	0.047 (0.742)	0.028 (0.615)	0.054 (0.876)	0.041 (0.963)	0.082 (0.859)	0.076** (5.329)	0.058* (2.482)	0.082* (2.643)	0.052 (1.752)	0.049 (1.606)	0.035 (1.475)
公司治理变量												
BLOCK	-0.033 (-0.508)	-0.016 (-0.642)	-0.059 (-0.725)	-0.097 (-0.859)	-0.072 (-0.954)	-0.033 (-0.715)	0.049 (1.125)	0.027 (1.079)	0.059 (1.426)	0.084 (1.204)	0.056 (1.352)	0.069 (1.403)
LEAD	0.014** (2.007)	0.059*** (3.108)	0.032** (2.174)	0.058** (1.985)	0.027** (2.065)	0.094** (1.759)	0.032** (2.603)	0.059*** (5.014)	0.072*** (4.894)	0.096** (2.785)	0.071** (6.303)	0.054** (5.936)
公司特征变量												
TA	0.043* (1.610)	0.052** (2.163)	0.029** (2.125)	0.037** (1.658)	0.057* (1.990)	0.036 (1.639)	0.039** (4.951)	0.062** (2.895)	0.073** (5.135)	0.025** (6.014)	0.047* (2.723)	0.082*** (9.751)

续表

| | LOAN | | | | | | BAR | | | | | |
	(1)	(2)	(3)	(4)	(5)	(6)	(7)	(8)	(9)	(10)	(11)	(12)
FA	0.092** (2.108)	0.036** (1.994)	0.043** (1.685)	0.072** (2.009)	0.031** (1.768)	0.058* (1.615)	0.047* (2.796)	0.037** (5.026)	0.085* (2.236)	0.103* (2.821)	0.082** (6.380)	0.076* (2.951)
GR	0.093 (0.806)	0.046 (0.790)	0.038 (0.785)	0.074 (0.872)	0.063 (0.613)	0.029 (0.704)	0.073 (1.460)	0.048 (1.325)	0.086 (1.752)	0.039 (1.536)	0.055 (1.675)	0.048 (1.622)
ROA	0.065** (1.981)	0.028* (1.608)	0.036** (2.083)	0.076** (1.654)	0.021** (2.091)	0.032** (2.018)	0.032** (2.761)	0.076** (4.902)	0.064* (2.819)	0.047** (6.178)	0.092** (2.971)	0.081*** (9.089)
LT	0.026 (0.590)	0.042 (0.687)	0.037 (0.596)	0.069 (0.753)	0.025 (0.627)	0.037 (0.819)	0.075 (1.481)	0.057 (1.319)	0.092 (1.356)	0.103 (1.442)	0.047 (1.309)	0.065 (1.251)
交互项												
$FO \times PC$				-0.059*** (-3.851)						-0.036*** (-10.126)		
$GOV \times PC$					-0.026*** (-4.013)						-0.095*** (-9.038)	
$FAM \times PC$						-0.047** (-1.986)						-0.057*** (-12.705)
IND	控制	控制	控制	控制	控制	控制	控制	控制	控制	控制	控制	控制
YR	控制	控制	控制	控制	控制	控制	控制	控制	控制	控制	控制	控制
Adjusted-R^2	0.256	0.235	0.197	0.228	0.256	0.208						
F Value	20.372***	22.409***	19.853***	21.546***	23.706***	20.061***						
Nagelkerke-R^2							0.227	0.236	0.195	0.226	0.206	0.238
Percentage Correct							80.9	83.9	79.6	82.6	84.1	80.7
Observations	766	766	766	766	766	766	766	766	766	766	766	766

注：*、**、***分别表示在10%、5%和1%的水平下显著。

证角度证明了中国社会的"关系"文化根深蒂固，无时无刻不在影响着人们的行为与决策。

最后，需要说明的是，社会网络资本与政治关联一样，有别于腐败。但应引起注意的是，公司或个人都可能会运用各种社会网络资源使寻租行为成为可能。对此，我们应该对公司利用社会资本获取好处过程中的目的进行辨别。如果利用社会资本是为了提升公司的业绩，通过合法的途径，则是符合全社会利益的行为。如果利用社会资本是为了谋取个人私利，则会损害全社会的利益，并败坏社会风气，应该受到谴责。社会网络资本作为当今中国社会中普遍存在的一种隐性替代机制，对之不能一味"打压"，应该对其进行识别和管理。当出现与正式经济制度相背离的行为方式时，往往是背后的正式机制出现了问题。实践证明，流于形式的正式制度比没有该制度造成的影响更加恶劣，它会使人们对制度环境产生普遍的不信任，破坏法制的预期与清正廉明的社会制度文化。

本章的研究结果有着重要的启示与政策含义：在经济转型过程中，政府应深化经济体制改革，加强法制建设，只有企业的经营环境不断趋于完善，企业才能更加自觉地依靠市场机制来高效合理地配置资源，而不是主动寻求各种社会网络资本来获取利益。随着我国市场化改革的不断深入，法制环境的逐步完善，更多的市场力量将会在资源配置中发挥更加重要的作用，企业社会资本的作用会相应减弱。

10　政治关联视角下企业社会责任
##　　　与债务融资成本的关系

10.1　研究基础

改革开放以来，民营企业为我国经济发展做出的贡献有目共睹。据全国工商联统计，截至 2017 年底，我国民营企业数量超过 2726 万家，注册资本超过 165 万亿元，民营经济之于国家财政收入的贡献占比、GDP 和固定资产投资与对外直接投资占比、技术创新和新产品占比、吸纳城镇就业占比、新增就业贡献占比分别超过了 50%、60%、70%、80% 和 90%。这些数据表明民营经济对我国经济发展做出了巨大的贡献，已逐渐成为我国经济中不可或缺的一环。但是与民营经济重要身份形成反差的是银行等金融机构对于民营企业的"轻视"，和国有企业相比，民营企业长期以来饱受"融资难、融资贵"问题的困扰。习近平总书记 2018 年在民营企业座谈会上的讲话充分肯定了我国民营经济的重要地位和作用，也注意到民营企业"融资难、融资贵"这个由来已久的问题。他指出，要优先解决民营企业特别是中小企业融资难甚至融不到资的问题，同时逐步降低融资成本。民营企业"融资难、融资贵"的成因在于债权人与企业之间的信息不对称，债权人无法完全摸清企业的实际情况，无法对企业能否按期偿还本息做出准确的判断，因而产生了企业"融资难、融资贵"的问题。而对相关信息进行披露是解决信息不对称问题最直接的方法。

社会经济的发展具有两面性，一方面，社会经济的发展能够提升社会总体福利，进而改善民众的生活质量；另一方面，伴随社会经济发展而来的是一系列负面问题，比如"血汗工厂"、资源短缺、环境污染、生态破坏等。这些负面问题引发了社会的广泛思考：企业是否应当仅以追求利润最大化为目标？对这一问题的思考让企业社会责任（Corporate Social Responsibility，简称 CSR）理论应运而生。CSR 理论认为，企业不应仅以追求利润最大化为目标，还应关注环境保护、员工保障、社区利益、社会公益、消费者权益、股东债权人权益等方面的内容。我国在过去的几十年中取得了辉煌的经济建设成就，但是在这一过程中也出现了诸如环境污染、食品安全等方面的问题，这些问题是部分企业缺失社会责任的体现。正是由于这些问题层出不穷，近年来我国也越来越重视对企业社会责任的建设，习近平总书记 2016 年在网络安全和信息化工作座谈会上也强调："只有积极承担社会责任的企业才是最有竞争力和生命力的企业。""希望广大企业坚持经济效益和社会效益统一，在自身发展的同时，饮水思源，回报社会，造福人民。"实际上有关部门也一直对企业的社会责任保持着高度关注，上交所和深交所相继发布了《上市公司社会责任指引》等文件用于倡导、规范上市公司的社会责任。此外，党的十八届三中全会也强调了社会责任的重要地位，并将其列为国有企业改革的重点之一。

虽然国家倡导应当积极进行 CSR 信息披露，但是如果企业承担社会责任和进行 CSR 信息披露只是获得了一种毫无用处的负担，那么其进行 CSR 信息披露的积极性就会受到打击。然而过往的研究表明，积极履行社会责任并对 CSR 信息进行披露对于企业而言具有积极的现实意义。如温素彬和方苑（2008）发现，虽然企业的社会责任会损害其当期的财务绩效，但是从长期来看履行社会责任对企业的财务绩效是有益的。消费者权益也是社会责任所关注的重点。周延风等（2007）发现企业社会责任对于消费者的购买意向具有较为显著的影响。此外，企业社会责任对于企业外部声誉的提升也起到了重要作用。沈洪涛等（2011）发现企业通过社会责任报告向外部传递了其积极承担社会责任的信号，因而社会责任表现与企业声誉之间的正相关关系得以增强。何贤杰等（2012）研究发现那些披露 CSR 信息的公司融资约束程度比未披露的公司更低，并且披露质量越高，融资约束程度越低。从过往的研究可以看出，虽然承担社会责任势必需要付出相应的资源成本，但是从结果来看，企业积极履行社会责任、进行 CSR 信息披露有助于解决企业和投资者之间存在的信息不对称问题，因此即使存在短期的负面影响，但是长远来看对企业发展是有益的。本章以此为出发点，研究了 CSR 信息披露和债务融资成本之间的关系。

企业进行 CSR 信息披露是对企业内部信用的一种展示，那么当引入了政治关联这种外部信用机制后，CSR 信息披露的作用会受到怎样的影响？与国有企业相比，我国的民营企业存在明显的"先天不足"，其生存空间更为狭窄、发展机会也更为有限。Faccio（2006）发现政府掌握了对许多社会资源的分配权，正是这种特殊权力的存在，导致企业与政府之间建立政治关联成为一种普遍现象。过往学者围绕政治关联与企业经营活动、财务绩效和公司治理、企业价值之间的关系进行了研究，这些研究结果反映出政治关联对企业的作用具有两面性。一方面，政治关联能够对企业起到帮助作用，企业可以利用政治关联来获取发展所需的资源。如潘越等（2009）发现政治关联有助于那些陷入财务困境的民营企业获得来自政府的补助。张敏和黄继承（2009）发现政治关联有助于企业开展多元化投资。张敏等（2010）发现具有政治关联的企业更易于获得长期贷款。陈维等（2015）发现政治关联有助于企业获得政府扶持。杨星等（2016）发现政治关联的级别越高，民营企业定向增发的审批通过率越高。另一方面，有研究认为政府基于对政治目标的追求，会干预企业的生产运营、扭曲企业的发展目标，进而造成了一系列不良后果。梁莱歆和冯延超（2010）研究发现，具有政治关联的企业，在一些人力资源指标如雇员规模、薪酬成本指标上均显著高于那些没有关联的企业，表明具有政治关联的企业响应了政府关于扩大就业、降低失业率等社会治理目标的号召，从而造成了雇员规模和薪酬成本的上升。此外，政治关联对企业的并购绩效也存在负面影响，比如张雯等（2013）发现具有政治关联的企业会因为并购了国有控股公司从而遭受更为严重的损失。袁建国等（2015）发现政治关联通过降低市场竞争与助长过度投资等方式影响了企业的创新能力，从而导致企业在技术创新方面缺乏动力。那么当民营企业引入了政治关联这种外来信用以后，是否会对 CSR 信息披露与债务融资成本之间的关系产生影响？此外，在制度环境不同的地区，政治关联所起到的调节作用是否相同？这些问题都值得进行深入探讨，因此本章从政治关联的视角出发，研究了其在 CSR 信息披露与债务融资成本之间的关系。

10.2 理论分析与研究假设

10.2.1 民营企业债务融资

（1）民营企业债务融资概念与类型

融资是指企业从各种渠道筹集经营所需资金的行为和过程。优序融资理论（Pecking Order Theory）认为，由于经营权与所有权分离，企业内部管理人员与股东、外部投资者之间存在信息不对称的情况，为了降低融资成本，企业通常会优先选择内部融资的方式。如果的确需要进行外部融资，那么公司通常会倾向于风险相对较小的债务融资，而股权融资将会是公司最后的选择。

对于民营企业而言，债务融资是一种非常必要的融资手段。债务融资形成了企业的负债，企业在债务融资到期时需要还本付息。对于民营企业而言，当下的外部债务融资方式主要分为以下几种。

第一，银行信贷。银行信贷指的是从银行等金融机构借入的各种借款，对于民营企业来说，银行信贷是一种非常常见的融资途径，银行信贷占债务融资的比例通常也比较大。

第二，债券融资。债券是指企业为了筹集经营活动所需要的资金，按照相关程序发行并在指定日期还本付息的一种有价证券。对于持有人来说，它是向公司提供贷款的证明，反映的只是一种普通的债权债务关系。持有人虽无权参与股份公司的管理活动，但每年可以向公司收取固定的利息，且收息顺序要先于股东分红，股份公司破产清理时亦可优先收回本金。但是只有公司规模、净资产等指标达到一定水平的公司才有资格进行公司债券的发行，就我国的实际情况来看，公司债券的发行人主要是国有大中型企业。

第三，商业信用融资。商业信用融资是指在进行商品交易时，由于采取了延期付款或预收货款等付款方式而形成的借贷关系。这是一种以企业的信誉机制为基础建立的一种企业债务融资关系。

第四，融资租赁。融资租赁是指出租人将特定资产租借给承租人，承租人需要分期向出租人支付租金，在租赁期内，出租人仍然享有资产的所有权，承租人只拥有使用权。从实质上看，融资租赁具有借贷属性，应当归属为债务融资的范畴。

第五，民间借贷。民间借贷是一种历史悠久、在世界范围内广泛存在的民间金融活动，民间借贷是指自然人、法人、其他组织之间及相互之间进行的资金融通行为。民间借贷的优点在于借贷手续灵活简便，因此备受急需资金的企业青睐。但是民间借贷的贷款利率通常较高，高额的借款利率会加重企业的负担，如果长期使用民间借贷作为主要债务融资方式，那么对企业而言无异于"饮鸩止渴"。

（2）民营企业债务融资困境及成因

本章在对过往文献与新闻报道进行梳理之后，将民营企业当下面临的债务融资困境进行了总结（见图 10 - 1），当前我国民营企业在债务融资方面的困境可以用"短、小、少、高"来形容。"短"是指民营企业贷款的期限较短，不足以维持企业长期发展的需求。陈耿等（2015）发现，基于产权的信贷歧视使银行对民企执行更为严格的风险控制，使民企的银行借款期限结构明显短于国企。"小"是指民营企业的贷款数额较小，多数银行贷款品种单一，业务局限于"抵押贷款"业务，并且只接受土地和房屋，不认可机器设备、库存物质、无形资产等。对于无法提供足值抵押物的民营企业，即便其具有良好的财务绩效或发展前景，银行等金融机构为了规避风险通常也只会提供给它们较少的贷款额度。"少"是指民营企业的融资渠道少，一方面是由于信息不对称，民营企业不知道哪些金融机构有适合自己需求的债务融资项目；另一方面是由于金融机构提供的贷款产品对企业

民营企业债务融资困境	
短 贷款期限短	小 贷款数额小
少 融资渠道少	高 债务融资成本高

图 10 - 1　民营企业债务融资困境

的门槛要求较高，只有少数民营企业符合要求。因此多种原因之下造成了民营企业的融资渠道较少。"高"是指企业的债务融资成本高，诚然企业的内部特征对企业债务融资成本的高低产生了重要影响，但是从企业外部来看民营企业也并没有获得公平的融资机会，在多种因素的共同作用下造成了民营企业债务融资成本居高不下。

民营企业融资贵是在很多因素共同作用下产生的，本章在不考虑宏观经济形势及特定事件冲击等非可控因素的前提下，仅从民营企业与负责提供债务融资的机构角度出发来对高债务融资成本产生的原因进行分析，从企业自身的角度来看：抗风险能力是债权人考虑的重要能力之一，资产规模是和企业的抗风险能力挂钩的，但是民营企业在企业规模上并不占优；再者，我国部分民营企业存在的问题在于产业结构单一，增长方式粗放，发展前景、发展动力不足，这也会影响金融机构对其风险评价；此外，部分民营企业存在内部管理混乱、财务制度不完善、粉饰财务报表、缺乏科学合理的经营决策机制、缺乏优良信誉等问题，这些都会进一步推高民营企业的债务融资成本。

而从企业外部的角度来看，债务融资成本居高不下的外部根本原因在于银行对风险的管控和对民营企业的信贷歧视。造成高债务融资成本的外部成因示意图如图 10-2 所示，在银行对民营企业风险控制和信贷歧视的共同作用下造成了民营企业债务融资呈现贷款期限短、贷款数额小和融资渠道少的特点。

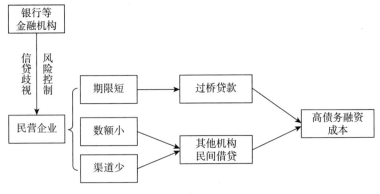

图 10-2　民营企业高债务融资成本的外部成因

所谓的信贷歧视指的是相对于国有企业，民营企业更加难以从银行筹集到资金，或者为了获得银行贷款不得不支付更高的成本。信贷歧视的成因有很多种解释，比如由于我国实行的是以公有制为主体、多种所有制经济共同发展的基本经济制度，国有企业与政府之间存在天然的关联。银行偏向国有企业的原因在于其能够获得相应的经济便利、政策优势，因此银行所追求的目标也不再局限于短期利润的最大化，所以银行普遍倾向于向国有企业而不是民营企业提供融资便利。此外，Brandt 和 Li（2003）研究表明，国有企业在陷入财务困境时往往可以得到政府的救助。因此银行等金融机构对于国有企业整体的风险评价是较低的，所以这些机构更愿意将信贷资源分配给国有企业。

在信贷歧视与风险控制的双重因素作用下，相比于国有企业，民营企业的债务期限更短，因此民营企业不得不更加依赖过桥贷款。我国银行等金融机构实行的是"先还后贷"政策，即企业将贷款归还后，银行对企业进行评估之后再发放续贷。在这种政策下，民营企业贷款期限短的特征无疑增加了企业对于过桥贷款的需求，所谓过桥贷款，在国外一般指的是企业在安排较为复杂的长期融资之前，为了正常运转所开展的短期融资行为。从国内的实际情况来看一般是指企业通过小额贷款公司等非传统金融机构筹集资金，在获得银行贷款后再偿还这部分贷款的行为。正规的金融机构对民营企业要求的融资回报率是处于合理水平的，但是很多银行提供的贷款资金时间比较短，在项目周期较长时，企业很可能会选择续贷，但在续贷时，即便使用的是同一个抵押物，银行也很可能会要求再次对资产进行评估、公证，才愿意办理续贷。而一次续贷往往需要花费较长的时间，这就造成了企业资金的"空档期"，"空档期"越长，其间产生的过桥贷款费用也就越高。民营企业由于从银行等金融机构获得的贷款期限短，所以不得不时常需要过桥贷款帮助自己渡过难关，然而高昂的过桥贷款费用在一定程度上推高了企业的债务融资成本。银行等金融机构坚持对民营企业的资产进行再评估、公证之后才愿意办理续贷的原因在于金融机构规避风险的目的。此外，这种长时间的评估、公证过程可能与我国某些银行实行的贷款终生责任制有关，不仅负责贷款的银行基层员工需要负责，就连担保主体也要承担终身个人连带责任。因此负责企业贷款的金融机构从业人员为了避免自身担责，不得不采取这种无奈之举。

此外，民营企业贷款数额小和融资渠道少的特征导致企业难以获得能够满足其生存发展的资金，别无他法的民营企业只能将目光投向其他机构，甚至是民间借贷。而这些机构或民间借贷所提供的资金在成本上比银行等国有金融机构更为高昂，因此进一步推高了民营企业的债务融资成本。

综上所述，从造成企业融资贵的外部原因上看，对民营企业的风险评价起到了很大作用，由于信息不对称问题的客观存在，金融机构无法完全摸清企业的实际情况，无法对企业能否按期偿还本息做出准确的判断，从而推高了债务融资成本。那么，如果此时能够有一种双方都认可的信誉担保机制，那么就能在一定程度上缓解民营企业的融资贵问题。而 CSR 信息披露便可能成为这种担保机制。

10.2.2　社会责任信息披露与债务融资成本

企业与债权人之间的关系是一种契约关系，按照债务契约的约定，债权人向企业提供相应的资金，企业则按期向债权人归还本金和利息，在完成这一过程后，这种契约关系也随之被解除。契约期间所产生的相关费用构成了企业债务融资的"显性"债务成本；而机会成本、风险成本、代理成本等因素则构成了企业债务融资的"隐性"成本。于蔚等（2012）认为，我国资本市场中，资金供求双方关于企业未来经营状况的信息高度不对称，由此导致的逆向选择问题是妨碍民营企业融资的重要因素。信息不对称程度越高，风险溢价的程度就越高，企业的债务成本也会越高。如果企业能够通过采取一系列的措施来提升自身的透明程度，那么企业与债权人之间的信息不对称程度就会降低，从而债权人要求的风险溢价降低，使得企业的债务成本更低。

信号传递理论是缓解信息不对称的方法之一。Spence（1973）提出的信号传递理论认为由于资本市场中信息不对称问题的客观存在，企业为了展示自身与其他企业的区别，通常会采取一系列行动来向市场传达相应的特质信息，进行这种行动往往需要付出相应的成本，因而难以被其他企业模仿,这样投资者就能够识别出那些释放出相应信号的企业。而企业进行信号释放最直接的办法就是对自身的相关信息进行披露,企业的信息披露可以大致分为财务信息披露与非财务信息披露两类。财务信息通过企业发布的资产负债表、利润表、现金流量表等财务报表进行披露。非财务信息通过媒体新闻、财务报表附注等多种方式进行公布,企业披露的 CSR 信息大部分属于这类非财务信息。利益相关者理论认为,与企业生存发展息息相关的各种群体,如消费者、股东、债权人、供应商、员工、社会大众等都属于企业的利益相关者,而 CSR 信息披露正是着眼于对这些信息的披露,可以说两者之间具有天然的契合性。

积极履行社会责任和披露相应的 CSR 信息是提升企业声誉的重要手段,CSR 信息披露能够向利益相关者传递出企业在环境保护方面所做的努力、在员工保障方面提供的福利、在公共事务等方面做出的贡献,有助于利益相关者全面了解企业的发展战略与公司治理等信息。由于履行社会责任往往需要付出一定的成本,因此进行 CSR 信息披露从另一个角度来看也是对企业实力的一种展示,往往是那些发展良好、风险较小的企业才有余力履行社会责任并进行相应的信息披露。因此投资人可以通过企业发布的 CSR 信息来分辨哪些是"踏实肯干"、蓬勃发展的公司,而哪些又是"招摇撞骗"、投机炒作的公司。良好的社会责任表现也能够为企业带来更多资源优势,例如政府会提供更多政策上的支持,银行等债权人更加愿意为这些企业提供资金等(孙铮等,2005)。慈善捐赠作为企业社会责任的重要组成部分,是企业社会责任报告中频繁出现的词语,慈善捐赠一方面表明企业积极履行了社会责任,另一方面也表明企业犹有余力对外进行经济帮扶,是企业健康发展的良好信号。慈善捐赠也被越来越多的企业作为一种实现其经济或政治目的的工具。比如有学者研究发现民营企业能够通过慈善捐赠的方式与政府进行资源交换,从而获取债务融资(李维安等,2015)。赵良玉等(2017)认为良好的社会责任声誉是一种重要的社会资本,有助于企业更好地维持与现有各利益相关者的关系,吸引更多潜在的投资者。此外,李姝和谢晓嫣(2014)认为履行社会责任是民营企业在目前我国市场经济体制尚不完善情况下寻求的一种替代性机制,通过这种机制,企业可以向利益相关者传递出良好的信息以缓解双方存在的信息不对称问题,规避利益相关者的逆向选择行为，有利于民营企业获得融资便利。Falck 和 Heblich（2007）研究表明对社会责任进行履行能够提升企业的声誉，并且在公司陷入财务危机时，能够防止公司股价的下跌。沈洪涛等（2011）通过研究也表明，企业社会责任报告能有效传递出社会责任表现的信息，增强社会责任表现与企业声誉之间的正向关系。通过 CSR 信息披露提升企业声誉，在一定程度上解决了"逆向选择"问题。

综上所述，如图 10 - 3 所示，我们认为高水平、高质量的 CSR 信息披露有助于企业建立和维护良好的社会声誉、传递企业的实力信息，有助于缓解债权人与企业之间长期存在的信息不对称问题，从而有助于企业获得较低的债务融资成本，由此提出假设 10.1。

假设 10.1：民营企业的社会责任信息披露与债务融资成本呈负相关关系。

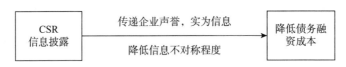

图 10 - 3　CSR 信息披露与债务融资成本

10.2.3　政治关联的调节作用

此小节主要从政治关联的视角出发，研究政治关联对企业所产生的间接担保效应和直接资源效应，探讨了政治关联对民营企业的 CSR 信息披露与债务融资成本之间的关系是否起到了调节作用。如图 10 - 4 所示，政治关联所起到的调节效应可能来自政治关联的间接担保效应和直接资源效应。

图 10 - 4　政治关联对 CSR 信息依赖的影响

（1）政治关联发挥间接担保效应

债权人对企业的信用评估，主要考虑的是企业的规模、盈利能力、偿债能力、贷款违约历史等因素。除此之外，企业也可以通过其他方式来强化自身的信用水平,而其中一种方法就是建立政治关联。这种外来信用在企业债务融资中同样会发挥重要作用(孙峥等,2005)。民营企业建立政治关联的渠道一般有两种,一是政府出于政治和经济的考虑,给予企业家政治身份,而这些企业往往经过了政府的考察,那些在企业规模、前景与效益等方面具有优势的企业才会被政府作为表彰对象授予相关的政治身份。二是企业聘请具有政治关联的人物担任公司高管,这些具有政治关联的人物出于对自身利益和声誉的考虑,会更加愿意去业绩较好和盈利能力较强的优质企业任职(于蔚等,2012)。在中国现行的政治体制下,企业高管的人大代表、政协委员等政治身份为企业赢得了竞争优势和社会声誉,而为了维护这种竞争优势和社会声誉,上市公司会更倾向于进行自我约束型治理(潘克勤,2009),所以政治关联增强了企业资产的安全程度,成了债务契约有力的保障机制。

对于政治关联起到的声誉担保作用的研究有很多,如 Faccio(2006)研究发现,具有政治关联的企业能够获得信贷优势,但是产生这种现象的原因可能并不在于政府对银行信贷政策的直接干预,而是由于政府为这些企业提供了一种隐性的担保。潘克勤(2009)分析了民营上市公司实际控制人的政治身份是如何降低会计信息债务契约有用性的。他发现,政治身份对会计信息在债务契约中的功能具有替代性,产生这种现象不是因为政治施压直接影响了银行的贷款决策,而是因为企业家的政治身份对债务契约具有潜在的担保作用。胡旭阳(2006)认为民营企业家的政治身份之所以有助于企业获得金融行业的准入资格,是因为企业家的政治身份向外界传递了企业质量信号的作用。正是由于政治关联起到了这种声誉担保作用,因此在投资者的角度看,具有政治关联的企业其风险程度会相对较低。

综上所述,由于政治关联这种强有力的声誉保障机制的存在,债权人在签订债务契约时,可能会减少对同样发挥声誉保障作用的 CSR 信息的依赖程度,因此债权人使用 CSR 信息披露来帮助自己进行债务决策的重要程度被降低了,即表现为政治关联会削弱 CSR 信息披露与债务融资成本之间的关系。

（2）政治关联发挥直接资源效应

政治关联也可能通过政治干预的方式直接对债务融资成本产生影响，比如民营企业家可以通过自身的政治身份进行参政议政，制定出对企业有利的发展政策，从而得到改善经营绩效、进入高壁垒行业、税收规避、优先获得政府订单、获得政府的重点扶持等一系列优势（黄灿，2013；李维安、徐业坤，2013；张洪刚、赵全厚，2014；陈维等，2015）。在企业被重点扶持的情况下，政府会通过直接或者间接的渠道对相关部门施加压力，企业就能够通过这种直接的政治干预获得相应的好处。如果企业能够直接通过政治干预手段获得有利于自身发展的贷款融资政策，那么企业披露的 CSR 信息的有用程度将会下降，债权人使用 CSR 信息披露来帮助自己进行债务决策的重要程度也下降，因此会呈现政治关联削弱 CSR 信息披露与债务融资成本之间的关系的现象。

综上所述，无论政治关联是通过间接的信誉担保，还是通过直接的政治干预手段都帮助企业获得了优势，这两种方法都会降低债权人在签订债务条约之前对 CSR 信息的收集成本，降低债权人签约时对 CSR 信息的依赖程度，从而具有政治关联的企业的 CSR 信息披露与债务融资成本之间的关系会被削弱。由此，提出研究假设 10.2。

假设 10.2：政治关联会增强社会责任信息披露与债务融资成本之间的负相关关系。

10.2.4　制度环境对政治关联调节作用的影响

制度对市场经济的重要性在于支撑市场机制有效运转，从而使企业在市场交易中避免不必要的风险和成本（任颋等，2015）。我国当前处于市场经济转型时期，各地区的制度环境发展程度尚不均衡，不同地区的法律法规完善程度、政府监管水平、产权保护程度、信息披露程度均存在显著的差异。市场的非有效性包括缺乏完善的产权保护制度或由于信息不对称而缺乏对合作伙伴的了解（Anderson and Gatignon，1986）。在制度环境差的地区，则更容易产生产权保护、信息不对称以及政府干预的问题。民营企业为了应对这些问题，不得不寻求非正式制度的帮助。已有研究表明，在金融发展越落后、政府干预越多、税收负担越严重、法律体系越薄弱的地区，民营企业家越可能建立政治关联（Li et al.，2006；辛明磊、高勇强，2014）。在转型经济国家，建立政治关联是民营企业对市场、政府和法律失效的一种积极反应（Khwaja and Mian，2005；Claessens et al.，2008）。

一般而言，处于制度环境较好地区的企业通常是基于市场原则来获取信贷资源的。但是在制度环境较差的地区，市场机制的不完善造成了企业无法通过正常途径来获得信贷资源，因此企业会倾向于寻求政治关联这种非正式制度保证企业能够获得相应的资源。在受政府干预较多的地区，对于信贷政策的分配通常更看重政治关系等非市场因素，因此市场因素对信贷分配政策的作用被削弱了。最终表现为在制度环境较差的地区，政治关联干扰了市场因素本该发挥的作用。因此我们认为，政治关联对 CSR 信息披露与债务融资成本关系的削弱性调节作用主要发生在制度环境较差的地区。即在制度环境较差的地区，政治关联对 CSR 信息披露与债务融资成本之间关系的影响更为显著。由此，提出研究假设 10.3。

假设 10.3：政治关联对于社会责任信息披露与债务融资成本之间的削弱性调节作用受到地区制度环境的影响。在制度环境较差的地区，政治关联对社会责任信息披露与债务融资成本之间关系的削弱作用更为显著。

综上所述，本章研究假设之间的关系如图 10 - 5 所示，社会责任信息披露可能通过传递企业声誉与实力信息降低债务融资成本，即为假设 10.1；政治关联可能通过发挥间接担保效应或者直接资源效应，增强社会责任信息披露与债务融资成本之间的负相关关系，即为假设 10.2。此外，制度环境的不同对政治关联所起到的调节效应也会产生相应的影响，即为研究假设 10.3。本章后文将围绕这三个假设进行相应的实证检验。

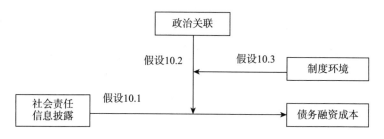

图 10 - 5　研究假设关系

10.3　数据来源和研究设计

10.3.1　研究样本与数据

我们选取了在 A 股上市的民营公司作为研究样本，本章所指的民营企业是指那些实际控制人为自然人或家族的企业。研究的样本区间为 2014～2017 年。在上述数据来源的基础上，剔除样本的标准如下：①金融、保险类上市公司；②当年被 ST 或 PT 等特殊处理的公司；③企业数据信息缺失、出现明显异常值，如债务融资成本小于 0 的样本。经过上述处理之后，共得到观测值 3893 个。

本章的利息支出指标来源于 CCER 数据库中财务报表附注中的财务费用明细表；政治关联情况通过手动搜集整理而来；制度环境指标主要来源于王小鲁等（2019）的《中国分省份市场化指数报告（2018）》中的市场化总指数指标，由于该指标更新较慢，该报告中的最新数据只更新到了 2016 年，因此本章借鉴了俞红海等（2010）的研究方法，使用历年市场化指数的平均增长幅度作为 2016～2017 年的增长幅度，从而获得了 2017 年市场化指数的预测指标。本章其余的财务数据来源于国泰安（CSMAR）和锐思（RES-SET）数据库，对于小部分缺省值则通过手动搜索企业年报或者利用搜索引擎收集。此外，我们还使用了 Stata 14 和 Excel 对数据进行相应的分析处理工作。

10.3.2　研究变量设定

（1）债务融资成本（COST）

国内外围绕衡量债务融资成本一直存在争论和分歧。从国外的现状来看一般采用信用评级指标，如用标准普尔（Standard & Poor's）提供的信用评级指标来进行衡量。或者采用收益率差来对债务融资成本进行衡量。以上两种国外通常采用的方法并不适用于中国的研究，一方面，国内尚未建立类似于标准普尔或广泛一致认可的指标；另一方面，考虑到我国的实际情况，只有公司规模、净资产等指标达到一定水平的公司才有资格进行公司债券的发行，因此收益率指标也不适用于我国数量庞大的民营企业。

从国内研究的情况来看，通常是采用利息支出指标来对债务融资成本进行衡量，而利息成本只是债务融资成本的一部分，企业在融资时还会支付手续费等其他费用（魏志华等，2012），因此本章在参考了 Pittman 和 Fortin（2004）、Zou 和 Adams（2008）、蒋琰（2009）、罗进辉（2012）的研究后，采用利息支出与长短期负债总额均值的比值衡量债务融资成本，其中利息支出包含了费用化的利息支出和资本化的利息支出，费用化的利息支出指的是财务报表附注中财务费用明细表下的利息支出，而资本化的利息支出指的是财务报表附注中财务费用明细表下的手续费和其他财务费用，该指标能够更为全面地反映民营企业债务融资的实际情况。

（2）社会责任信息披露（*CSR*）

我们借鉴贾兴平和刘益（2014）及赵良玉等（2017）的研究，使用和讯网的社会责任评级来衡量社会责任信息披露的水平。以往学者们普遍采用指数法自己选取指标对社会责任信息披露进行衡量，但容易受到个人主观因素的影响，难以保持中立客观性。和讯网的社会责任评级主要从股东责任（占 30%），员工责任（占 15%），供应商、客户和消费者权益责任（占 15%），环境责任（占 20%），社会责任（占 20%）这几个一级指标来对公司的社会责任进行评价，这些一级指标下包含了 37 个二级指标，二级指标分数的加总构成了和讯网社会责任报告评级。对于不同的行业，该评价体系调整了相关评价指标占比，如消费行业将员工责任占比降低，而将客户和消费者权益责任提高；制造业将环境占比提高，将社会责任权重降低。和讯网社会责任评级的分数越高，代表企业在社会责任履行方面越好、对社会责任信息披露得越充分。和讯网社会责任报告评级具有其独立性，消除了研究者个人主观因素的干扰，更加适用于学术研究。

（3）政治关联（*PC*）

基于现有文献对企业政治关联的研究，并结合民营企业家族控制的特点，我们选取公司实际控制人、董事长或总经理的政治身份作为衡量企业政治关联的标准（冉茂盛等，2013；王满、刘子旭，2016）。如果公司的实际控制人、董事长或总经理曾经为县处级及以上政府官员，或现为地市级及以上人大代表、政协委员，即认为该公司具有政治关联，取值为 1，如果不具有政治关联，则取值为 0。

（4）制度环境（*INS*）

我们采用王小鲁等（2019）的指标数据，使用其中的"市场化总指数评分"指标来反映制度环境变量。该指标综合反映了各地区政府与市场之间的关系、非国有经济的发展、产品市场的发展、要素市场的发展、市场中介组织的发展以及维护市场的法制环境情况等。该指标越高，意味着政府干预越少，市场在资源配置中发挥的作用越大，金融市场体系越完善，信贷资金分配的市场化程度越高，以及知识产权保护程度越高。由于本章只采用该指标进行了分组检验，因此在本章的研究模型中并不会出现该指标。

（5）控制变量

我们参考了前人对债务融资成本的研究后（李广子、刘力，2009；蒋琰，2009；陈汉文、周中胜，2014），控制了以下变量：经营现金流量（*CF*）、财务杠杆（*LEV*）、公司规模（*TA*）、总资产报酬率（*ROA*）、总资产增长率（*TAG*）、固定资产比例（*FA*）、控股股东持股比例（*BLOCK*）。此外，我们还采用了行业（*IND*）和年度（*YR*）这两个虚拟变量作为控制变量。本章实证研究中使用的所有变量定义如表 10 – 1 所示。

表 10 – 1　主要变量定义

变量名称	符号	变量解释
债务融资成本	*COST*	100 * 利息支出/长短期负债总额均值
社会责任信息披露	*CSR*	采用和讯网的社会责任报告评级数据来衡量企业社会责任信息披露
政治关联	*PG*	如果公司的实际控制人、董事长或总经理曾为县处级及以上政府官员，或现为地市级及以上人大代表和政协委员，即认为该公司具有政治关联，取值为 1，如果不具有政治关联，值为 0
经营现金流量	*CF*	经营现金流/资产总额
财务杠杆	*LEV*	期末总负债/期末总资产
公司规模	*TA*	期末总资产的自然对数
总资产报酬率	*ROA*	净利润/总资产
总资产增长率	*TAG*	（资产总计本期期末值—资产总计本期期初值）/资产总计本期期初值

变量名称	符号	变量解释
固定资产比例	FA	固定资产净额/资产合计
控股股东持股比例	BLOCK	第一大股东持股数/总股数
制度环境	INS	王小鲁等的《中国分省份市场化指数报告（2018）》中的市场化总指数指标
年度	YR	年度哑变量，控制年度因素影响
行业	IND	行业哑变量，控制行业因素影响

10.3.3 模型构建及说明

$$COST_t = \beta_0 + \beta_1 CSR_{t-1} + \beta_2 CF_{t-1} + \beta_3 LEV_{t-1} + \beta_4 TA_{t-1} + \beta_5 ROA_{t-1} + \quad (10.1)$$

$$\beta_6 TAG_{t-1} + \beta_7 FA_{t-1} + \beta_8 BLOCK_{t-1} + \sum YR + \sum IND + \varepsilon$$

$$COST_t = \beta_0 + \beta_1 CSR_{t-1} + \beta_2 PG_{t-1} + \beta_3 CSR_{t-1} \times PG_{t-1} + \beta_4 CF_{t-1} + \beta_5 LEV_{t-1} + \beta_6 TA_{t-1} +$$

$$\beta_7 ROA_{t-1} + \beta_8 TAG_{t-1} + \beta_9 FA_{t-1} + \beta_{10} BLOCK_{t-1} + \sum YR + \sum IND + \varepsilon$$

$$(10.2)$$

由于本章的解释变量中并没有包含被解释变量 COST 指标的滞后项，所以根据陈强（2010）、谢识予和朱弘鑫（2005）对动态面板数据的定义，以及参考了采用类似模型进行研究的文献，如李志军和王善平（2011）、沈洪涛等（2010）、李姝等（2013）以及王建玲等（2016）的研究方法之后，得出了本章的数据属于静态面板数据并且应当使用多元线性回归法的结论。因此我们通过构建多元线性回归模型（10.1）与模型（10.2）对本章的研究假设进行检验，在控制了相关变量之后，为了控制遗漏变量带来的影响，进一步对行业和年度也进行了控制。

此外，由于社会责任信息与其他财务信息从发布到被债权人充分接收这一过程通常需要花费一定的时间，同时也是为了削弱社会责任信息披露与债务融资成本之间由于反向因果而产生的内生性问题，我们参考了李志军和王善平（2011）、王建玲等（2016）以及李百兴等（2018）的做法，使用第 $t-1$ 期的解释变量与控制变量来对第 t 期的债务融资成本进行回归。为了避免解释变量与控制变量系数过小影响对结论的分析，我们借鉴了王运通和姜付秀（2017）的做法，将债务融资成本乘以100。由于这种方法计算出的债务融资成本噪声过大，过往研究中必须对债务融资成本进行特殊的处理，因此我们还借鉴了蒋琰（2009）的做法，将债务融资成本进行了5%和95%的Winsorize处理。

模型（10.1）是为了验证假设10.1，即社会责任信息披露与债务融资成本负相关。如果社会责任信息披露的系数 β_1 为负，那么说明社会责任信息披露与债务融资成本呈负相关关系，那么假设10.1得证。如果 β_1 为正，说明社会责任信息披露与债务融资成本呈正相关关系，那么假设10.1被拒绝。

模型（10.2）是为了验证假设10.2，即政治关联会增强社会责任信息披露与债务融资成本的负相关关系。如果政治关联与社会责任信息披露的交乘项 $CSR \times PG$ 的系数 β_3 显著，并且和社会责任信息披露的系数 β_1 异号，那么表明假设10.2得到验证，即政治关联会增强社会责任信息披露与债务融资成本的负相关关系。如果 β_3 显著并且 β_3 与 β_1 同号，则意味着政治关联会削弱社会责任信息披露与债务融资成本的负相关关系，那么假设10.2被拒绝。如果交乘项 $CSR \times PG$ 的系数 β_3 不显著，那么说明政治关联不会对社会责任信息披露与债务融资成本之间的关系产生影响。

此外，为了验证假设10.3，即政治关联对社会责任信息披露与债务融资成本之间的调节作用受到地区制度环境的影响，我们在模型（10.2）的基础上，以制度环境的中位数为分界标准，将样本分为制度环境较好和制度环境较差两组来进行分组检验，如果制度环境较好一组中交乘项 $CSR \times PG$ 的系数 β_3 不显著，而制度环境较差一组中交乘项 $CSR \times PG$ 的系数 β_3 显著为正，那么假设10.3得证。

10.4 实证检验和分析

10.4.1 描述性统计

表10-2是研究变量的描述性统计，主要描述了样本主要变量的均值、最大值、最小值和标准差。

从表10-2可以看出，债务融资成本（COST）在 1.46% ~ 23.30% 的范围内波动，均值为6.815%，与过往研究和现实经验相符，从这里可以看

表 10 - 2　主要变量的描述性统计

变量	观测值	均值	标准差	最小值	最大值
COST	3893	6.815	4.927	1.456	23.300
CSR	3893	25.670	16.690	-3.690	75.970
PG	3893	0.470	0.499	0.000	1.000
CF	3893	0.042	0.076	-0.211	0.245
LEV	3893	0.434	0.202	0.069	0.899
TA	3893	21.970	1.080	19.520	25.130
ROA	3893	0.040	0.052	-0.166	0.192
TAG	3893	0.233	0.403	-0.299	2.571
FA	3893	0.212	0.149	0.001	0.645
BLOCK	3893	0.330	0.146	0.071	0.726

出不同企业的债务融资成本之间存在较大差异，有必要采取措施解决部分企业居高不下的债务融资成本问题。社会责任信息披露（CSR）的最小值为 -3.69，最大值为75.97，标准差为16.69，均值为25.67，CSR存在负值的原因在于企业该年度受到了交易所对公司和相关责任人的处罚等。CSR指标的描述性统计说明我国民营上市公司的社会责任还停留在一个较低的水平，并且不同企业之间的社会责任信息披露差异较大，仍有很大的进步空间。政治关联（PG）的均值为0.47，说明我国民营企业的政治关联现象具有普遍性。此外在控制变量方面，财务杠杆（LEV）的均值为0.434，表明债务仍是企业资金的主要来源，LEV的最小值为0.069，最大值为0.899，表明不同企业之间的资产负债率存在明显差别；总资产报酬率（ROA）的均值为0.04，最小值为 -0.166，最大值为0.192，表明不同公司之间资产的盈利能力存在较大差别。总资产增长率（TAG）的最小值为 -0.299，最大值为2.571，表明有的公司发展止步不前，而有的公司发展迅猛，公司之间的整体差异较大。固定资产比例（FA）最小值为0.001，最大值为0.645，不同企业之间的固定资产比例差异明显。控股股东持股比例（BLOCK）的均值为0.33，说明我国民营企业的最大股东掌握着公司较多的股权，但是该变量最小值为0.071，最大值为0.726，说明持股比例之间也存在较大差异。

10.4.2　相关性分析

表 10 - 3 给出了研究变量的 Pearson 相关性检验结果。

表 10 – 3　Pearson 相关系数

	COST	CSR	PG	CF	LEV	TA	ROA	TAG	FA	BLOCK
COST	1									
CSR	-0.109***	1								
PG	-0.028*	0.177***	1							
CF	0.004	0.184***	0.039**	1						
LEV	-0.114***	-0.029*	-0.010	-0.197***	1					
TA	-0.254***	0.358***	0.115***	0.001	0.418***	1				
ROA	0.003	0.393***	0.028*	0.374***	-0.348***	0.050***	1			
TAG	-0.077***	0.073***	-0.027*	-0.104***	-0.030*	0.128***	0.197***	1		
FA	0.004	-0.112***	0.065***	0.253***	-0.065***	-0.098***	-0.105***	-0.234***	1	
BLOCK	-0.062***	0.097***	0.012	0.079***	0.022	0.125***	0.194***	0.005	-0.010	1

注：*、**和***表示分别在10%、5%和1%的水平下显著。

表 10－3 显示，社会责任信息披露（ CSR ）与债务融资成本（ $COST$ ）呈显著的负相关关系，这和本章的假设 10.1 预期相同。此外，政治关联（ PG ）、财务杠杆（ LEV ）、公司规模（ TA ）、总资产增长率（ TAG ）、控股股东持股比例（ $BLOCK$ ）等大部分变量都与债务融资成本（ $COST$ ）呈显著的负相关关系。解释变量之间相关性的绝对值均小于 0.42，表明各个变量之间较为独立，不会存在严重的共线性问题。

10.4.3 回归结果分析

（1）社会责任信息披露与债务融资成本

为了验证假设 10.1，即社会责任信息披露（ CSR ）与债务融资成本（ $COST$ ）呈负相关关系。我们首先对模型（10.1）进行了检验，回归结果如表 10－4 所示。

表 10－4 民营企业社会责任信息披露与债务融资成本

变量	COST	
	（1）	（2）
CSR		－ 0.010 **
		（－ 2.08）
CF	－ 0.057	0.073
	（－ 0.04）	（0.05）
LEV	－ 0.547	－ 0.609
	（－ 0.91）	（－ 1.01）
TA	－ 0.986 ***	－ 0.929 ***
	（－ 9.87）	（－ 8.81）
ROA	2.163	3.184
	（0.93）	（1.31）
TAG	－ 0.539 **	－ 0.559 **
	（－ 2.44）	（－ 2.53）
FA	－ 1.798 ***	－ 1.838 ***
	（－ 2.58）	（－ 2.64）
BLOCK	－ 1.298 **	－ 1.316 **
	（－ 2.25）	（－ 2.28）

变量	COST	
	（1）	（2）
Constant	30.002 ***	29.055 ***
	（14.17）	（13.20）
IND	控制	控制
YR	控制	控制
N	3893	3893
Adjusted-R^2	0.110	0.110
F Value	23.725	22.335

注：*、** 和 *** 表示分别在 10%、5% 和 1% 的水平下显著。

表 10 - 4 列（2）的结果显示，在加入了 CSR 以后，CSR 的回归系数在 5% 的水平下显著为负，假设 10.1 得以验证，即社会责任信息披露（CSR）与债务融资成本（COST）之间呈负相关关系。究其原因可能如前文所述，企业通过积极的信息披露，向外部投资者传递了积极的信号，缓解了债权人与企业之间长期存在的信息不对称问题，从而降低了企业的债务融资成本。

在控制变量方面，公司规模（TA）在 1% 的水平下显著为负，说明那些大企业容易获得较低的债务融资成本。其原因可能在于规模较大的企业具有多种融资渠道，并且自身风险水平较低，与银行等债权人之间具有长期良好的合作关系，因此能够获得较低的债务融资成本。企业总资产增长率（TAG）在 5% 的水平下显著为负，说明企业的成长状态与其自身的融资成本也存在关联，企业的发展水平高能够向债权人传递积极的信号，从而促进债务融资成本减少。固定资产比例（FA）在 1% 的水平下显著为负，即固定资产比例和企业债务融资成本呈负相关关系，企业具有较高的固定资产比例意味着企业能够动用较多的资产进行抵押贷款，因而能够获得较低的债务融资成本。此外控股股东持股比例（BLOCK）的回归系数在 5% 的水平下显著为负，该结果意味着民营企业的大股东能有效监督管理层，从而缓解了管理层与债权人之间的代理问题。

（2）政治关联的调节作用

为了验证假设 10.2，即政治关联（PG）会增强社会责任信息披露（CSR）与债务融资成本（COST）之间的负相关关系。我们对模型（10.2）

进行了检验，回归结果如表 10 - 5 所示。

表 10 - 5 政治关联的调节效应

变量	COST	
	(1)	(2)
CSR	- 0.010 **	- 0.022 ***
	(- 1.98)	(- 3.19)
PG	- 0.070	- 0.507 *
	(- 0.44)	(- 1.92)
CSR × PG		0.018 **
		(2.18)
CF	0.076	0.141
	(0.06)	(0.10)
LEV	- 0.621	- 0.656
	(- 1.03)	(- 1.09)
TA	- 0.925 ***	- 0.917 ***
	(- 8.78)	(- 8.73)
ROA	3.151	3.475
	(1.29)	(1.43)
TAG	- 0.560 **	- 0.551 **
	(- 2.53)	(- 2.48)
FA	- 1.822 ***	- 1.856 ***
	(- 2.61)	(- 2.66)
BLOCK	- 1.324 **	- 1.322 **
	(- 2.29)	(- 2.29)
Constant	28.996 ***	29.083 ***
	(13.20)	(13.23)
IND	控制	控制
YR	控制	控制
N	3893	3893
Adjusted-R^2	0.110	0.111
F Value	20.510	19.341

注：*、** 和 *** 表示分别在 10%、5% 和 1% 的水平下显著。

在加入社会责任信息披露（CSR）与政治关联（PG）的交乘项 CSR ×

PG 之后的结果如表 10 - 5 列（2）所示，CSR 的系数在 1% 的水平下显著为负，而交乘项 $CSR \times PG$ 的系数在 5% 的水平下显著为正。交乘项 $CSR \times PG$ 与 CSR 两者的系数相反，该结果表明政治关联削弱了信息披露对债务融资成本的影响，因而假设 10.2 得以验证。说明政治关联降低了债权人在签订债务条约时对信息的依赖程度，具体表现为政治关联削弱了信息披露与债务融资成本之间的关系。

（3）制度环境对政治关联调节效应的影响

为了验证假设 10.3，即在制度环境差的地区，政治关联（PG）对社会责任信息披露（CSR）与债务融资成本（$COST$）之间关系的调节作用更为显著。我们在模型（10.2）的基础之上，将制度环境的中位数作为标准，将总样本分为了制度环境较好和制度环境较差两组，按照分组回归分析的方法对假设 10.3 进行了检验，回归结果如表 10 - 6 所示。

表 10 - 6　制度环境对政治关联调节效应的影响

变量	$COST$	
	（1）制度环境较好组	（2）制度环境较差组
CSR	- 0. 009	- 0. 031 ***
	（- 0. 96）	（- 2. 81）
PG	- 0. 055	- 0. 855 **
	（- 0. 15）	（- 2. 18）
$CSR \times PG$	0. 001	0. 031 **
	（0. 05）	（2. 42）
CF	- 0. 917	2. 095
	（- 0. 46）	（1. 11）
LEV	- 2. 824 ***	1. 365
	（- 3. 54）	（1. 56）
TA	- 0. 673 ***	- 1. 199 ***
	（- 4. 88）	（- 7. 74）
ROA	2. 152	3. 778
	（0. 60）	（1. 13）
TAG	- 0. 585 *	- 0. 499
	（- 1. 90）	（- 1. 55）

变量	COST	
	（1）制度环境较好组	（2）制度环境较差组
FA	− 2. 129 **	− 1. 544
	（− 2. 04）	（− 1. 60）
BLOCK	− 1. 585 *	− 0. 903
	（− 1. 93）	（− 1. 07）
Constant	24. 606 ***	34. 256 ***
	（8. 37）	（10. 62）
IND	控制	控制
YR	控制	控制
N	2065	1828
Adjusted-R^2	0. 127	0. 144
F Value	9. 85	11. 051

注：*、** 和 *** 表示分别在 10%、5% 和 1% 的水平下显著。

在制度环境较好的分组中交乘项 $CSR \times PG$ 不显著，而在制度环境较差的分组中交乘项 $CSR \times PG$ 在 5% 的水平下显著为正，说明政治关联对信息披露与债务融资成本之间的削弱作用主要发生在制度环境较差的地区，因而假设 10.3 得以验证。

10.4.4 稳健性检验

（1）对债务融资成本的稳健性检验

为了避免本章选择的被解释变量不能很好地衡量债务融资成本，因此本节对被解释变量进行替换，借鉴魏志华等（2012）及孙刚（2013）的做法，本节采用利息支出/期末含息负债（COST 1）来衡量企业的债务融资成本，重新进行回归分析，结果如表 10 − 7、表 10 − 8 和表 10 − 9 所示。

表 10 − 7　稳健性检验（1）——社会责任信息披露与债务融资成本

变量	COST 1	
	（1）	（2）
CSR		− 0. 009 *
		（− 1. 77）

续表

变量	COST 1	
	（1）	（2）
CF	0.505	0.848
	（0.41）	（0.68）
LEV	2.110 ***	1.962 ***
	（3.82）	（3.55）
TA	-0.740 ***	-0.682 ***
	（-8.23）	（-7.15）
ROA	-0.053 ***	-0.053 ***
	（-9.43）	（-9.91）
TAG	-0.888 ***	-0.889 ***
	（-4.23）	（-4.26）
FA	-0.181	-0.294
	（-0.28）	（-0.46）
BLOCK	-1.636 ***	-1.610 ***
	（-3.01）	（-2.97）
Constant	23.485 ***	22.545 ***
	（12.44）	（11.48）
IND	控制	控制
YR	控制	控制
N	3616	3616
Adjusted-R^2	0.095	0.096
F Value	29.602	28.172

注: *、** 和 *** 表示分别在 10%、5% 和 1% 的水平下显著。

表 10 - 7 列 （2） 的结果显示，CSR 的回归系数在 10% 的水平下显著为负，因而假设 10.1 得以验证。此外，公司规模 （TA）、总资产报酬率 （ROA）、总资产增长率 （TAG）、控股股东持股比例 （BLOCK） 均和债务融资成本之间呈显著的负相关关系，这与前文研究结果大致相同；财务杠杆 （LEV） 和债务融资成本之间呈显著的正相关关系，这是因为资产负债率高意味着企业具有较高的财务风险，因而债权人所期望的风险补偿也就更高。

表 10 - 8　稳健性检验（1）——政治关联的调节效应

变量	COST 1	
	（1）	（2）
CSR	- 0.008	- 0.025***
	（- 1.58）	（- 3.17）
PG	- 0.197	- 0.834***
	（- 1.29）	（- 2.82）
CSR × PG		0.025***
		（2.67）
CF	0.841	1.028
	（0.68）	（0.83）
LEV	1.934***	1.853***
	（3.50）	（3.36）
TA	- 0.672***	- 0.661***
	（- 7.01）	（- 6.92）
ROA	- 0.054***	- 0.055***
	（- 9.96）	（- 10.40）
TAG	- 0.894***	- 0.873***
	（- 4.28）	（- 4.18）
FA	- 0.246	- 0.308
	（- 0.38）	（- 0.48）
BLOCK	- 1.621***	- 1.606***
	（- 2.99）	（- 2.96）
Constant	22.394***	22.558***
	（11.40）	（11.51）
IND	控制	控制
YR	控制	控制
N	3616	3616
Adjusted-R^2	0.096	0.098
F Value	25.845	24.958

注：*、** 和 *** 表示分别在 10%、5% 和 1% 的水平下显著。

表 10 - 8 的结果显示，在加入交乘项 CSR × PG 之后，CSR × PG 的系数在 1% 的水平下显著为正，交乘项 CSR × PG 与 CSR 两者之间的系数相反，说明政治关联削弱了信息披露与债务融资成本之间的关系，因而假设 10.2 得以验证。

表 10 - 9　稳健性检验（1）——制度环境对政治关联调节效应的影响

变量	COST 1	
	（1）制度环境较好组	（2）制度环境较差组
CSR	- 0.018	- 0.034 ***
	（- 1.59）	（- 3.12）
PG	- 0.823 *	- 0.950 **
	（- 1.95）	（- 2.27）
CSR × PG	0.022	0.032 **
	（1.61）	（2.42）
CF	1.184	1.653
	（0.65）	（0.88）
LEV	1.274 *	2.208 ***
	（1.67）	（2.66）
TA	- 0.506 ***	- 0.789 ***
	（- 3.83）	（- 5.69）
ROA	- 0.045 ***	- 0.344
	（- 6.87）	（- 0.10）
TAG	- 0.605 *	- 1.057 ***
	（- 1.87）	（- 3.82）
FA	1.601	- 1.908 **
	（1.62）	（- 2.11）
BLOCK	- 1.412 *	- 1.345 *
	（- 1.83）	（- 1.69）
Constant	18.609 ***	25.893 ***
	（6.80）	（9.15）
IND	控制	控制
YR	控制	控制
N	1903	1713
Adjusted-R^2	0.084	0.126
F Value	15.21	12.35

注：*、** 和 *** 表示分别在 10%、5% 和 1% 的水平下显著。

表 10 - 9 是对模型（10.2）的分组检验结果，结果显示在制度环境较好的分组中交乘项 CSR × PG 不显著，而在制度环境较差的分组中交乘项 CSR × PG 在 5% 的水平下显著为正，说明政治关联对信息披露与债务融资成本之间的削弱作用主要发生在制度环境较差的地区，因而假设 10.3 得以验

证。本小节的稳健性检验结果显示，除部分控制变量外，主要变量的回归结果均与前文相同。

（2）对社会责任信息披露的稳健性检验

慈善捐赠作为企业社会责任不可或缺的重要组成部分，是 CSR 报告中提及最多的词，目前也被越来越多的企业视为一种实现其经济或政治目的的工具。慈善捐赠对于企业而言具有多种意义，首先，慈善捐赠展示出企业愿意承担相应的社会责任、热心于公益事业，有助于企业获得良好的社会声誉。其次，慈善捐赠也是企业实力的一种体现，只有那些自身发展状况良好的企业才能有余力进行慈善捐赠，因此捐赠数额能够代表企业在资金物资等方面的富余程度。使用企业披露的慈善捐赠来度量企业社会责任信息披露的理由在于，企业所披露的社会捐赠数值具有难以伪造、可信度高的特点，相比于传统的内容分析法更具有科学性，因此过往研究中大多使用了社会捐赠来衡量企业社会责任的履行程度，如李姝和谢晓嫣（2014）、张萍和梁博（2012）。因此我们使用企业在财务报表附注中披露的社会捐赠额来衡量企业的信息披露，具体而言，企业的信息披露使用 $CSR_1 =$ ln（捐赠金额 + 1）衡量，对研究模型进行了重新检验，回归结果如表 10 - 10、表 10 - 11 和表 10 - 12 所示。

表 10 - 10　稳健性检验（2）——社会责任信息披露与债务融资成本

变量	COST	
	（1）	（2）
CSR_1		- 0.098 **
		（ - 2.04）
CF	- 0.918	- 0.980
	（ - 0.57）	（ - 0.61）
LEV	- 1.030	- 1.047
	（ - 1.51）	（ - 1.54）
TA	- 0.691 ***	- 0.598 ***
	（ - 5.46）	（ - 4.58）
ROA	8.001 **	8.839 ***
	（2.50）	（2.74）

变量	COST	
	（1）	（2）
TAG	−1.440***	−1.454***
	（−3.71）	（−3.75）
FA	−1.155	−1.087
	（−1.40）	（−1.32）
BLOCK	−1.457**	−1.451**
	（−2.22）	（−2.22）
Constant	23.346***	22.511***
	（8.75）	（8.47）
IND	控制	控制
YR	控制	控制
N	2609	2609
Adjusted-R^2	0.125	0.126
F Value	15.236	13.94

注：*、** 和 *** 表示分别在 10%、5% 和 1% 的水平下显著。

表 10 - 10 结果显示，CSR_1 的回归系数在 5% 的水平下显著为负，因而假设 10.1 得以验证。此外，公司规模（TA）、总资产增长率（TAG）、控股股东持股比例（BLOCK）均与债务融资成本呈显著的负相关关系。

表 10 - 11 稳健性检验（2）——政治关联的调节效应

变量	COST	
	（1）	（2）
CSR_1	−0.095**	−0.203***
	（−1.99）	（−3.07）
PG	−0.142	−2.817**
	（−0.88）	（−2.58）
$CSR_1 \times PG$		0.214**
		（2.52）
CF	−0.977	−0.914
	（−0.61）	（−0.57）
LEV	−1.083	−1.105
	（−1.60）	（−1.63）

续表

变量	COST	
	(1)	(2)
FA	-0.588 ***	-0.602 ***
	(-4.52)	(-4.62)
ROA	8.838 ***	8.352 ***
	(2.74)	(2.59)
TAG	-1.450 ***	-1.415 ***
	(-3.74)	(-3.65)
FA	-1.055	-1.038
	(-1.28)	(-1.26)
BLOCK	-1.475 **	-1.433 **
	(-2.25)	(-2.18)
Constant	22.345 ***	23.974 ***
	(8.45)	(8.73)
IND	控制	控制
YR	控制	控制
N	2609	2609
Adjusted-R^2	0.126	0.129
F Value	12.791	12.290

注：*、** 和 *** 表示分别在 10%、5% 和 1% 的水平下显著。

表 10 - 11 的结果显示，在加入交乘项 $CSR_1 \times PG$ 之后，$CSR_1 \times PG$ 的系数在 5% 的水平下显著为正，交乘项 $CSR_1 \times PG$ 与 CSR_1 两者之间系数相反，表明政治关联削弱了信息披露与债务融资成本之间的关系，因而假设 10.2 得以验证。

表 10 - 12　稳健性检验（2）——制度环境对政治关联调节效应的影响

变量	COST	
	(1) 制度环境较好组	(2) 制度环境较差组
CSR_1	-0.113	-0.244 ***
	(-1.10)	(-2.73)
PG	-2.455	-2.727 *
	(-1.45)	(-1.83)

续表

变量	COST	
	(1) 制度环境较好组	(2) 制度环境较差组
$CSR_1 \times PG$	0.182	0.201 *
	(1.42)	(1.70)
CF	− 1.217	− 0.483
	(− 0.47)	(− 0.23)
LEV	− 3.061 ***	0.529
	(− 2.97)	(0.58)
TA	− 0.573 ***	− 0.739 ***
	(− 2.80)	(− 4.23)
ROA	6.443	10.867 **
	(1.31)	(2.53)
$Growth$	− 0.823	− 1.824 ***
	(− 1.32)	(− 3.65)
FA	− 0.865	− 0.945
	(− 0.61)	(− 0.90)
$BLOCK$	− 1.378	− 1.592 *
	(− 1.32)	(− 1.85)
$Constant$	23.064 ***	26.710 ***
	(5.14)	(7.43)
IND	控制	控制
YR	控制	控制
N	1187	1422
Adjusted-R^2	0.159	0.160
F Value	6.491	7.966

注: *、** 和 *** 表示分别在 10% 、5% 和 1% 的水平下显著。

表 10 - 12 是对模型 (10.2) 的分组检验结果,结果显示在制度环境较好的分组中交乘项 $CSR_1 \times PG$ 不显著,而制度环境较差的分组中交乘项 $CSR_1 \times PG$ 在 10% 的水平下显著为正,说明政治关联对信息披露与债务融资成本之间的削弱作用主要发生在制度环境较差的地区,因而假设 10.3 得以验证。本节的稳健性检验结果显示,除部分控制变量外,主要变量的回归结果均与前文相同。

（3）使用当期数据进行稳健性检验

我们将解释变量与控制变量采取滞后一期的做法，出发点在于社会责任信息与其他财务信息、政治关联信息的披露作用具有时滞性，同时也是为了缓解反向因果关系所产生的内生性问题。但当今的世界处于一个非常成熟的信息化时代，企业发生的重大事件很容易通过互联网等渠道进行传播，因此企业披露的社会责任信息和其他信息很有可能在当期就对企业的债务融资成本产生影响。出于对现实情况的考虑，我们在本部分不再采取将变量滞后的做法，而是将所有变量同时取为第 t 期来对本章所有的研究模型进行检验，回归结果如表 10 – 13、表 10 – 14 和表 10 – 15 所示。

表 10 – 13　稳健性检验（3）——社会责任信息披露与债务融资成本

变量	COST	
	（1）	（2）
CSR		– 0.009 *
		（– 1.92）
CF	2.990 **	3.133 **
	（2.40）	（2.50）
LEV	– 0.288	– 0.355
	（– 0.51）	（– 0.63）
TA	– 1.031 ***	– 0.978 ***
	（– 10.13）	（– 9.29）
ROA	1.942	2.851
	（0.91）	（1.29）
TAG	0.204	0.185
	（0.82）	（0.74）
FA	– 1.631 **	– 1.672 ***
	（– 2.54）	（– 2.60）
BLOCK	– 1.065 **	– 1.081 **
	（– 1.99）	（– 2.02）
Constant	29.705 ***	28.808 ***
	（14.00）	（13.28）
IND	控制	控制
YR	控制	控制

续表

变量	COST	
	(1)	(2)
N	3582	3582
Adjusted-R^2	0.130	0.131
F Value	21.284	19.862

注：*、**和***表示分别在10%、5%和1%的水平下显著。

表10-13的结果显示，CSR的回归系数在10%的水平下显著为负，因而假设10.1得以验证。此外，公司规模（TA）、固定资产比例（FA）、控股股东持股比例（BLOCK）均与债务融资成本呈显著的负相关关系。

表 10-14 稳健性检验（3）——政治关联的调节效应

变量	COST	
	(1)	(2)
CSR	-0.008	-0.019***
	(-1.61)	(-2.70)
PG	-0.281*	-0.682***
	(-1.93)	(-2.69)
CSR × PG		0.016**
		(1.98)
CF	3.124**	3.174**
	(2.50)	(2.54)
LEV	-0.401	-0.439
	(-0.71)	(-0.78)
TA	-0.958***	-0.950***
	(-9.08)	(-9.03)
ROA	2.763	3.048
	(1.25)	(1.37)
TAG	0.176	0.186
	(0.70)	(0.74)
FA	-1.614**	-1.642**
	(-2.52)	(-2.57)
BLOCK	-1.121**	-1.129**
	(-2.10)	(-2.11)

续表

变量	COST	
	(1)	(2)
Constant	28. 507 ***	28. 579 ***
	(13. 15)	(13. 18)
IND	控制	控制
YR	控制	控制
N	3582	3582
Adjusted-R^2	0. 132	0. 133
F Value	18. 297	17. 133

注: *、**和***表示分别在10%、5%和1%的水平下显著。

表 10 – 14 的结果显示，在加入交乘项 $CSR \times PG$ 之后，$CSR \times PG$ 的系数在 5% 的水平下显著为正，交乘项 $CSR \times PG$ 与 CSR 两者之间的系数相反，表明政治关联削弱了社会责任信息披露与债务融资成本之间的关系，因而假设 10.2 得以验证。

表 10 – 15　稳健性检验（3）——制度环境对政治关联调节效应的影响

变量	COST	
	(1) 制度环境较好组	(2) 制度环境较差组
CSR	– 0. 007	– 0. 026 **
	(– 0. 72)	(– 2. 49)
PG	– 0. 380	– 0. 895 **
	(– 1. 06)	(– 2. 38)
$CSR \times PG$	0. 004	0. 025 **
	(0. 35)	(2. 04)
CF	4. 390 **	2. 362
	(2. 42)	(1. 33)
LEV	– 2. 182 ***	0. 930
	(– 3. 00)	(1. 14)
TA	– 0. 738 ***	– 1. 172 ***
	(– 5. 18)	(– 7. 62)
ROA	1. 504	4. 185

变量	COST	
	（1）制度环境较好组	（2）制度环境较差组
	(0.50)	(1.27)
TAG	0.178	0.137
	(0.52)	(0.38)
FA	-2.256**	-1.071
	(-2.41)	(-1.17)
BLOCK	-1.612**	-0.792
	(-2.10)	(-0.98)
Constant	24.653***	32.778***
	(8.29)	(10.32)
IND	控制	控制
YR	控制	控制
N	1887	1695
Adjusted-R^2	0.145	0.176
F Value	8.578	9.594

注：*、**和***表示分别在10%、5%和1%的水平下显著。

表10-15是对模型（10.2）的分组检验结果，结果显示在制度环境较好的分组中交乘项 $CSR \times PG$ 不显著，而在制度环境较差的分组中交乘项 $CSR \times PG$ 在5%的水平下显著为正，说明政治关联对信息披露与债务融资成本之间的削弱作用主要发生在制度环境较差的地区，因而假设10.3得以验证。本节的稳健性检验结果显示，除部分控制变量以外，主要变量的回归结果均与前文相同。

综上所述，我们通过替换债务融资成本变量、社会责任信息披露变量以及使用当期数据检验模型的方法进行了稳健性检验，除部分控制变量的结果有出入外，其余主要研究变量的回归结果均与本章的主题研究相同，因此可以认为本章的研究结果具有相当的稳健性。

10.5 本章小结

社会责任信息披露作为企业与利益相关者互动关系的反映，不仅向外界传递了更多企业的内部消息，同时也向外界传递了企业声誉形象，影响着外界对企业的印象，因而对债权人决策具有重要的参考价值。政治关联能够发挥直接资源效应及间接担保效应，影响了债权人在签订债务契约时对社会责任信息披露的依赖程度，从而影响社会责任信息披露与债务融资成本之间的关系。

本章以我国沪深 A 股上市的民营公司 2014～2017 年的数据为样本，实证检验了社会责任信息披露与债务融资成本之间的关系，并且从政治关联的角度出发，验证了政治关联在这两者关系之间起到的调节作用，最后进一步验证了制度环境对政治关联调节作用的影响。研究发现，首先，社会责任信息披露与债务融资成本之间呈负相关关系，即披露的社会责任履行程度越高，企业的债务融资成本就越低。因此，对于我国的民营企业而言，应当建立和完善自身的社会责任信息披露制度，从而促进债务融资成本的降低，这一结论对民营企业具有深刻的现实意义。其次，企业政治关联会增强社会责任信息披露与债务融资成本之间的负相关关系，即企业政治关联可能会影响债权人在进行债务决策时对社会责任信息披露的依赖程度，从而出现社会责任信息披露和债务融资成本之间的关系被削弱的结果。相比于具有政治关联的企业，无政治关联的企业社会责任信息披露对其债务融资成本的意义更为重要。该结果反映出政治关联对社会责任信息披露作用的损害，影响了社会责任信息披露发挥作用的效果。最后，企业政治关联对社会责任信息披露与债务融资成本之间的调节作用受到地区制度环境的影响。在制度环境差的地区，企业政治关联对社会责任信息披露与债务融资成本之间关系的削弱作用更为显著。

11 企业显性政治资本与制度环境效应

11.1 研究基础

近年来，随着我国经济体制改革的持续推进，民营企业得到了长足的发展，民营经济体已在我国经济增长、解决就业与提供税收等各方面发挥了巨大的作用。但是，民营企业相较于传统的国有企业而言，在很多方面仍会面临较大的约束。就公司的发展空间而言，其业务主要集中于家电、纺织、家居用品等竞争较为激烈的制造业及低附加值行业，而电力、燃气、水利、金融服务、石油等领域却几乎是由大型国有企业或政府指定部门经营，民营企业难以涉足其中（李亚、郝臣，2015；杨兰品等，2015）。尽管国家在2005 年便出台了《国务院关于鼓励支持和引导个体私营等非公有制经济发展的若干意见》，旨在放宽非公有制经济的市场准入条件，并于 2010 年颁布《国务院关于鼓励和引导民间投资健康发展的若干意见》，意在鼓励民间资本进入法律法规未明确禁止准入的行业和领域。然而以上政策在实施的过程中一直问题不断，民营企业在进入传统上由政府和国企主导的领域仍是困难重重。由于我国固有的经济体制特征，企业发展所需的很多资源仍牢牢地掌握在各级政府部门手中（于蔚等，2012；袁建国等，2015），民营企业要想涉足相关行业以获得超额利润，就必须通过政府对壁垒行业的严格审批。因而与政府有关部门搞好关系就成了很多民营企业的"必修课"，其中包括企业家对个人政治身份的追求。这种政治资本上的经营策略对民营企业来说，是在当前经济转轨时期，法制环境有待完善背景下一种可行的替代性机制（连军等，2011；赵峰、高明华，2012）。民营企业家借助这种身份可以在一定程度上介入各级政府部门的工作，通过参政议政或与官员之间的交情，来保护自身的合法产权免受侵害，同时使其在与政府部门

"打交道"的过程中免受所有制带来的歧视，从而有利于企业通过政府有关部门的严格审批进入高壁垒行业。胡旭阳（2010）对四川新希望集团的研究也从某种程度上印证了这一点，其实际控制人刘永好在担任全国政协常委期间，该集团得以在短短的数年间涉足金融、化工等国家重点领域实现行业扩张。可见民营企业家政治上的积极参与有利于公司获得实际的便利与好处。

民营企业拥有的政治关联是目前公司金融研究领域学者们关注的热点。从本质上来看，企业的政治关联与政治腐败、商业贿赂等概念并不能同等看待，它实际上是企业主动与政府管理部门建立的一种良性互动，也是企业与政府之间形成的一种在制度环境有待完善的情况下正式（非正式）的特殊关联（Goldman et al.，2009）。Faccio（2010）在其发表的经典论文中指出，由于各国（地区）的政治、经济、法制环境不同，企业建立政治关联的途径也各有差异，但一致的是政治关联在世界各国的制度中都存在某种程度的合法性。例如在美德等西方民主政治体制下，商业财团倾向于通过向国会捐献政治资金的方式来游说议员，从而使政府制定出对其有利的政策（Faccio，2006；Acemoglu et al.，2016；Ferguson and Voth，2008）。而在很多转型经济国家，企业实施政治关联的渠道主要是通过企业家自身与政府官员建立私人关系来实现其策略（Charumilind et al.，2006；Fung et al.，2015；Jackowicz et al.，2014）。中国学者们关注较多的是公司董事长、总经理及其他高管的政治身份与头衔，比如担任人大代表、党代表或政协委员等，从而参与国家相关政策的制定（黄珺、朱辉，2014；李浩波，2015；李思飞、刘欢，2014；李姝、谢晓嫣，2014；鲁桂华、肖永慧，2015；邹颖、杨晓玮，2014；Chen et al.，2014；Song et al.，2015；Wu et al.，2013；Luo and Ying，2014）。徐业坤等（2013）指出民营企业通过企业家参政的方式建立与政府的关联，是在产权保护制度不健全、法律环境不完善的情况下，形成的一种替代性保护机制；肖浩和夏新平（2010）同样认为，在当前地方经济制度不健全的环境下，民营企业通过政治参与便能与地方政府建立联系。李四海和陈祺（2013）通过研究发现，在经济发展相对落后的地区，由于产权保护水平低下、政府干预力度较大，民营企业家有更强烈的参政意愿。另外，已有部分研究表明建立了政治关联的民营企业更易于从政府手中获取所需资源以及更便利的服务。比如潘越等（2009）发现，民营企业和地方政府建立政治关联后更容易获得财政补贴；胡旭阳和史晋川（2008）指出，与政府有关部门联系密切的民营上市公司更容易进行多元化投资；郑建明等（2014）也发现民营企业家通过政治参与能够从政府手中得到受管制行业的"准入证"，从而占据垄断行业的市场份额；而罗党论和魏翥（2012）甚至发现，民营企业家的政治身份有助于减轻公司的税收负担；谢家智等（2014）则从民营企业融资难的角度出发，研究发现民营企业家的政治身份能在一定程度上给予银行等金融机构一种信号暗示，并缓解信息不对称问题，从而有助于民营企业获得金融资源。从以上的文献总结中我们可以看出，关于政治关联的现有研究大都集中于企业家（或其高管等）的政治参与或者与政府官员的私人联系上，即个人层面的政治关联。

实际上，还有一种重要的政治关联途径被许多学者忽略。在我国的民营企业中普遍存在一种现象，即在所有权结构安排中刻意引入国有股权；甚至有些民营企业在买壳上市时有意保留部分国有股权（宋增基等，2014；陈建林，2015b；张祥建等，2015）。所谓国有股（国有股权），包括国家股和国家法人股两种形式，国家股是指有权代表国家的部门或机构以国有资产的形式向实体公司进行投资所形成的股权，国家法人股则是指具有法人资格的国有企业、事业单位或其他单位以其合法资产向独立于其自身的股份公司进行投资所取得的股份。国有股通常是由国家最高行政机关授权的部门或机构持有（代持），或者授权由地方行政机关进行分配，国有股控股的公司带有非常明显的政府色彩。因而若民营企业含有部分国有股权，则在无形中与政府建立了一种紧密的联系。在我国向市场经济体制转型的进程中，政府仍是市场的重要参与者，它不仅通过直接控股企业参与市场经营，同时也是市场的监督者与管理者，对于关乎国计民生的重要行业以及稀缺资源设立层层"门槛"与准入限制，同样带有国家背景的企业获得了市场更多的优惠与便利（傅强、朱浩，2013；王珍义等，2014）。因而若民营企业保留或引入部分国有股权，即给自身增添了某些政府色彩，这将在一定程度上帮助企业在获取资源等方面占据某种程度的优势，因此在民营企业中含有非控股国有股权可视为政治关联的重要途径，它带来的诸多好处也值得做进一步研究。

一般而言，由于任何企业的运营都依赖其所处的外部环境条件，因而制度环境的好坏将直接影响企业的生存发展以及战略选择。特别是对于当今我国这种转型经济体而言，在法制观念淡薄、私有产权保护缺位，同时政府干预力度较大、金融发展水平较低的背景下，非公有制企业的生存与发展会受到其所处的制度环境方面较大的威胁。有研究指出，现阶段政府对市场的干预较为普遍（陈信元、黄俊，2007；张志平等，2013），而国家司法体系又对民营企业的合法产权缺乏制度上的有力保障（周林洁、邱汛，2013；王永进、盛丹，2012），由此导致非公有制企业的运营存在较大的隐患。所以，面对当前不甚完善的制度环境，企业家会迫切地寻求一些替代性机制来规避上述风险，即通过建立政治关联的方式得到政府的支持，从而得到进入政府管制性行业的机会。

与现有文献将公司政治关联局限为企业家个人的政治身份不同，本章将民营企业中含有一定比例的国有股权视为一种重要的政治关联方式，并研究在不同法制环境水平下，国有股权对其进入高壁垒行业的影响，以及比较民营企业家参政和拥有国有股权这两种政治资本对于帮助民营企业进入受政府管制行业的效果。本研究拓展了非公有制企业政治关联研究的范畴，研究结论可为政府部门进行顶层设计和制定非公有制企业发展政策提供可参考的理论支持与经验证据。

11.2　理论分析与研究假设

11.2.1　经济理论中的进入壁垒

根据西方古典经济理论，亚当·斯密认为在完全竞争市场中，通常是依靠"无形之手"引导资源配置以及商品和劳务分配，并使整个经济体系达到一般均衡。然而由于信息不对称以及垄断的存在，市场功能发挥受限，市场机制失灵。而在完全垄断市场，垄断厂商彻底排除了其他市场竞争者，并凭借垄断优势自行定价，剥夺消费者剩余。这种行业垄断的存在不但让市场失去了资源配置的功能，也阻碍了生产技术的进步。因此，产业组理论随之应运而生，其旨在研究市场处于不完全竞争条件下的企业行为与市场构造，然后就产生了对"市场壁垒"这一概念的研究。它被广泛地看作"阻碍新企业进入该市场要面对的所有不利因素"，然而对于其定义，学者们各持己见。Bain（1956）最先提出"进入壁垒"的概念，它指的是行业内已有的企业相较于潜在进入者所拥有的各种优势，也就是潜在进入者想与在位者抗衡时要面对的所有不利因素。这些因素足以保证在位者排除潜在进入者的威胁，从而确保自身价格始终凌驾于一般竞争水平之上。在位者具有的这些竞争优势也就构成了潜在进入者的进入壁垒，具体的表现为：规模经济、产品差异、绝对的成本优势。Stigler（1971）则认为，这种进入壁垒本身实际上就构成了潜在进入者的生产成本，它是一种在位企业无须负担，而潜在进入者必须负担的成本，Bain（1956）指出所有不利因素在本质上并不是产生进入壁垒的根本原因，实际上政府部门的频繁管制导致了企业进入的成本过高。在此基础上，Broadman（2000）根据进入壁垒的产生原因对其进行了类别划分，即市场性壁垒、策略性壁垒和管制性壁垒三种类型。在我国，前两种进入壁垒主要体现在竞争较为充分的行业，比如纺织、家电业等，而管制性壁垒则与关乎国计民生或社会稳定的重要行业有关，比如铁路运输、航空等领域，会受到来自国家强势部门的管控（龚军姣、王俊豪，2011）。

对于更富有创新与活力的民营企业来说，突破策略性壁垒及市场性壁垒的阻碍显得相对容易，随着我国市场经济体制的日趋成熟，民营企业的实力也在市场竞争中不断发展壮大。但受到过去计划经济体制惯性"思维"的长期影响，加上民营企业自身的规模较小，这种对民企带有偏见的遗留心态依旧广泛存在，使得政府支持长期缺位与政策落实不力，民营企业要想突破管制性壁垒仍会面临较大的困难。

11.2.2 国有股权作为政治资本对民营企业突破壁垒的作用

我国实行过很长一段时间的计划经济体制，任何企业的生产、各种资源的分配以及产品的消费皆依据各级政府的指令性计划进行。因而在我国逐步建立并完善市场经济体制的过程中，受制于过去计划经济体制惯性

"思维"的影响，政府对自身职能的认识尚未完全转变，对相关政策的执行仍缺乏力度，也就表现为政府对市场的行政干预还是比较普遍（杨继生、阳建辉，2015；靳来群等，2015）。从行业壁垒的角度来看，国家对所有企业的投资项目都要进行审核与监管，而对于石化、金融等行业国家更是设置了很高的"门槛"，通过专门的审核机构进行严格管控（谢琳等，2012；岳希明、蔡萌，2015）。因为这种高壁垒行业设立的准入限制，行业内的企业不需要通过自由竞争便能获得超额利润，由此带来严重的资源浪费与效率低下，阻碍技术进步。

从 2015 年《财富》（中文版）杂志公布的中国企业 500 强名单中可以看出，排名前十的企业均来自国家各大高壁垒行业，中国石化集团公司凭借 2.8 万亿元的年营业收入高居榜首，而中国工商银行则以 2758 亿元的年利润成为榜上最赚钱的公司，其利润已经超过了苹果公司。从企业的数量上来看，2015 年中国 500 强上榜企业中有 207 家民营控股公司、293 家国有控股公司，占比分别为 41.4% 和 58.6%。民营控股公司的上榜数量虽在逐年递增，但国有控股公司的上榜数量仍保持近 60%，由此不难看出，国有企业的实力规模仍有明显的优势。因此，民营企业面临高壁垒行业准入限制的情况依然比较严重，罗进辉（2013）认为，这种情况在某种程度上实际是一种"国进民退"现象。与市场经济较为成熟的国家相比，我国这种较高壁垒的行业准入限制从本质上来说，主要是源于行政和制度这两方面原因（杜兴强等，2011；叶林、曾国安，2013）。所以，在当前我国制度环境不甚完善的背景下，民营企业要想打破这种垄断，除了增强自身的实力外，还需从源头上扫除障碍。在中国"官本位"文化根深蒂固的背景下，企业通常是与各级政府部门建立和谐的关系，依靠政治关联这一途径来获得进入这些行业的"许可证"。

而民营企业若含有一定比例的国有股权即等于与政府构建了较为紧密的关系。由于国有股权缺乏实际的利益代表人，政府通过委派某个部门或者官员作为国有股权的代理人参与企业经营，代理人即作为企业与政府之间的"桥梁"，使企业与政府建立了密切联系并带有浓厚的政府背景。这种政治关联方式所带来的好处首先是在声誉上对外释放出一种强烈的信号，即企业的实力及资质得到了政府部门的高度认可；其次是国有股权在制度上带来的保证，即当企业出现经营不善而面临危机时，政府会施以援手。因此，民营企业含有一定比例的国有股权能在国家的制度层面上为公司形成一种担保机制，这种与政府部门的天然联系在帮助企业进入高壁垒行业时应当可以发挥积极的作用。在此，我们提出假设11.1。

假设11.1：相对于未含有国有股权的民营控股公司，含有一定比例国有股权的公司更有可能进入高壁垒行业。

11.2.3　民营企业中不同政治关联方式的作用机理

研究公司政治关联的学者们普遍认为民营企业家积极参政有利于公司获得各种信息与资源（林润辉等，2015；何镜清等，2013）。从理论上来说，如果有一定比例的国有股权存在于民营企业中，国有股权作为企业与政府之间连接的"桥梁"，那么国有股权的代理人（代表国有股权的董事）应可以起到企业与政府的信息交流作用。从本质上来说，这种政治关联作用较为直接并且是建立在现有公司制度层面的。国有股权和其他所有制性质的股权都应按照《公司法》写入公司章程，这种建立在《公司法》层面上所形成的政治关联机制应该会比民营企业家的个人政治身份更能被国家体制认同。

根据以上分析可以认为，一定比例的国有股权存在于民营企业中，能够行使较为稳定的制度性政治关联作用，对于公司获取经济资源而言，其效果应超越企业家个人层面上的政治参与。因此，在未含有国有股权的民营企业中，企业家的政治参与对公司进入管制性行业能够发挥某种程度的积极作用；然而，当企业中含有国有股权时，其发挥的政治关联效果应该会超过企业家的政治参与对公司进入管制性行业的影响。在此，我们提出假设11.2。

假设11.2：如果民营控股公司中含有一定比例的国有股权，则民营企业家参政对公司进入高壁垒行业的解释程度会相应减弱。

11.2.4　民营企业中的国有股权与法制环境

从本质上来说，政治关联通常是企业在面对各种制度环境时的一种替代性机制（赵峰、马光明，2011；王俊秋、倪春晖，2012；王俊秋，2013）。

实际上，公司政治关联能否发挥关键作用取决于其所处的制度环境因素。当企业所处的环境不利于产权保护时，企业的政治资源不但可以维护自身的合法权益不被损害，还可以让企业免受政府部门的不公正待遇；当企业处于税负较重的地区时，其与地方政府的紧密关系可以在一定程度上消除这种负面效应（Su and Fung，2013；罗党论、杨玉萍，2013）。与发达的市场经济国家相比，中国对非公有制企业的合法产权缺乏有效的保护，具体的表现为，地方政府可以随意地干预企业的正常经营；在国家正式的政策法规中，对非公有制经济的制度保障也存在一定的缺陷（Xu，2011；Zhu，2012）。

我国幅员辽阔，在不同的地区由于经济发展水平参差不齐，文化背景以及资源禀赋等方面也存在较大的差别，由此各地区对民营企业的保护程度也有显著的不同。王伟和彭鹏（2014）认为，在法制意识较强的地区，民营企业往往会从市场经济的基本原则出发，即通过公平竞争的方式来获得发展所需的各种资源；与之相对应的是，在法制意识淡漠的地区，民营企业普遍依赖政治关系来获得资源。一个地区法制化水平的高低会显著影响当地民营企业与各级政府建立政治关联的意愿。一定比例的国有股权存在于民营企业中，所带来的好处是在声誉上对外释放出一种强烈的信号，即企业的实力及资质得到了政府部门的高度认可，进而能够获得政府扶持，它作为一种具有保护作用的替代性机制，可让企业避免遭受因当地法制缺陷而带来的负面影响。在此，我们提出假设 11.3。

假设 11.3：在法制化水平较低地区，国有股权对民营控股公司进入高壁垒行业的影响更为显著。

11.3 数据来源和研究设计

11.3.1 公司政治关联与行业壁垒的数量刻画

国内外已有研究对于公司政治关联的度量大都集中在企业家个人的政治参与上，包括公司董事会成员、高级管理人员任职国会议员或担任政党重要职位（Faccio et al.，2006；Boubakri et al.，2008）；或是将公司实际控制人、主要投资人在国家经济部门的工作背景视为一种重要的政治关联方式（Li et al.，2012；Ma et al.，2013）；或是将民营企业家当选不同级别的人大代表、党代表以及政协委员等看作公司构建政治关联的重要渠道（Su et al.，2014；Bao et al.，2016）；抑或将企业家的共产党员身份当作公司的一种政治资本（Du and Girma，2010；Li and Zhou，2015）。

除了对民营企业家个人层面的政治参与进行刻画外，本章主要考察了国有股权这种重要的政治关联机制，选用民营企业中含有的非控股国有股权比例（*SER*）来进行度量，该比例越高，那么企业拥有的政治关联也越强。关于民营企业家参政（*PC*），我们沿用现有的主要定义方法，将其限定为公司董事长或总经理当选地市级别及以上人大代表、党代表或政协委员。

关于行业壁垒，已有的研究大多会使用价格扭曲率和超额利润率以衡量公司是否进入壁垒行业，而且公司进入壁垒行业难度的高低通常取决于公司规模以及公司数量。然而，当前学术界关于行政壁垒的具体刻画方式仍存在争议，因而学者们从当前转轨经济体制下，大型国有企业在市场经济环境中发挥重要作用的客观事实出发，通过国有企业的数量来衡量行政壁垒行业的多少，并利用其利润率来刻画壁垒的高低。刘小玄（2003）将国有经济所占比重作为衡量行政壁垒的指标，并进行了关于行业壁垒的研究；丁启军和伊淑彪（2008）选取各行业的集中度、国有化占比以及利润率这三个关键性变量进行了替换检验，实证分析了我国现有的行政壁垒行业。陈斌等（2008）基于万德（Wind）数据库中关于上市公司行业的划分，通过德尔菲指数法进行行业壁垒指数赋值。本章参考了陈斌等（2008）对进入壁垒刻画的方法，用于进行民营企业中国有股权与行业壁垒的关系检验。

11.3.2 样本选择和数据来源

我们使用的研究样本均为在沪深两市上市的 A 股民营控股公司，研究期限为 2009~2014 年。为保证研究结果的可靠性，样本只保留了公司 IPO 之前就为民营控股性质的公司。此外，我们还按照以下步骤对样本数据进行筛除：①金融、保险和证券行业的公司；②被 ST、PT 等特殊处理的公司；③财务数据不完整的公司；④终极控制权不详的公司。最终的样本数量为 253 个公司，观测值共 744 个。我们根据公司官网、年报等途径手工整理了企业家个人政治身份方面的信息，上市公司的财务数据来自国泰安（CSMAR）数据库，其缺失的数据以万德（Wind）数据库进行补充。

11.3.3 变量定义与模型构建

本章的被解释变量设定为民营企业是否进入高壁垒行业（BAR）及公司在高壁垒行业的业务比例（BAO）。民营企业中含有的非控股国有股权比例（SER）为重要的解释变量，并控制了下列企业特征变量。

①民营企业家参政（PC），用来与非控股国有股权比例（SER）进行比较研究；②企业的主营业务收入是否为当地支柱产业［支柱性产业（PL）］，一般来说，如果企业的主营业务是当地支柱性产业，那么地方政府出于企业对当地税收贡献、就业岗位提供的考虑，会在政策扶持或者优惠给予上有所倾斜，这有助于该企业跨过行业壁垒的门槛；③公司规模（TA），金融机构或者政府部门会将公司规模当作其抵御风险的能力（李莉等，2013），一般来说企业的规模越大，其抗风险能力越强；④多元化水平（HI），已有研究指出企业的多元化水平对其进入高壁垒行业具有一定的正向影响（李孔岳等，2012），通常情况下，民营企业的多元化水平越高，越有可能涉及高壁垒行业；⑤公司十大股东中，国有股东排名（RANK）指标能够真实地反映出国有股权在民营企业中话语权的大小。此外，参照现有文献，我们还在模型中控制了样本公司的总资产报酬率（ROA）、财务杠杆（LEV）、上市时间（LT）变量等一系列相关指标。研究的变量及定义列于表 11-1。

表 11-1　研究的变量及定义

变量	简写	定义
被解释变量		
是否进入高壁垒行业	BAR	公司进入高壁垒行业的概率
高壁垒行业的业务比例	BAO	高壁垒行业的经营收入÷公司总收入
国有股权变量		
非控股国有股权比例	SER	国有股东总股本÷公司总股本
董事会中非控股国有董事占比	SEBR	国有股东董事人数÷公司董事会总人数

续表

变量	简写	定义
企业家个人政治资本变量		
民营企业家参政	PC	虚拟变量，如果公司董事长或总经理是地市级别及以上人大代表、党代表或政协委员时为1，否则为0
公司特征变量		
支柱性产业	PL	虚拟变量，公司如果是当地支柱产业为1，否则为0
公司规模	TA	公司总资产的对数值
多元化水平	HI	Herfindahl指数，其中 $0 < HI \leq 1$，该指数越小，说明公司经营的多元化水平越高
国有股东排名	RANK	在公司十大股东中，国有股排名第二位则赋值为5，相应依次赋值为4、3、2，第六位及以后统一赋值为1，如果不含有国有股则为0
财务杠杆	LEV	公司当年总负债÷公司总资产
上市时间	LT	公司上市的年限
总资产报酬率	ROA	公司当年利润总额÷公司总资产
年度	YR	当公司处于该年份时为1，否则为0
行业	IND	当公司处于该行业时为1，否则为0

我们建立了如下模型用来检验本章提出的假设：

$$BAR \text{ or } BAO = \beta_0 + \beta_1 SER + \beta_2 PC + \beta_3 PL + \beta_4 TA + \beta_5 HI + \beta_6 RANK +$$

$$\beta_7 LEV + \beta_8 LT + \beta_9 ROA + \beta_{10} SER \times PC + \beta_{11} YR + \beta_{12} IND \qquad (11.1)$$

在上述模型中，由于被解释变量 BAR 的取值范围在 0~1，因此在回归时使用 logistic 模型，用来检验民营企业进入高壁垒行业的可能性；对于被解释变量 BAO 我们选取通用的线性模型，用来检验国有股权对民营企业进入高壁垒行业的影响程度。模型中的交互项 SER×PC 用来检验两种政治关联机制的相互作用。

11.4　实证检验和分析

11.4.1　样本的统计性描述及相关性检验

在进行回归分析之前，先对主要变量的均值、方差等指标做一个统计分析，以便对民营企业中含有的非控股国有股权比例等一系列变量有个总体把握，表 11 - 2 是对相关变量的描述性统计。

表 11 - 2　相关变量的描述性统计

变量	样本数	均值	最小值	最大值	方差
BAR	744	0.157	0.000	1.000	0.184
BAO	744	0.086	0.000	0.209	0.092
SER	744	0.074	0.000	0.258	0.013
PC	744	0.607	0.000	1.000	0.815
PL	744	0.381	0.000	1.000	0.209
TA	744	21.356	13.987	24.345	0.973
HI	744	0.837	0.286	1.000	0.251
RANK	744	2.594	0	5	2.437
LEV	744	0.476	0.112	1.459	0.358
LT	744	4.415	1	9	2.783
ROA	744	0.068	- 0.349	0.471	0.162

从表 11 - 2 的结果可以看出，BAR 的均值为 0.157，即样本中只有不到 1/6 的公司进入了高壁垒行业，说明民营企业在进入高壁垒行业时仍面临较强的准入限制。不过与以往的研究相比，该样本中还是有部分公司涉足了地产、汽车等较高壁垒的行业，说明国家相关的行业管制性政策也在逐渐放松。BAO 的均值为 0.086，说明民营企业虽能涉足部分国家的高壁垒行业，但其进入程度仍比较低，来自高壁垒行业的业务收入也会受到较大制约。SER 的均值为 0.074，数值虽然不高，但也能够表明民营企业通过引入国有股权与各级政府间形成了一种制度上的联系，同时可以看出政府参与市场经济的方式也更加灵活多样。而 PC 的均值为 0.607，其原因可能在于，近年来民营企业在国民经济中的地位得到了明显的提高。HI 的均值为 0.837，说明民营企业的业务结构还比较单一，基本上集中在主营业务范围之内。

表 11 - 3 是对各研究变量的相关性检验结果。

表 11 - 3　主要变量的相关性检验

变量	BAR	BAO	SER	PC	PL	TA	HI	RANK	LEV	LT	ROA
BAR	1										
BAO	0.144***	1									
SER	0.052**	0.088***	1								
PC	0.168*	0.074*	0.282	1							
PL	0.149**	0.060*	0.115*	0.021	1						
TA	0.054*	0.082*	0.013	0.096	-0.079*	1					
HI	-0.043*	-0.123**	-0.168*	0.102	0.018	0.032	1				
RANK	0.218	0.156	0.014	0.135	0.039	0.184	0.092	1			
LEV	0.015	0.094	0.138	0.048	-0.076	-0.155	-0.021	0.065	1		
LT	0.048	0.071*	0.087	0.019	0.142*	0.064	0.058*	0.049	-0.159*	1	
ROA	0.125*	0.016	0.082	0.223	-0.116	0.049	0.032	0.208	0.023*	0.044	1

注：*、**、***分别表示在10%、5%和1%的水平下显著。

由表 11 - 3 可看出，BAR、BAO 与 SER 的正相关关系均通过了显著性检验，这与前文的理论假设基本一致。另外，PC 与 BAR 和 BAO 也都在 10% 的水平下呈显著正相关关系，说明企业家如果拥有个人层面上的政治资本，公司则更有机会进入高壁垒行业。在其他方面，TA 与 BAR 和 BAO 均在 10% 的水平下呈显著的正相关关系，其原因如前文所述，公司拥有较大的规模通常意味着具备较强抵御风险的能力，同时也更有实力涉足这些垄断行业。HI 与 BAR 和 BAO 的相关系数至少在 10% 的水平下显著为负，说明企业经营的多元化水平与本章设定的行业壁垒变量间也具有一定的正相关关系。另外也可以看出，各自变量之间不存在明显的共线性问题。

11.4.2　模型的回归检验分析

从变量的相关性检验来看，公司的非控股国有股权比例（SER）和民营企业家参政（PC）都分别与被解释变量（BAR 和 BAO）存在一定程度上的正相关关系，如果将两者综合起来考虑，并加入公司特征变量，多元回归分析结果会带来更多的经济学解释。表 11 - 4 报告了这两种政治关联机制对民营企业进入高壁垒行业的影响。

表 11 – 4 两种政治关联机制对进入高壁垒行业的影响

变量	BAR						BAO	
	(1)	(2)	(3)	(4)	(5)	(6)	(7)	(8)
CNST	0.146**	0.171**	0.048*	0.078**	0.235**	0.164*	0.122**	0.037*
	(1.753)	(2.084)	(1.476)	(1.843)	(2.084)	(1.457)	(1.963)	(1.548)
SER	0.094***		0.077***	0.041**	0.118***		0.073***	0.156**
	(2.436)		(2.481)	(1.953)	(2.405)		(2.375)	(1.744)
PC		0.129**	0.064	0.032		0.089**	0.133	0.042
		(1.796)	(0.825)	(0.718)		(2.153)	(1.129)	(1.107)
PL				0.159***				0.134**
				(2.624)				(1.951)
TA				0.087**				0.083*
				(1.903)				(1.345)
HI				– 0.156**				– 0.178**
				(– 1.757)				(– 1.941)
RANK				0.042				0.048
				(0.803)				(0.858)
LEV				0.113				0.027
				(0.764)				(1.136)
LT				0.065				0.066
				(0.515)				(0.954)
ROA				0.082*				0.175*
				(1.465)				(1.618)
SER × PC			– 0.141***	– 0.072**			– 0.168***	– 0.056***
			(– 2.628)	(– 1.734)			(– 2.481)	(– 2.364)
YR	控制	控制	控制	控制	控制	控制	控制	控制
IND	控制	控制	控制	控制	控制	控制	控制	控制
Observations	744	744	744	744	744	744	744	744
LR chi^2	105.59***	114.32***	107.18***	110.97***				
Nagelkerke-R^2	0.184	0.177	0.191	0.209				
Adjusted-R^2					0.173	0.178	0.181	0.202
F Value					10.821***	10.564***	9.776***	10.345***

注: * 、 ** 、 *** 分别表示在 10% 、 5% 和 1% 的水平下显著。

表 11 – 4 中列（1）为仅对 SER 的回归分析，结果显示其系数在 1% 的水平下显著为正，说明一定比例的国有股权能够有效提升民营企业进入高

壁垒行业的可能性，即证实了本章的假设 11.1。列（2）显示 PC 的系数在 5% 的水平下显著为正，表明企业家拥有的个人政治身份也有助于提高公司进入高壁垒行业的可能性，该结果与汪伟和史晋川（2005）的研究结论基本一致。列（3）在加入交互项 $SER \times PC$ 之后，SER 的系数依然在 1% 的水平下显著为正，PC 的系数变得不再显著，而 $SER \times PC$ 的系数在 1% 的水平上显著为负。说明当民营企业含有一定比例的国有股权时，政府有关部门在项目审批的过程中对企业家是否拥有政治身份的重视程度会明显降低。在回归中引入了公司特征变量之后，列（4）中 SER 的系数在 5% 的水平下显著为正，而 PC 的系数依然不显著，且交互项 $SER \times PC$ 的系数在 5% 的水平下显著为负，说明国有股权的政治关联作用强于企业家的个人政治身份。因此，民营控股公司通过引入一定比例的国有股权便能与政府有关部门建立一种高层次的制度性联系，从而让民营控股公司带有"官督商办"的背景。综上所述，如果民营控股公司中含有一定比例的国有股权，则企业家政治身份对公司进入高壁垒行业的解释程度会相应减弱，即假设 11.2 成立。

在公司特征变量中，TA 对公司涉足壁垒较高的行业也存在一定的积极影响。而 HI 的系数在回归中显著为负，说明 HI 对 BAR 具有一定程度的正相关关系，因为公司的多元化战略普遍倾向于涉足这些垄断性行业从而赚取其中的超额利润。PL 的系数在回归中显著为正，其原因可能正如前文所述，政府对当地支柱性产业的突出贡献给予了相应的回报激励，因而若民营企业的主营业务收入为地方支柱产业则更有可能获得政府对其进入高壁垒行业的审批。此外，$RANK$ 的系数未能通过显著性检验，其原因可能与国有股权在公司中承担的任务有关，即民营控股公司引入或保留国有股权的首要目的并非是得到该部分的资金支持，而是为了获得在声誉上的担保，从而依靠这种身份获取相关利益。由于民营企业的主营业务多集中于完全竞争的产业，很少能进入国家的各大高壁垒行业中（罗党论、刘晓龙，2009），为了突破壁垒进入垄断性行业进而赚取超额利润，民营企业更有动机去寻求突破方式，国有股权所起的政治关联作用便凸显出来。在第（7）~（8）列中，我们对被解释变量 BAR 进行替换重新检验，用变量 BAO 所做的检验结果依然支持了本章的假设。

根据王小鲁等（2013）编制的《中国分省企业经营环境指数 2013 年报

告》，本章将各地的法制环境指数在全国平均水平以上（包括等于）的省区视为法制环境较好的地区，在全国平均水平以下的省区视为法制环境较差的地区，然后分为法制环境较好或较差两组子样本分别进行回归检验。表 11-5 给出了在不同的法制环境下，国有股权变量（SER）、企业家个人政治资本变量（PC）与被解释变量（BAR 和 BAO）的回归结果。

表 11-5　不同法制环境下的分组检验

变量	法制环境较好的地区		法制环境较差的地区	
	BAR	BAO	BAR	BAO
	（1）	（2）	（3）	（4）
$CNST$	0.113 *	0.149 *	0.079 **	0.180 **
	(1.392)	(1.526)	(2.457)	(2.024)
SER	0.151	0.087 *	0.055 ***	0.062 **
	(0.764)	(1.305)	(2.446)	(1.778)
PC	0.036	0.102	0.047	0.056
	(0.915)	(1.168)	(0.692)	(1.037)
PL	0.109 ***	0.154 **	0.082 **	0.035 *
	(2.637)	(1.891)	(1.386)	(1.639)
TA	0.091 **	0.076 **	0.157 **	0.151 *
	(1.923)	(1.820)	(1.996)	(1.364)
HI	- 0.034 **	- 0.088 *	- 0.125 **	- 0.023 **
	(- 1.653)	(- 1.491)	(- 1.804)	(- 1.764)
$RANK$	0.177	0.065	0.039	0.122
	(0.840)	(1.154)	(0.913)	(0.858)
LEV	0.029	0.136	0.151	0.084
	(0.756)	(1.087)	(0.706)	(1.176)
LT	0.145	0.098	0.084	0.156
	(0.881)	(0.724)	(0.793)	(1.043)
ROA	0.063 **	0.122 **	0.095	0.077
	(1.937)	(2.356)	(0.832)	(0.925)
YR	控制	控制	控制	控制
IND	控制	控制	控制	控制
Observations	465	465	279	279
LR chi^2	108.29 ***		113.26 ***	

变量	法制环境较好的地区		法制环境较差的地区	
	BAR	*BAO*	*BAR*	*BAO*
	（1）	（2）	（3）	（4）
Nagelkerke-R^2	0.205		0.201	
Adjusted-R^2		0.193		0.196
F Value		11.324 ***		11.585 ***

注：*、**、*** 分别表示在 10%、5% 和 1% 的水平下显著。

从表 11 - 5 中列（1）和列（2）的结果可以看出，*SER* 和 *PC* 的系数大部分并未通过显著性检验。在公司特征变量方面，*PL*、*TA*、*HI* 以及 *ROA* 均显著地影响公司进入壁垒行业的概率与高壁垒行业的业务比例。该结果表明，在法制环境较好的地区，民营企业获取经济资源的途径更多地基于经济原则而非政治关系。实际上，这些指标也是政府有关部门考察企业实力的关键性因素。并且，国有股权存在于民营控股公司中，能够从侧面反映出该公司的实力较为雄厚，进而传递了它引起政府有关部门重视并得到支持的信号，这也在无形中为公司提供了一种隐性的政府担保。

在列（3）和列（4）中，*SER* 的系数至少在 5% 的水平下显著，*PC* 的系数均未通过显著性检验，说明在法制环境较差的地区，民营控股公司含有一定比例的国有股权便能有效地提升公司进入壁垒行业的概率与高壁垒行业的业务比例，即假设 11.3 成立。由于我国对非公有制财产的保护制度有待完善，对民营企业经营范围、行业准入条件等方面也存在诸多限制，民营企业为了突破掣肘寻求良性发展，在企业中引入部分国有股权可视为一种具有替代保护作用的声誉机制，可以使企业免受国家政策与当地法制缺陷的影响。在当前我国转型经济的背景下，制度环境的不完善，使得许多民营企业陷入了发展困境，民营企业普遍倾向于依靠政治关系与政府保持紧密的联系。其中国有股权作为一种重要的政治关联形式，在法制水平较低的地区所起的作用可能会更加明显。

11.4.3　稳定性检验

为了增强本章检验结果的稳定性，我们用董事会中非控股国有董事占比（*SEBR*）对非控股国有股权比例（*SER*）进行了替换。其回归结果仍能在相当程度上支持本章提出的研究假设。另外，公司特征变量在新的回归中与前面的检验结果相类似。这表明本章所提出的理论假设与实证检验结果均具有较高的可信性。稳定性检验结果列于表 11-6 和表 11-7。

表 11-6　稳定性检验：两种政治关联机制对企业进入高壁垒行业的影响

变量	BAR				BAO			
	（1）	（2）	（3）	（4）	（5）	（6）	（7）	（8）
CNST	0.161** (2.484)	0.152*** (2.754)	0.034** (2.052)	0.078** (1.966)	0.042* (1.368)	0.243** (1.748)	0.149** (1.812)	0.132** (1.843)
SEBR	0.033** (1.692)		0.095** (1.898)	0.141** (1.829)	0.118** (1.753)		0.044*** (2.429)	0.073** (2.458)
PC		0.087*** (2.836)	0.146 (0.753)	0.162 (0.815)		0.186** (1.941)	0.172 (1.136)	0.094 (1.078)
PL				0.034** (2.057)				0.166** (1.730)
TA				0.181* (1.978)				0.052** (1.958)
HI				-0.123* (-1.502)				-0.148* (-1.603)
RANK				0.037 (0.691)				0.115 (0.894)
LEV				0.169 (0.784)				0.032 (0.975)
LT				0.045 (0.623)				0.046 (1.038)
ROA				0.104* (1.381)				0.141** (2.208)
SEBR × *PC*			-0.019** (-1.670)	-0.106** (-2.218)			-0.152** (-2.093)	-0.053*** (-2.449)
YR	控制	控制	控制	控制	控制	控制	控制	控制
IND	控制	控制	控制	控制	控制	控制	控制	控制
Observations	744	744	744	744	744	744	744	744
LR chi^2	114.58***	118.43***	102.19***	115.76***				
Nagelkerke-R^2	0.182	0.185	0.194	0.206				

续表

变量	BAR				BAO			
	(1)	(2)	(3)	(4)	(5)	(6)	(7)	(8)
Adjusted-R^2					0.177	0.171	0.185	0.204
F Value					11.264 ***	10.851 ***	11.132 ***	10.843 ***

注：*、**、*** 分别表示在10%、5%和1%的水平下显著。

表 11-7　稳定性检验：不同法制环境下对变量 *SEBR* 的分组检验

变量	法制环境较好的地区		法制环境较差的地区	
	BAR	BAO	BAR	BAO
	(1)	(2)	(3)	(4)
CNST	0.037 *	0.094 **	0.158 **	0.032 **
	(1.438)	(1.697)	(2.026)	(2.253)
SEBR	0.114	0.082	0.149 **	0.087 ***
	(0.643)	(0.826)	(1.973)	(2.385)
PC	0.157	0.161	0.084	0.193
	(0.763)	(1.032)	(0.837)	(1.214)
PL	0.046 **	0.178 ***	0.025 **	0.027 *
	(1.940)	(2.345)	(1.819)	(1.491)
TA	0.025 *	0.093 **	0.059 *	0.106 **
	(1.391)	(1.804)	(1.448)	(2.075)
HI	-0.033 *	-0.129 **	-0.067 **	-0.043 *
	(-1.478)	(-2.276)	(-2.035)	(-1.589)
RANK	0.123	0.035	0.094	0.142
	(0.591)	(0.822)	(0.682)	(0.894)
LEV	0.048	0.048	0.134	0.128
	(0.819)	(1.026)	(0.782)	(1.126)
LT	0.070	0.131	0.071	0.032
	(0.682)	(0.854)	(0.563)	(0.935)
ROA	0.177 **	0.079 ***	0.083	0.074
	(1.856)	(2.435)	(0.612)	(0.969)
YR	控制	控制	控制	控制
IND	控制	控制	控制	控制
Observations	465	465	279	279
LR chi^2	105.26 ***		108.81 ***	
Nagelkerke-R^2	0.201		0.198	

续表

变量	法制环境较好的地区		法制环境较差的地区	
	BAR	BAO	BAR	BAO
	(1)	(2)	(3)	(4)
Adjusted-R^2		0.190		0.194
F Value		10.952***		10.346***

注：*、**、***分别表示在10%、5%和1%的水平下显著。

此外，王小鲁等（2013）还对企业所处的政府行政管理水平、金融服务水平进行了区分。本章根据这两项指标也对变量 SER 和 SEBR 进行了类似于表 11 - 5 的分组检验，并得出了相似的结论。相关回归检验结果见表 11 - 8、表 11 - 9、表 11 - 10 和表 11 - 11。

表 11 - 8　稳定性检验：不同政府行政管理水平下对变量 SER 的分组检验

变量	政府行政管理水平较高的地区		政府行政管理水平较低的地区	
	BAR	BAO	BAR	BAO
	(1)	(2)	(3)	(4)
CNST	0.128***	0.032**	0.151**	0.079*
	(2.653)	(1.749)	(1.832)	(1.307)
SER	0.072	0.144	0.097**	0.051**
	(0.611)	(0.976)	(2.120)	(2.035)
PC	0.145	0.065	0.028	0.106
	(0.707)	(0.840)	(0.635)	(0.918)
PL	0.073**	0.082*	0.064**	0.155*
	(2.115)	(1.312)	(2.076)	(1.469)
TA	0.034**	0.024***	0.115*	0.039*
	(1.992)	(2.383)	(1.438)	(1.520)
HI	-0.056*	-0.091**	-0.162**	-0.036***
	(-1.354)	(-1.984)	(-2.118)	(-2.415)
RANK	0.119	0.123	0.154	0.062
	(0.803)	(1.079)	(0.846)	(0.934)
LEV	0.096	0.016	0.029	0.145
	(0.785)	(0.957)	(0.690)	(0.868)
LT	0.134	0.048	0.116	0.019
	(0.531)	(0.762)	(0.608)	(0.655)

续表

变量	政府行政管理水平较高的地区		政府行政管理水平较低的地区	
	BAR	BAO	BAR	BAO
	(1)	(2)	(3)	(4)
ROA	0.085***	0.129*	0.103	0.046
	(2.817)	(1.625)	(0.851)	(1.138)
YR	控制	控制	控制	控制
IND	控制	控制	控制	控制
Observations	465	465	279	279
LR chi^2	121.03***		133.67***	
Nagelkerke-R^2	0.194		0.186	
Adjusted-R^2		0.223		0.201
F Value		12.659***		11.483***

注：*、**、***分别表示在10%、5%和1%的水平下显著。

表 11-9 稳定性检验：不同政府行政管理水平下对变量 SEBR 的分组检验

变量	政府行政管理水平较高的地区		政府行政管理水平较低的地区	
	BAR	BAO	BAR	BAO
	(1)	(2)	(3)	(4)
CNST	0.077*	0.065**	0.074***	0.141***
	(1.395)	(1.908)	(2.516)	(2.427)
SEBR	0.128	0.113	0.113**	0.047***
	(0.542)	(0.914)	(1.978)	(2.381)
PC	0.014	0.089	0.145	0.030
	(0.613)	(0.863)	(0.712)	(0.842)
PL	0.167*	0.152**	0.089**	0.179**
	(1.584)	(1.737)	(1.953)	(1.902)
TA	0.081**	0.041*	0.016**	0.052**
	(2.104)	(1.322)	(1.874)	(1.786)
HI	-0.039**	-0.078**	-0.057*	-0.228*
	(-2.215)	(-2.061)	(-1.382)	(-1.543)
RANK	0.046	0.014	0.128	0.169
	(0.729)	(0.781)	(0.764)	(0.875)
LEV	0.191	0.206	0.101	0.084
	(0.638)	(0.923)	(0.728)	(1.071)

续表

变量	政府行政管理水平较高的地区		政府行政管理水平较低的地区	
	BAR	BAO	BAR	BAO
	（1）	（2）	（3）	（4）
LT	0.029	0.172	0.098	0.055
	（0.750）	（0.659）	（0.543）	（0.748）
ROA	0.062**	0.038*	0.044	0.124
	（1.984）	（1.624）	（0.825）	（1.063）
YR	控制	控制	控制	控制
IND	控制	控制	控制	控制
Observations	465	465	279	279
LR chi^2	125.67***		115.34***	
Nagelkerke-R^2	0.183		0.191	
Adjusted-R^2		0.218		0.194
F Value		13.214***		13.689***

注：*、**、***分别表示在10%、5%和1%的水平下显著。

表 11 – 10　稳健性检验：不同金融服务水平下对变量 *SER* 的分组检验

变量	金融服务水平较高的地区		金融服务水平较低的地区	
	BAR	BAO	BAR	BAO
	（1）	（2）	（3）	（4）
CNST	0.132*	0.152***	0.029**	0.077*
	（1.508）	（2.361）	（2.123）	（1.508）
SER	0.049	0.088	0.034**	0.108***
	（0.835）	（1.143）	（1.799）	（2.443）
PC	0.071	0.063	0.156	0.014
	（0.752）	（0.925）	（0.684）	（1.036）
PL	0.183**	0.171***	0.064**	0.025**
	（2.124）	（2.428）	（1.859）	（1.781）
TA	0.057**	0.126*	0.118***	0.043**
	（1.998）	（1.367）	（2.624）	（1.945）
HI	－0.101***	－0.054**	－0.079**	－0.061**
	（－2.515）	（－1.924）	（－1.958）	（－2.209）
RANK	0.179	0.036	0.014	0.055
	（0.657）	（0.913）	（0.569）	（1.068）

变量	金融服务水平较高的地区		金融服务水平较低的地区	
	BAR	BAO	BAR	BAO
	(1)	(2)	(3)	(4)
LEV	0.098	0.115	0.144	0.169
	(0.528)	(0.843)	(0.613)	(0.974)
LT	0.143	0.026	0.017	0.122
	(0.596)	(0.760)	(0.524)	(0.913)
ROA	0.031 *	0.145 **	0.168	0.091
	(1.363)	(2.129)	(0.685)	(1.184)
YR	控制	控制	控制	控制
IND	控制	控制	控制	控制
Observations	465	465	279	279
LR chi^2	113.56 ***		110.27 ***	
Nagelkerke-R^2	0.185		0.194	
Adjusted-R^2		0.232		0.208
F Value		11.537 ***		12.448 ***

注：*、**、*** 分别表示在10%、5%和1%的水平下显著。

表 11-11　稳健性检验：不同金融服务水平下对变量 *SEBR* 的分组检验

变量	金融服务水平较高的地区		金融服务水平较低的地区	
	BAR	BAO	BAR	BAO
	(1)	(2)	(3)	(4)
CNST	0.056 **	0.181 *	0.148 **	0.122 **
	(1.844)	(1.458)	(1.867)	(1.929)
SEBR	0.021	0.153	0.067 ***	0.049 **
	(0.708)	(1.067)	(2.813)	(1.850)
PC	0.186	0.074	0.053	0.164
	(0.793)	(0.771)	(0.612)	(1.132)
PL	0.045 **	0.032 **	0.116 *	0.065 *
	(1.652)	(1.895)	(1.338)	(1.349)
TA	0.134 ***	0.027 **	0.052 **	0.184 ***
	(2.710)	(1.931)	(1.698)	(2.416)
HI	-0.037 **	-0.109 ***	-0.125 **	-0.058 *
	(-2.051)	(-2.360)	(-1.846)	(-1.584)

变量	金融服务水平较高的地区		金融服务水平较低的地区	
	BAR	*BAO*	*BAR*	*BAO*
	(1)	(2)	(3)	(4)
RANK	0.085	0.075	0.060	0.019
	(0.724)	(0.862)	(0.719)	(0.936)
LEV	0.062	0.096	0.011	0.121
	(0.609)	(0.753)	(0.792)	(0.837)
LT	0.116	0.174	0.152	0.061
	(0.534)	(0.589)	(0.609)	(0.882)
ROA	0.022 **	0.083 *	0.034	0.073
	(2.138)	(1.612)	(0.625)	(1.015)
YR	控制	控制	控制	控制
IND	控制	控制	控制	控制
Observations	465	465	279	279
LR chi^2	117.86 ***		126.35 **	
Nagelkerke-R^2	0.193		0.197	
Adjusted-R^2		0.215		0.211
F Value		12.526 ***		13.168 ***

注：* 、** 、*** 分别表示在10% 、5%和1%的水平下显著。

11.5 本章小结

现有文献表明，企业家的政治身份能够为民营企业带来各种资源与好处，诸如获取信贷资金、进入高壁垒行业等。由于我国当前处于经济转型时期，政府掌控了各种经济资源的分配，加之民营企业长期遭受所有制歧视，民营企业不得不依靠一些替代性机制来获取发展所需的各种资源。本章以新的研究视角，将国有股权在民营企业中的存在视为一种重要的政治关联方式，在理论上阐释了国有股权能够发挥政治关联作用的内在机理。选用2009~2014年中国民营上市公司为研究样本，实证检验了国有股权的政治关联效果，研究结果表明，国有股权是一种比民营企业家参政更为有效的政治关联机制。结合中国国情，将企业所处地区的法制环境分成不同的类别，分组检验了国有股权在不同法制环境下的作用效果。研究发现，在法制环境较好的地区，企业能够进入高壁垒行业，更多地基于其本身的质量；而在法制环境较差的地区，国有股权为降低壁垒门槛起到了重要的作用。

本章的研究有着深刻的政策含义，即当正式制度存在缺陷以及政府拥有较强的经济干预权力时，企业就不得不寻求正式制度之外的替代性办法来对冲这种由制度缺陷带来的风险。这意味着，未来中国深化经济改革的方向应该是政府逐渐减少行政干预，同时不断提升法制建设水平，使企业更多地依赖市场本身的力量来进行资源配置，而非通过与政府建立政治关联这种途径来获取资源。这样，不但可以更好地发挥市场机制的作用，也能更为有效地防止和减少寻租行为以及各种腐败的发生，从而使企业走向良性的发展轨道。

12 企业家隐性政治资本与制度环境效应

12.1 研究基础

自 1978 年起实行改革开放政策以来，伴随市场化经济改革，中国经济体制已从以公有制为主体的中央指令性计划经济体制转变为非公有制占国内生产总值超过 50% 的混合所有制经济体制。谢琳等（2012）将我国的经济改革大致划分为"侵蚀"和"市场转型"两个阶段。在前一阶段，国家对民营经济进行严格的管控，使得只有少部分人参与其中；而在后一阶段，国家推动经济体制市场化，使计划经济时代体制内的精英纷纷进入市场经济领域。

在经济转型的情况下，民营企业的外部环境受到国家政策法规的极大影响，经济、政治及法律制度构成企业发展的重要制度环境。民营企业为了顺利适应甚至克服当前不完善的制度环境的缺陷，积极寻求建立与政府的关联从而获得相关帮助也就构成了其经营决策的重要方面（张建君、张志学，2005；逯东等，2013）。民营企业之所以努力地去建立与政府之间的政治关联，最主要的目的是为自己营造一个有利的市场环境，从而提高公司的业绩与竞争力。企业与政府之间政治关联的建立能够在一定程度上解决民营企业面临的一些主要问题，诸如私有产权保护不彻底、融资困难、进入政府管制性行业困难等（Wu et al.，2012a；Wu et al.，2016）。

在许多西方国家，企业家往往通过群体力量来影响政府的公共政策，从而为企业谋求好处（Cooper et al.，2010）。由于中国特殊的政治和司法体制，与国有企业相比，中国的民营企业家更加重视通过个人关系网络来建立自己的政治关联方式，如通过与政府官员的特殊关系来获取政府所控制的资源和利益（Park and Luo，2001；Shou et al.，2014）。通常将单个企业作为政治关联的策略主体，同时将为企业带来直接好处作为政治关联的策略目标。我国的法律执行力存在较大隐患，在法律的执行过程中往往会受到许多人为因素的影响，甚至在有的情况下，法律的规定还不如政府的决定有效（Fan et al.，2007；Francis et al.，2009）。法律执行力的低下、政府行为的随意性和任意性导致私有财产没有得到充分保护，在此环境下，民营企业将政治资本看作企业发展的重要资源，认为这样才能获得更多来自政府的支持。

已有相关研究指出，政治关联在本质上是出于个体或组织对利益的追求，并且主要是基于对物质利益的考量，大多寻求以较小的成本获取最大的收益（李维安等，2010b；陈艳艳等，2013）。中国的民营企业是在许多制度环境条件不健全的情况下发展起来的，这表明或许存在某些替代性机制促成了其快速发展，这也是很多实证研究选择民营公司作为样本的主要原因。

对于中国民营企业政治关联，已有相当多的学者从微观层面进行了大量的实证研究。根据我们的研究积累，民营企业政治关联大致可以分为两类。

第一类：显性政治关联。主要指民营企业建立的与政府之间的正式关系，包括企业家的个人政治参与以及民营企业所有权结构中包含部分国有股权。通常情况下，企业家一般通过以下方式实现政治参与：①担任人大代表或政协委员；②任职于工商联、青联、妇联等社团组织；③加入中国共产党或民主党派（Xu et al.，2015；贺小刚等，2013；李国民、高松，2015；邓新明等，2014）。而关于民营企业中的部分国有股权，则是企业立足于《公司法》，在所有权结构上与政府建立的正式关系，该种政治关联的效果是大于企业家个人层面的政治参与效果的（宋增基等，2014；Song et al.，2015）。需要指出的是，显性的政治关联渠道建立在法律和制度的基础上，政府与民营企业可以形成稳定的制度性联系。

第二类：隐性政治关联。主要指民营企业建立的与政府间的非正式关系，即企业家以私人关系为基础，建立的与政府间的非官方利益关系，该种关联是非官方性质的、不以法律或正式制度为支撑的。民营企业家大多是由国家产经部门官员和国企的高管转变而来，他们熟悉政府部门运作的各个环节，拥有包括其亲属、同学、战友、同乡、原同事在内的人脉资源。同时，民营企业也很愿意聘请曾经任职政府部门且具有一定政治地位的人到企业任职，以获取其政治资本（陈传明、孙俊华，2008；孙俊华、陈传明，2009；Chen et al.，2010，刘林，2015）。这些私人关系实质上成为搭建民营企业与政府关系的桥梁，帮助民营企业获得来自政府的经济资源及其他帮助。

根据我们前期的省际调研研究，超过70%的民营企业具有各种层面的隐性政治关联。基于中国经济体制的特点，具有隐性政治关联的民营企业，在与政府、银行和国有企业打交道时，民营企业家能较快地与核心政治人物建立稳定的关系。这使民营企业更容易获取经济资源，并促进企业竞争力的提升，从而实现企业权益的最大化。因此，我们可以认为，隐性政治关联是民营企业至关重要的一种政治关联方式。但对于民营企业的这种政治关联机制，由于具有较大的隐蔽性、变量刻画的复杂性及数据搜集的难度，学术界在该领域鲜有全面的、有深度的理论及实证分析。

本章尝试从新的视角，研究民营企业家的隐性政治关联，深入分析民营企业隐性政治资本、制度环境与公司绩效的关系，全面地理解企业政治关联的内在逻辑，丰富发展企业政治关联的研究内容。同时，本章的研究能够为解释民营企业在不完善制度环境下如何获得发展提供新的视角与证据，为政府部门思考如何进行制度建设提供借鉴。

12.2　理论分析与研究假设

12.2.1　企业家政治资源与企业绩效

我国作为经济转型国家，目前市场经济秩序尚未完全建立起来，政府掌握了许多民营企业发展所需的稀缺资源（姚德权、章剑辉，2014；步丹璐、王晓艳，2014）。民营企业自身的投资以及发展所需的稀缺资源有很多方面需要通过政府审批才能够获取，因此地方的经济、法制环境对市场参与者的影响较大。实际上，在中国特定的文化背景和并不完善的经济体制下，政府对资源的分配将依靠其对关系亲疏远近的判断来进行，以及依据社会结构中的"差序格局"这一原则（杨玉龙等，2014；阎明，2016）。

谢琳等（2012）认为，在我国推行经济转型的过程中，中国共产党的领导地位和行政管理体系并没有改变，这种制度环境使得权力能够继续对资源进行掌控和配置。基于中国改革开放的不断深化，中国的市场经济改革创造了一种旧的再分配体制与新的市场体制并存的"双重体制"的经济形式（混合经济），因此，中国民营企业家的隐性政治资本具有重要的地位。企业家的政治资本除了对于企业获取资金、政策、信息等资源具有重要作用，还能使企业得到一定程度上的制度性保护（巫景飞等，2008）。另外，由于经济转型过程中缺乏健全的制度保障，交易规则繁复且不公正，企业不得不依靠人脉资源寻求捷径以降低交易成本，从而获取更丰富的经济资源及好处（张闯等，2014；Xin and Pearce，1996）。具有政府机构工作背景的企业家，对政府职能部门的管理权限以及审批制度也更为了解，更容易获取信息和资源，从而提高公司绩效。另外，与民营企业家参政以获得政府部门的支持这样的显性政治资本不同，企业家的隐性政治资本是建立在私人的、长期工作交往的感情与信任基础之上的。边燕杰和丘海雄（2000）分析发现，中国社会在缺少法治契约精神的漫长岁月中，中国人处事的方式会因朋友的疏亲、交往上的生熟而明显有别。庄贵军（2012）还注意到人情、面子、缘分、回报等行为规范在维系社会经济秩序中的重要作用。杨中芳和彭泗清（1999）认为，在人际交往中，相处共事时间越长，相互间的信任度越高。由此，我们提出如下假设。

假设12.1a：相较于其他条件相同的民营企业，企业家具有政府机构或国有企业工作背景的则容易获取经济资源，从而提高公司绩效。

假设12.1b：相较于其他条件相同的民营企业，企业家在国有部门的工作经历与企业绩效存在显著的正向关系。

12.2.2 企业家政治资本与制度环境

任何企业的存在都是根植于其所处的制度环境的，从本质上讲，政治关联是企业家及公司高管行为在不同制度环境下的最终表现，其主要以政权稳定、法律保护等机制的替代品的形式存在（李维安、邱艾超，2010；

于蔚等，2014）。政治关联所起的作用因民营企业所处的制度环境的差异而有所不同。当企业所处的地区面临较重的税收负担或者罚款政策时，政治关联能够帮助企业抵消制度的部分负面效应；当企业所处的地区拥有较低水平的法律保护时，政治关联能在一定程度上缓解企业产权被侵害的局面（Liu et al.，2013；王仲玮，2015）。与发达国家相比，我国的法律体系还不够健全，政府干预还比较多，产权保护也不够完善（吴克平、于富生，2013；刘永泽等，2013）。由于历史的、自然的各种原因，各地区市场化进程不一，这种市场化程度的差异具体表现为政府对各个地区的干预程度不同。张铄和宋增基（2016）通过研究发现，民营上市公司与政府建立政治关联的愿望的强烈程度与其所处地区的产权保护力度的大小、政府干预程度的大小和民营企业发展水平有显著关系。一个地区的政府干预程度越大、产权保护力度越小、民营经济发展水平越落后，当地的民营上市公司与政府建立政治关联的愿望就越强烈。企业家的隐性政治资本能够作为一种具有保护作用的替代性机制而存在，使企业免受市场缺陷的影响。由此，我们提出假设12.2。

假设12.2：在政府干预程度越小、产权保护力度越强、民营经济越发达的地区，企业家的隐性政治资本对企业绩效的影响会显著减少。

12.3　样本与研究方法

12.3.1　样本选择和数据来源

本章选取民营上市公司2009～2014年数据为研究样本，通过CSMAR数据库，筛选民营化方式为直接上市的企业，并从中获得样本企业的股权结构相关信息及其他公司特征变量信息。

另外，我们还按照以下原则对样本进行剔除：①信息披露不详的公司；②最终控制人不详的公司；③金融保险行业的公司；④被ST、PT等特殊处理的公司。最终得到296个样本公司，共计观测值821个。样本公司的高管层信息、财务数据以及其他相关信息来自Wind数据库、公司年报和互联网引擎搜索。

12.3.2　变量说明与计量模型

企业家的隐性政治资本不易被观察，其测量研究是一项极为复杂的工作，根据前文假设，我们选用民营企业家的国有部门工作背景（*GW*）作为替代变量。考虑到国有企业与政府有较强的政治关联，我们将这类企业家与具有政府机构工作背景的企业家归为一类。另外，中国社会关系的基石是人的"感情"（Wang，2007；Yang and Wang，2011），通常可以用情感承诺的水平和有关各方的亲密度来衡量（Yen et al.，2011；张闯等，2012），我们用企业家的国有部门工作经历（*EXPE*）进行度量。这里的企业家我们定义为民营上市公司的创始人或实际控制人或公司总经理。

为了更准确地检验隐性政治资本对公司绩效的影响，避免可能因为这些企业家自身的才能或企业自身的治理水平对被解释变量产生影响，我们在人力资本变量中使用了企业家的受教育程度（*EDU*）变量来控制企业家个人的人力资本。另外，企业家的个人能力也体现在其个人收入上，本章选取民营企业家的年薪收入（*SAL*）作为其重要的个人能力变量。

对于公司治理水平，我们使用了控股股东持股比例（*BLOCK*）及领导权结构（*LEAD*）变量。公司的控制变量包括：公司规模（*TA*）、财务杠杆（*LEV*）、成长性（*GR*）、上市时间（*LT*）变量。

在制度环境的变量衡量方面我们选用王小鲁等（2013）编制的《中国分省企业经营环境指数 2013 年报告》。该报告的研究表明，企业所处的法制环境、政府行政管理与金融服务情况是显著影响企业经营的三项指标。因此本章选取法律环境指数（*LIN*）、行政管理环境指数（*GIN*）与金融环境指数（*FIN*）对民营企业所处的制度环境进行刻画。

在当前的实证研究中，学者们对公司绩效的刻画通常使用市场类绩效指标与财务类绩效指标（邓新明，2011；夏宁、王元芳，2015）。其中，财务类绩效指标包括净资产报酬率和总资产报酬率；市场类绩效指标包括股票年收益率和托宾 Q 值。这两大类指标各有优势：财务类绩效指标能够衡量公司的短期业绩，但该指标会受到会计方法的影响；市场类绩效指标能够衡量公司的预期业绩，通常用来刻画企业的长期绩效。由于中国资本市场中的非流通股（Non - tradable Shares）没有市场价格，因此无法对其市场价值进行准确计算。因此本章选取财务类绩效指标（*ROA* 和 *ROE*）以期客观地度量公司绩效。

另外，为控制年份与行业差异的影响，我们对此设置虚拟变量。年度虚拟变量（*YR*）以不同年份设定虚拟变量；行业虚拟变量（*IND*）根据中国证监会于 2012 年发布的《上市公司行业分类指引》进行划分设定。研究使用的变量定义见表 12 - 1。

为了检验本章提出的假设，构造了如下计量模型：

$$ROA = \alpha + \beta\, Background_{it} + \gamma\, Z_{it} + \varepsilon_{it} \tag{12.1}$$

其中 *ROA*、*ROE* 为被解释变量，*Background* 代表 *GW* 和 *EXPE*，*Z* 代表一系列控制变量及交互项，*t* 表示不同年份，*i* 表示横截面上不同的公司。

表 12 - 1　变量的定义及度量

变量	变量名	定义
企业绩效变量		
总资产报酬率	*ROA*	净利润/平均资产总额
净资产报酬率	*ROE*	净利润/所有者权益
企业家隐性政治资本变量		
国有部门工作背景	*GW*	第一步：若企业家曾经在党委（含纪委）、政府、人大或政协常设机构、法院、检察院、国有企业等部门任职，分别根据单位的最高级别和个人的最高职务级别，按照级别赋值：副科级以下 1，副科级 2，科级 3，副处级 4，处级 5，副厅级 6，厅级 7，副部级 8，部级 9；若不具备国有部门工作背景，则赋值为 0。第二步：根据第一步的赋值，具有国有部门工作背景的企业家均存在单位的级别与个人级别的赋值。将二者相乘，作为该企业家的国有部门工作背景取值
国有部门工作经历	*EXPE*	企业家在民营企业成立前在国有部门的工作年限
企业家人力资本变量		
受教育程度	*EDU*	企业家具有博士及以上学历则值为 5；硕士、本科、大专、中专分别为 4、3、2、1；高中及以下为 0
年薪收入	*SAL*	企业家每年的薪资收入的对数
制度环境指标		
法律环境指数	*LIN*	该数值越大，表明法制水平越高，产权保护水平越好

续表

变量	变量名	定义
行政管理环境指数	GIN	该数值越大，表明政府干预越少
金融环境指数	FIN	该数值越大，表明金融市场越发达
公司治理变量		
控股股东持股比例	BLOCK	第一大股东持股数/总股数
领导权结构	LEAD	虚拟变量：公司董事长与总经理两职分离则值为1，否则为0
公司控制变量		
公司规模	TA	企业总资产的对数
财务杠杆	LEV	总负债/总资产
成长性	GR	［当年销售收入－上年销售收入］/上年销售收入
上市时间	LT	企业上市的年限
行业	IND	当处于该行业时为1，否则为0
年度	YR	当处于该年份时为1，否则为0

注：参照杜兴强和周泽将（2009）对民营企业家参政评分的逻辑，本章对民营企业家的隐性政治资本变量采用评分的度量方法而非虚拟变量法。因此按照以下方法对民营企业家的隐性政治资本进行度量：①对民营上市公司企业家曾经的最高行政级别进行赋值；②将企业家曾经任职最高级别部门的级别进行赋值；③将每名企业家曾经任职的单位级别和个人行政级别相乘，作为企业家隐性政治资本的度量。

12.4　实证结果及分析

12.4.1　描述性统计

表 12－2 是对研究变量的描述性统计。

表 12－2　研究变量的描述性统计

	观测值	最小值	最大值	均值	标准差
企业绩效变量					
ROA	821	－0.239	0.212	0.103	0.628
ROE	821	0.013	0.476	0.115	0.304
企业家隐性政治资本变量					

续表

	观测值	最小值	最大值	均值	标准差
GW	821	0	49	29.452	7.325
EXPE	821	0	13	7.126	2.514
企业家人力资本变量					
EDU	821	1	5	3.874	1.106
SAL	821	3.689	6.216	4.128	1.963
制度环境指标					
LIN	821	2.730	3.630	3.358	0.366
GIN	821	2.830	3.980	3.243	0.354
FIN	821	2.480	3.450	3.169	0.448
公司治理变量					
BLOCK	821	0.125	0.423	0.249	0.402
LEAD	821	0	1	0.781	0.842
公司特征变量					
TA	821	17.826	35.734	20.682	14.36
LEV	821	0.037	0.751	0.564	0.337
GR	821	-1.125	19.378	0.125	8.795
LT	821	1	16	6.752	7.576

表 12 - 2 显示，民营企业家的国有部门工作背景（*GW*）与国有部门工作经历（*EXPE*）的均值分别为 29.452 和 7.126，说明在选取样本中民营企业家具有隐性政治资本的情况比较常见。企业家受教育程度的均值为 3.874，该值接近于 4，这可能是因为近年来大多数企业家接受了 MBA 或 EMBA 教育。法律环境指数、行政管理环境指数与金融环境指数的标准差分别为 0.366、0.354、0.448，说明在我国不同的地区，制度环境仍存在较大的差异。

统计显示，民营企业的公司治理水平相对较好。具体表现在，样本公司股权结构较为分散，机构投资者占比有增加的趋势，控股股东持股比例（*BLOCK*）平均为 0.249，基本上处于相对控股状态。公司领导权结构（*LEAD*）表明，近 80% 的公司选择了两职分离的治理结构，符合现代公司的治理原则。

企业绩效变量（*ROA* 和 *ROE*）的均值分别为 10.3%、11.5%，公司规模（TA）的均值为 20.682，说明民营企业的规模适中且盈利能力较强。而样本公司成长性（GR）的平均值为 12.5%，这说明民营上市公司仍有较大的发展空间；公司上市时间（LT）的均值为 6.752，表明样本民营企业上市已持续较长时间，其公司特征数据有利于我们的研究。

12.4.2　变量的相关性检验

在对模型进行回归分析前，我们对各研究变量的相关性进行了检验。表 12 - 3 是变量间的 Pearson 相关系数。

表 12 - 3 显示，企业绩效变量（ROA 和 ROE）与民营企业家的国有部门工作背景（GW）、国有部门工作经历（EXPE）均在 5% 的水平下显著为正，这为我们检验假设 12.1 和假设 12.2 提供了继续研究的基础。此外，法制环境指数（LIN）、行政管理环境指数（GIN）以及金融环境指数（FIN）与公司绩效呈显著的正相关关系，说明在政府干预程度越小、产权保护力度越强、民营经济越发达的地区，公司绩效越好。公司规模（TA）与绩效显著正相关，其原因可能为：企业规模越大，抗风险能力越强，在获取政府掌握的经济资源方面有明显的优势，这对企业绩效的提升有显著的促进作用。其他控制变量之间与企业家隐性政治关联变量、人力资本变量与制度环境变量之间均不具有显著的相关关系，这些控制变量对多元线性回归的内生性问题影响不大。

12.4.3　回归结果分析

考虑到本章选取的样本时间跨度较短，采用一般 OLS 法得到的结果可能会产生偏差，而面板数据与横截面数据和时间序列数据相比可以使用更大规模的数据进行回归分析，并能有效提高短期时间序列动态模型估计的准确性，因此本章采用面板分析方法。豪斯曼检验给出了在随机效应模型和固定效应模型之间选优的方法。豪斯曼检验结果显示 p 值为 0.0018，可拒绝原假设，即认为本章模型存在固定效应。在模型估计中，我们对模型标准误差进行异方差调整和公司观测值自相关调整，以获得较准确的 t 统计量。实证检验的结果见表 12 - 4。

表 12 - 3　研究变量的 Pearson 相关系数

变量	ROA	ROE	GW	EXPE	EDU	SAL	LIN	GIN	FIN	BLOCK	LEAD	TA	LEV	GR	LT
ROA	1														
ROE	0.168***	1													
GW	0.135**	0.029**	1												
EXPE	0.103**	0.072**	0.136***	1											
EDU	0.066**	0.134**	0.148**	0.106**	1										
SAL	0.124***	0.051*	0.163*	0.051*	0.082*	1									
LIN	0.039*	0.085*	-0.123*	0.023	0.167	0.089*	1								
GIN	0.106**	0.092*	-0.159*	0.046	0.022	0.119	0.033*	1							
FIN	0.123*	0.179*	-0.081*	0.137	0.060	0.113*	0.054*	0.026**	1						
BLOCK	0.094	0.033	0.171	0.062	0.119	0.043	0.152	0.148	0.069	1					
LEAD	0.026	0.177	0.102	0.051	0.085	0.112	0.053	0.164	0.045	0.012	1				
TA	0.129*	0.081*	0.064	0.015	0.089	0.126	0.037	0.158	0.076	0.107	0.068	1			
LEV	0.033*	0.148*	0.204	0.148	0.052	0.014	0.151	0.074	0.084	0.165	0.034	0.085	1		
GR	0.165**	0.014*	0.038	0.092	1.203	0.654	0.079	-0.143	0.062	0.081	0.035	-0.225	0.062	1	
LT	0.077	0.023	0.136	0.128	0.065	0.045	0.159	0.083	0.075	0.012	0.093	0.136	0.078	0.144	1

注: *、**、*** 分别表示在10%、5%和1%的水平下显著。

表 12－4　民营企业家背景、制度环境对公司绩效（ROA）的影响

变量	ROA													
	(1)	(2)	(3)	(4)	(5)	(6)	(7)	(8)	(9)	(10)	(11)	(12)	(13)	(14)
GW	0.086** (2.017)		0.112* (1.303)	0.095** (1.981)	0.133** (2.248)				0.158 (1.193)	0.062 (1.028)	0.044 (1.037)			
EXPE		0.237** (2.253)				0.092** (2.197)	0.145* (1.326)	0.017** (2.088)				0.089 (1.142)	0.038 (0.963)	0.056 (0.884)
EDU	0.194 (0.863)	0.186 (0.955)	0.078 (1.082)	0.161 (0.869)	0.064 (1.152)	0.115 (1.043)	0.018 (1.220)	0.023 (1.078)	0.117 (0.841)	0.075 (0.689)	0.143 (1.123)	0.201 (1.068)	0.053 (0.905)	0.194 (0.851)
SAL	0.041** (1.394)	0.043* (1.552)	0.187* (1.481)	0.053** (1.754)	0.029* (1.565)	0.164** (1.352)	0.037** (1.936)	0.096** (1.453)	0.163** (2.076)	0.032** (1.589)	0.062** (2.083)	0.038* (1.549)	0.154* (2.156)	0.073* (1.489)
LIN			0.268* (1.614)			0.128** (1.989)			0.037** (2.268)			0.075* (1.604)		
GIN				0.027 (1.492)			0.014 (1.605)			0.083** (2.115)			0.061 (1.356)	
FIN					0.106* (1.977)			0.087* (1.362)			0.071* (1.398)			0.036** (1.708)
BLOCK	-0.139 (-1.029)	-0.017 (-1.615)	-0.027 (-0.884)	-0.031 (-0.907)	-0.054 (-1.208)	-0.031* (-1.415)	-0.102 (-1.158)	-0.045 (-1.016)	-0.091* (-1.472)	-0.213 (-0.975)	-0.047 (-0.864)	-0.161 (-1.392)	-0.182 (-0.918)	-0.125 (-1.003)
LEAD	0.058* (1.539)	0.084*** (2.352)	0.192* (1.284)	0.047* (1.623)	0.014 (1.381)	0.128* (1.643)	0.073 (1.425)	0.032 (1.443)	0.208** (2.101)	0.011 (1.362)	0.089 (1.412)	0.049* (1.566)	0.141** (1.705)	0.095** (1.860)
TA	0.228 (1.123)	0.021 (1.068)	0.033 (0.970)	0.058 (1.461)	0.067 (1.575)	0.042 (1.176)	0.083* (1.609)	0.015 (1.192)	0.027 (1.164)	0.067 (1.430)	0.053 (1.069)	0.072 (1.254)	0.049 (1.583)	0.057 (1.288)
LEV	0.082 (0.971)	0.037 (1.015)	0.187 (1.123)	0.067 (0.842)	0.049 (1.038)	0.102 (0.952)	0.051 (0.847)	0.067 (1.008)	0.024 (0.986)	0.092 (0.951)	0.018 (0.763)	0.019 (0.828)	0.105 (0.917)	0.042 (1.023)

续表

ROA

变量	(1)	(2)	(3)	(4)	(5)	(6)	(7)	(8)	(9)	(10)	(11)	(12)	(13)	(14)
GR	0.174*	0.163	0.109*	0.083	0.206	0.035*	0.018*	0.023*	0.075	0.054	0.023*	0.077	0.062	0.128
	(1.287)	(1.049)	(1.364)	(0.956)	(0.982)	(1.513)	(1.294)	(1.540)	(0.992)	(1.189)	(1.426)	(0.825)	(1.034)	(1.145)
LT	0.143	0.182	0.088	0.231	0.075	0.041	0.025	0.067	0.049	0.075	0.136	0.091	0.183	0.107
	(0.812)	(0.963)	(0.905)	(0.784)	(0.818)	(1.025)	(0.873)	(0.949)	(0.728)	(1.068)	(0.652)	(0.870)	(0.905)	(0.633)
$GW \times LIN$									−0.131**					
									(−2.181)					
$GW \times GIN$										−0.076**				
										(−1.982)				
$GW \times FIN$											−0.159**			
											(−2.156)			
$EXPE \times LIN$												−0.168**		
												(−1.972)		
$EXPE \times GIN$													−0.146*	
													(−1.618)	
$EXPE \times FIN$														−0.155*
														(−1.387)
IND	控制	控制	控制	控制	控制	控制	控制	控制	控制	控制	控制	控制	控制	控制
YR	控制	控制	控制	控制	控制	控制	控制	控制	控制	控制	控制	控制	控制	控制
Adjusted-R^2	0.175	0.172	0.191	0.195	0.189	0.196	0.184	0.185	0.204	0.202	0.211	0.205	0.208	0.207
F Value	21.038***	22.337***	20.795***	20.198***	20.546***	21.681***	20.594***	20.371***	18.782***	18.356***	19.166***	19.638***	19.853***	19.524***
N	821	821	821	821	821	821	821	821	821	821	821	821	821	821

注：*、**、***分别表示在10%、5%和1%的水平下显著。

从表 12 - 4 列（1）、列（2）的检验结果可以看出，在控制公司特征变量及年度（*YR*）、行业（*IND*）后，民营企业家的国有部门工作背景与国有部门工作经历变量的系数均在 5% 的水平下显著为正，说明企业家的国有部门工作背景与国有部门工作经历对公司绩效有显著的提升作用。第（3）~（8）列分别检验了地区法律环境、行政管理环境、金融环境对企业绩效的影响。结果显示，制度环境变量的系数至少在 10% 的水平下显著为正，且民营企业家的国有部门工作背景（*GW*）与国有部门工作经历（*EXPE*）的系数依然显著为正，说明民营企业家的隐性政治资本对企业绩效的提升具有正向的促进作用，即验证了假设 12.1a 和假设 12.1b。

在企业家人力资本变量方面，年薪收入（*SAL*）的系数均显著为正，说明企业家年薪收入的增加意味着公司绩效也会相应提高。但受教育程度（*EDU*）的系数与公司绩效并未体现出显著的正相关关系，说明当企业家的受教育程度达到一定水平后，企业家积累的同事关系、同学关系、原上下级关系以及对经营行业的熟悉程度会对公司绩效起到更为重要的作用。这与中国人际关系"差序格局"的特征有关，也就是说，人们会根据关系的亲疏远近来判断不同的对待方式。实际上，在当前的转型经济时期，许多行业的准入、信贷投放等方面均需要通过政府审批才得以进行。在中国"关系"社会的环境下，行政资源的分配往往会被扭曲：在民营企业家拥有足够政治资本的情况下，拥有行政资源分配权力的政府官员普遍倾向于把资源分配给"自己人"，以期达到"寻租"目的（杜兴强等，2010；胡旭阳、吴一平，2016）。对民营企业来说，企业家的隐性政治资本可为企业带来发展所需的稀缺经济资源，因而获取超额利润，企业绩效也会显著提高。

第（9）~（14）列在加入交互项后，民营企业家的隐性政治资本变量的系数均不显著，但制度环境变量的系数至少在 10% 的水平下显著为正，而交互项的系数均显著为负，说明在制度环境越好的地区，民营企业家隐性政治资本对公司绩效提升的正向促进作用就越低，即验证了假设 12.2。我国幅员辽阔，各地区之间的经济、政治、法律等方面的发展均存在较大的差异。在制度环境较好的省区，民营企业更多地基于市场化原则来获取经济资源；而在制度环境较差的省区，民营企业则更倾向于依靠政治关系来获取经济资源。例如，在经济发展较为落后的省区，受制于银行的信贷规模与区域信贷政策等因素，民营企业在发展的过程中通常会遇到"融资难"的问题（姚耀军、董钢锋，2014；姚耀军等，2015），因此民营企业家的隐性政治资本对获取信贷资源的作用比在经济发达的省区显得更为重要。在法制环境不完善的省区，由于法治水平较低且地方政府对民营企业的干预较多，在与政府部门打交道的过程中，民营企业家的隐性政治资本能使企业免受政府乱摊派、乱收费等不公平待遇（郝项超、张宏亮，2011）。因此，在制度环境较差的省区，民营企业家的隐性政治资本能够作为一种具有保护作用的替代性机制存在，使企业免受市场缺陷的影响。

12.4.4　稳健性检验

为了检验上述回归结果的可靠性，我们对企业家的相关变量进行了替换，在同样的分类方法基础上，用样本公司总经理的相关变量对上述回归重新做了检验，从检验结果来看，总经理的相关变量仍然能在很大程度上支持本章的假设。另外，将被解释变量 ROA 替换为 ROE，也可得到类似的结果。表 12 - 5 列出了在不同的制度环境下，企业家背景变量与公司绩效变量 ROE 的回归检验结果。

12.5　本章小结

已有文献对民营企业显性政治关联效果进行了大量的研究。本章的研究将现有视角切换到企业家的隐性政治资本上，为进一步理解在中国经济转型时期企业政治关联对企业绩效的影响提供了一个较深层次的解释，发展了相关研究内容。

本章以 2009 ~ 2014 年民营上市公司为研究样本，充分考虑不同的制度环境，对民营企业家隐性政治资本对公司绩效的影响进行了理论分析与实证检验。研究发现，具有政府机构工作背景的企业家能够帮助公司获得更多的资源来提高公司绩效，企业家在政府部门的工作经历亦能够正向影响公司的绩效。研究同时发现，在法制环境不甚完善、金融市场不够发达、政府干预力度较大的地区，企业家的隐性政治资本对公司绩效提升能够发挥更大的作用。

表 12 - 5　企业家背景、制度环境对公司绩效（ROE）的影响

ROE

变量	(1)	(2)	(3)	(4)	(5)	(6)	(7)	(8)	(9)	(10)	(11)	(12)	(13)	(14)
GW	0.157**		0.066*	0.142**	0.038*				0.087	0.162	0.131			
	(1.742)		(1.490)	(1.853)	(1.621)				(1.045)	(1.123)	(1.094)			
EXPE		0.031*				0.081*	0.108**	0.125*				0.061	0.209	0.128
		(1.542)				(1.536)	(2.044)	(1.468)				(0.872)	(0.816)	(0.935)
EDU	0.011	0.048	0.155	0.034	0.029	0.132	0.163	0.031	0.041	0.024	0.086	0.117	0.145	0.023
	(0.886)	(0.952)	(0.914)	(1.068)	(0.847)	(1.183)	(0.935)	(1.024)	(0.816)	(0.781)	(0.975)	(1.125)	(0.844)	(0.962)
SAL	0.078*	0.122*	0.118*	0.061**	0.048*	0.073*	0.015*	0.093*	0.112*	0.135**	0.167*	0.152**	0.091*	0.146**
	(1.296)	(1.439)	(2.043)	(1.925)	(1.334)	(1.480)	(1.897)	(1.924)	(1.576)	(1.830)	(1.520)	(1.996)	(1.438)	(2.177)
LIN			0.013*			0.046*			0.062***					
			(2.140)			(1.398)			(2.343)					
GIN				0.154*			0.053**			0.098*		0.024*	0.139*	
				(1.823)			(2.129)			(1.596)		(1.589)	(1.605)	
FIN					0.062**			0.027			0.245**			0.085*
					(2.035)			(1.525)			(2.016)			(1.437)
BLOCK	-0.025	-0.186	-0.047	-0.121	-0.051	-0.118	-0.036	-0.023	-0.215	-0.036	-0.021	-0.242	-0.051	-0.014
	(-1.061)	(-0.845)	(-0.896)	(-0.732)	(-0.924)	(-1.135)	(-0.744)	(-0.931)	(-0.869)	(-0.708)	(-1.013)	(-1.056)	(-0.822)	(-0.976)
LEAD	0.179**	0.097*	0.052*	0.088**	0.078*	0.146**	0.020*	0.055*	0.121*	0.082*	0.142*	0.132*	0.246*	0.141*
	(1.680)	(1.303)	(1.582)	(1.745)	(1.416)	(1.821)	(1.486)	(1.629)	(1.348)	(1.425)	(1.560)	(1.489)	(1.538)	(1.392)
TA	0.106	0.014*	0.028	0.163	0.031	0.092*	0.045*	0.102	0.049	0.177	0.189	0.013	0.112	0.129
	(0.951)	(1.342)	(1.126)	(0.994)	(0.846)	(1.401)	(1.393)	(1.016)	(1.180)	(0.924)	(0.947)	(1.069)	(1.109)	(1.051)
LEV	0.045	0.172	0.035	0.106	0.029	0.011	0.184	0.017	0.033	0.068	0.213	0.048	0.037	0.015
	(0.713)	(0.818)	(0.780)	(0.929)	(0.806)	(0.675)	(0.793)	(0.815)	(0.892)	(0.749)	(0.851)	(0.727)	(0.896)	(1.158)
GR	0.062	0.047	0.193*	0.051	0.167*	0.024	0.127	0.131	0.014	0.127	0.177	0.198	0.159	0.022
	(1.153)	(0.942)	(1.626)	(1.086)	(1.426)	(1.028)	(0.983)	(0.948)	(0.861)	(0.995)	(0.987)	(0.951)	(0.971)	(0.993)

续表

变量	ROE													
	(1)	(2)	(3)	(4)	(5)	(6)	(7)	(8)	(9)	(10)	(11)	(12)	(13)	(14)
LT	0.119 (0.712)	0.053 (0.846)	0.071 (0.889)	0.145 (0.912)	0.018 (0.653)	0.066 (0.754)	0.046 (0.833)	0.142 (0.773)	0.156 (0.627)	0.012 (0.856)	0.074 (0.931)	0.264 (0.941)	0.043 (1.027)	0.208 (0.756)
$GW \times LIN$									-0.029** (-2.142)					
$GW \times GIN$										-0.139** (-2.077)				
$GW \times FIN$											-0.036** (-1.748)			
$EXPE \times LIN$												-0.078** (-2.165)		
$EXPE \times GIN$													-0.252** (-1.979)	
$EXPE \times FIN$														-0.155* (-1.387)
IND	控制	控制	控制	控制	控制	控制	控制	控制	控制	控制	控制	控制	控制	控制
YR	控制	控制	控制	控制	控制	控制	控制	控制	控制	控制	控制	控制	控制	控制
Adjusted-R^2	0.171	0.173	0.189	0.192	0.187	0.199	0.186	0.188	0.206	0.207	0.214	0.208	0.212	0.209
F Value	20.139***	23.546***	21.647***	22.361***	22.984***	23.026***	21.871***	22.682***	19.553***	19.905***	18.267***	21.159***	22.142***	18.697***
N	821	821	821	821	821	821	821	821	821	821	821	821	821	821

注：*、**、***分别表示在10%、5%和1%的水平下显著。

在当前中国转型经济的背景下，法律保护薄弱、金融体系落后、政府干预私有产权的现象较为普遍，这些都会对民营企业的经营和发展产生负面影响。因此，民营企业家的隐性政治资本能够作为一种具有保护作用的替代性机制而存在，使企业免受市场缺陷的影响。可以预见的是，随着中国经济改革的持续深入与制度环境的日益完善，民营企业家隐性政治资本所带来的影响会逐渐减弱。

13 企业政治资本在不同制度环境下的公司资源获取

13.1 研究基础

在我国市场化改革及现代化发展的进程中，非公有制经济发挥的作用功不可没。根据国家工商总局的统计，目前非公有制经济贡献了我国 GDP 的 60%、国家税收的 70%、企业总数的 80% 以及新增就业的 90%，成为推动我国经济社会发展的重要力量。然而与此形成鲜明对比的却是民营经济狭窄的发展空间。虽然国家在 2005 年就出台了《国务院关于鼓励支持和引导个体私营等非公有制经济发展的若干意见》，旨在放开民营企业进入垄断行业的准入门槛，但与国有企业相比，只有 20% 的民营企业进入了金融、能源、汽车等高壁垒行业，而前者的进入比例却高达 90%（余东华、邱璞，2016）。

在经济转型国家中，政府手中掌握了大多数经济资源（Waddell，2014），但在资源分配上，政府会将关乎国计民生的产业予以严格管制，并委托大型国有企业经营，而对民营企业设置进入壁垒（谢琳等，2012）。面对壁垒行业超额的经济利润，处于产业竞争激烈、发展空间有限环境中的民营企业产生了强烈的进入动机（张雨潇、方明月，2016）。然而我国民营企业长期缺乏稳定的法律保护与政策支持（杨中仑等，2014），也缺乏有序竞争的市场环境。因而民营企业要想突破壁垒行业的门槛，获得政府审批的通过，就会寻找相关"门道"，即通过与政府建立政治联系来获取进入壁垒行业的资格。这种政治资本有助于企业获取政府掌控的资源（Chen et al.，2012），能够在一定程度上缓解当前国家对民营企业的所有制歧视问题（Wu et al.，2012b）。

目前关于民营企业政治资本的相关研究，大多集中于企业家或公司高管的个人政治身份在获取银行信贷资源（罗党论、刘璐，2010；应千伟、罗党论，2015；Hung et al.，2017）、投资机会（余明桂、潘红波，2008a；薛有志等，2010；蔡庆丰等，2017）、财政补贴（潘越等，2009；张洪刚、赵全厚，2014；李传宪，2015）以及提高企业绩效（杜兴强等，2009；高冰、王延章，2014；张平、黄智文，2015）等方面发挥的积极作用。民营企业另一种重要的政治关联方式是公司在所有权安排中引入（保留）一定比例的国有股权，该国有股权可作为一种与政府建立密切联系的途径。宋增基等（2014）研究发现含有部分国有股权的民营控股公司更容易获取银行信贷资源并且能获得更长的贷款期限。Song 等（2015）研究了这种政治关联机制在帮助民营企业获取信贷资源、提高企业绩效上的显著促进作用。上述两种政治关联机制是民营企业在中国现有政治、经济制度中积极获取的两种政治资本，也是为较多学者所关注并研究的对象。而民营企业还存在一种隐性政治资本，主要指公司高管、企业家或其主要亲属为前任（现任）政府官员，部分学者虽然已对此有所研究，但仍未全面、深刻地呈现这种隐性政治资本对企业经营发展所带来的影响。杜颖洁和杜兴强（2011）以2006年上海社保基金丑闻期间的137家本地企业为例，分析发现公司董事会中具有曾任职于政府部门的成员这种隐性政治资本的企业，其在丑闻风波期间的收益波动率明显更大。Yu 等（2017）从社会网络资本的角度探寻了"关系"对企业获取资源的重要作用。企业拥有的这种隐性政治资本与上述两种显性政治资本其作用机制不尽相同，它是不在"台面"上的，而是一种隐性的政治资本（Fisman and Wang，2015）。

本章对民营企业三种不同类型的政治资本及其作用机制进行了比较分析，随后引入制度环境这一重要影响因素，以此来分析不同的制度环境对企业政治资本发挥的作用及其影响程度存在何种差异。制度环境是企业外部环境的关键因素，对民营企业的生存和发展以及企业之间的竞争都发挥着至关重要的作用。在当前制度环境尚不完善的情况下，如何应对及处理与政府之间的关系也就构成了民营企业战略发展和经营决策的重要方面。研究结果发现企业家隐性政治资本对民营企业的影响最为显著，并且它不随制度环境的改善而减少，为我们重新认识不同种类的政治资本与其作用机制提供了新的理论依据，也为我们了解当前制度环境尚不完善情况下"人治"思想的广泛存在提供了新的视角。本章的研究丰富了民营企业政治资本的理论框架与研究内容，有助于解释民营企业在各种制度法规尚不完善的情况下，仍能得到快速发展的内在机理，并为政府部门思考如何进行制度建设、改善企业的营商环境提供了新的理论依据。

13.2　理论分析与研究假设

13.2.1　民营企业政治资本与公司资源获取

中国作为经济转型国家，目前市场经济秩序尚未完全建立起来，由于政府手中掌控了许多民营企业发展所需的稀缺资源（罗党论、黄琼宇，2008），企业的投资项目往往也需要通过政府审批才得以进行（周黎安，2018），因此政府对市场参与主体的影响较大。实际上，在中国特定的社会文化背景及尚不完善的经济体制下，政府在进行资源分配的过程中，通常会根据关系的亲疏远近来配置资源（陈占江，2007）。因而越是在产权保护水平较低、经济发展程度不高以及政府干预力度较大的地区，民营企业家寻求政治参与的动机就越强（王伟、彭鹏，2014），因为企业家的个人政治身份能在一定程度上缓解企业与金融机构之间长期存在的信息不对称问题，从而为企业提供融资便利（罗劲博，2016）。杨中仑等（2014）通过实证分析认为在政府干预较大及经济发展较为落后的地区，企业很希望引入或保留部分国有股权；Song 等（2015）研究发现民营企业含有一定比例的国有股权会更容易获取信贷资源。另外，Ang 和 Boyer（2007）及 Calomiris 等（2010）等指出拥有政府机构工作背景的企业家或公司高管更容易带来政府合同、税收优惠等好处。总之，拥有政治资本的企业更容易从政府那里获得经济资源（刘林，2016）。

对于金融、石油、电信等行业，政府制定了严格的法律条规以及审批程序对其进行管制（王珍义等，2014）。胡旭阳和史晋川（2008）通过对中国民营企业 500 强实证分析发现，民营企业拥有的政治资源有利于其进入受政府严格管制的行业。Chen 等（2014）也认为企业采取的政治策略对其进入垄断性行业具有很大的帮助。对于拥有个人政治身份的民营企业家来说，其通过参政议政的方式与政府部门形成了密切往来，甚至与某些政府官员建立了紧密的私人联系，因而在申请进入管制行业时更容易从政府手中获得准入资格，从而分取垄断性行业的"一杯羹"（高雅等，2013）。同样，民营企业含有一定比例的国有股权可向外界传递出获得政府支持及企业具有相当的实力的信号，增强了企业的信用和声誉，为企业提供了一种隐性担保。声誉机制作为正式机制的补充，能有效抑制信息不对称所产生的道德风险问题（叶康涛等，2010）。因而，含有部分国有股权的民营企业在申请进入高壁垒行业时也更容易获得政府的信任并通过。另外，与民营企业通过显性政治资本以获得政府部门的支持不同，企业家或公司高管的隐性政治资本建立在私人长期工作交往的感情与信任基础之上，民营企业凭借这种隐含的社会资源也能从政府相关部门获得进入管制性行业的资格审批。这是因为人情、面子、关系等行为规范在社会经济秩序中具有重要作用（邓健等，2015）。因而民营企业掌握一定的隐性政治资本，可依靠其特殊的关联渠道获取所需经济资源。综上所述，我们提出假设13.1。

假设13.1：拥有政治资本的民营企业在资源获取上具有更大的优势。

13.2.2 不同类型政治资本对公司资源获取的影响

民营企业家通过当选人大代表、政协委员等方式与政府部门或官员建立政治联系，从而参与政府的政策制定，并通过施加一定的影响为企业争取经济资源，这种基于企业家政治身份的关联方式属于个人层面上的政治资本。提升这种政治资本的效果依赖企业家个人的积极作为，即企业家与政府官员的密切互动，因而这种个人政治资本的影响力往往是比较有限的。现有研究发现，企业家进行政治参与的主要动机是提高个人社会地位（邬爱其、金宝敏，2008）。因而与这种建立在企业家个人层面上的政治资本相比，民营企业含有一定比例的国有股权是一种直接作用于制度层面上的政治关联方式（Song et al.，2015）。由于代表国家利益的国有股权实际上缺乏有效的持股主体，在特殊的委托代理关系下，政府官员或者其指定任命的代理人代为行使出资人权力，因而国有股权天然就与政府具有紧密的联系。这种建立在制度层面上的政治关联方式为民营企业提供了一个与政府进行有效沟通的渠道，因而也就比个人层面上的政治资本显得更有分量。另外，张培尧（2012）指出国有股权也具有一定的逐利性，因而会凭借与政府的密切联系争取有利于企业发展的资源。所以我们有理由认为，在民营企业获取经济资源方面，企业含有国有股权这种政治资本要比民营企业家的个人政治身份更有影响力。与上述两种显性政治资本不同，隐性政治资本完全是基于私人关系来发挥作用，它没有企业家个人政治身份所拥有的政治平台，也没有国有股权那种写入《公司法》的合同保证，这种政治资本依靠的是社会关系网络中的交情、信任等因素，因而具有较大的不确定性，在对民营企业获取经济资源方面的影响上我们也就认为其不如显性政治资本的作用强。

综上，由于国有股权属于制度层面上的政治资本，能带给企业类似于"体制内"的声誉保障，因而我们猜测其对企业进入壁垒行业的影响最大；而民营企业家参政属于个人层面上的政治资本，也拥有国家政治制度的保障，但影响力应低于国有股权这种机制；作为隐性政治关联方式的企业家社会资本，由于这种政治资本主要是基于私人关系并且没有任何制度上的保障，因而我们猜测其对企业进入壁垒行业的影响力最弱。由此，我们提出假设13.2。

假设13.2：在获取经济资源方面，含有部分国有股权这种政治资本发挥的作用最大，企业家个人政治身份的影响力居中，基于私人关系的隐性政治资本影响最弱。

13.2.3 民营企业政治资本与制度环境

由于我国正处于经济转轨时期，与市场经济配套的相应市场规则、法律体系还有待完善，政府在经济活动中扮演的角色也未全面转变（王永进、盛丹，2012）。而制度环境体现为一系列基本的政治、社会和法律规则，是市场行为的激励机制（李健、陈传明，2013）。任何企业的生存都与其所处的制度环境息息相关，在市场化程度较低的地区，企业难以依靠市场原则获取有价值的资源；在法制水平较差的地区，企业的交易行为容易受到侵害，权益容易被掠夺；在政府干预较为严重的地区，企业的发展会受到较大限制，缺乏自由竞争的市场环境。因而从本质上来说，民营企业寻求政治关联是企业应对不完善制度环境的具体表现，并主要体现为寻求法律保护、市场原则等机制的替代品，是正式制度缺位下的正常反应。李诗田和邱伟年（2015）研究指出，当企业所处的地区面临较为严重的税收负担或罚款时，政治关联能够帮助企业抵消制度的部分负面效应；当企业处于法律保护水平较低的国家或地区时，政治关联可以保护企业的合法产权不受侵害。我国各个地区由于资源禀赋、政策导向以及历史因素等差异，市场化程度也存在较大的不同，各地区民营企业赖以生存的制度环境也就有所差异。Song 等（2016）通过研究发现，民营上市公司与政府建立政治联系意愿的强烈程度与其所处地区的产权保护力度、政府干预程度及市场经济发展水平有显著的关系。一个地区的政府干预力度越大、法律保护程度越低、民营经济发展水平越落后，当地民营上市公司与政府建立政治关联的愿望就越强烈。那么随着企业外部制度环境的改善，我们猜测企业寻求政治关联的愿望也将减弱，企业试图通过与政府建立关联来获取经济资源的动机将会降低。当法制水平及民营经济发展水平都提高、政府干预力度减弱后，企业的生存环境将会随之改善，企业行为将更多地依靠市场规则来进行，寻求政府庇护的动机将会减弱。因而企业家通过当选人大代表、政协委员来参与政策制定、争取资源的意图将会下降，企业依靠国有股权这种与政府的天然联系来获取政策支持的需求也将降低，也就是说显性政治资本的作用将会下降。而对于隐性政治资本而言，由于法制水平的提高、政府角色的转变，政府办事流程将更程序化及公开化，通过私人关系这种不透明方式来获取便利的可能性也将下降。因此在制度环境改善的情况下，我们猜测政治资本对民营企业获取经济资源的作用也将减弱。由此，我们提出假设 13.3。

假设 13.3：在产权保护水平越高、民营经济发展程度越高、政府干预力度越小的地区（制度环境越好的地区），民营企业政治资本对企业获取经济资源的作用越小。

13.3　研究设计

13.3.1　样本选择和数据来源

中国的民营上市公司包括上市时就是民营性质的公司和上市后通过改

制转变为民营性质的公司两种情况。本章选取的样本范围是，民营控股上市公司中第一大股东为产权清晰的自然人或实际控制权属于自然人的公司，研究期限为 2009~2014 年。为保证民营控股上市公司政治资本的纯粹性，剔除了国有上市公司通过股权转让而成为民营企业的样本，因为这样的公司在股权转让前就存在复杂的政治关联，即选取的样本是通过民营化方式而直接上市的公司。

我们按照以下方式对原始样本进行了剔除：①金融、保险行业的公司；②信息披露不完善或数据严重缺失的公司；③被 ST、PT 等特殊处理的公司；④创业板公司。因为这些公司的实际控制人多数具有海外学习或工作背景，且公司规模较小，业务比较单一，与本章的研究宗旨不符。最后，我们得到 306 个样本公司，共计观测值 1618 个。进入壁垒指标借鉴陈斌等（2008）对壁垒行业的分类，并根据 Wind 数据库中上市公司行业分类或公司年报中披露的所涉及行业确定样本是否进入高壁垒行业；制度环境数据主要来自樊纲等（2011）编制的《中国市场化指数——各地区市场化相对进程 2011 年报告》。此外，关于企业家出身背景、政治身份及其主要亲属关系的信息主要通过公司年报、Wind 数据库的子数据库"股票深度资料"的下级数据库"董事会及管理者信息"以及互联网搜索引擎手动收集整理而来。上市公司的其他公司治理数据、公司财务相关数据来自 CSMAR 数据库。另外，为控制极端值的影响，我们对样本数据还进行了上下 1% Winsorize 处理。

13.3.2　计量模型与变量说明

（1）企业政治资本变量

我们从以下三个方面对民营企业政治资本（PI）的作用机制进行刻画。关于显性政治资本，以往研究大都采用企业家的政治身份以及近年来逐渐引起学者们普遍关注的国有股权进行衡量；而关于隐性政治资本，则较少有文献进行系统分析。

关于民营企业家的政治参与，目前民营企业家正式参与政治的方式主要有：①进入人大、政协；②在工商联、青联、妇联任职；③加入中国共产党或民主党派。我们采用多数研究的一般定义方法，将民营企业家参政定义为企业实际控制人/董事长或总经理当选人大代表或政协委员（由于上市公司对地方经济的影响力较大，样本公司绝大多数企业家参政的级别都在地市级及以上，我们定义的当选人大代表或政协委员均指地市级及以上）。

关于民营企业含有的部分国有股权，我们引入非控股国有股权比例（SER）这一指标。我们首先在 CSMAR 数据库中得到各个公司的前十大股东中国有股本数与公司前十大股东的总股本，然后计算出国有股股数占总股数的比例。一般来说，我们认为引入或保留的国有股权比例越高，民营企业与政府建立的政治关联程度就越强。

关于民营企业的隐性政治资本，我们采用企业家社会资本（SC）这一指标进行衡量。通过查阅上市民营企业公开披露的企业实际控制人、管理层信息，以及利用关键词进行互联网搜索，获取包括企业实际控制人或总经理曾任职于政府有关部门并担任重要职位的信息（县处级及以上），或其主要亲属、董事会成员等担任上述政府部门的重要官员。

（2）制度环境变量

在制度环境变量方面我们采用了樊纲等（2011）编制的《中国市场化指数——各地区市场化相对进程 2011 年报告》。其中地区产权保护水平指数（PPI）由市场中介组织的发育、对生产者合法权益的保护、对知识产权的保护以及对消费者权益保护等构成，该指数越大，说明当地的产权保护水平越高。民营经济发展程度指数（DPI）用非国有经济指数衡量，由非国有经济在工业销售收入中所占比重、非国有经济在全社会固定资产总投资中所占比重、非国有经济就业人数占城镇总就业人数的比例等构成，该指数越大，说明当地的民营经济发展程度越高。政府干预指数（GII）衡量了政府与市场之间的关系，由市场分配资源的比重、减轻农民的税费负担、减少政府对企业的干预、减少企业的税费负担以及缩小政府规模等部分构成，该指数越大，说明政府干预越小。

（3）资源获取

我们选用进入壁垒这一变量对民营企业的资源获取能力进行刻画。由于进入壁垒主要可分为以下三种类型：行业本身经济特性导致的结构性壁垒、在位企业通过采取手段导致的策略性壁垒以及政府部门通过管制造成的行政性壁垒（耿宏，2004；臧旭恒等，2007）。而本章主要研究民营企业具有的政治资本能否带来获取经济资源的便利，因而我们只研究行政性进入壁垒。本章采用是否进入高壁垒行业（*BAR*）及进入程度（*BARR*）这两个变量来衡量民营上市公司进入壁垒行业的情况。根据陈斌等（2008）通过德尔菲法确定的对壁垒行业指数刻画后的划分，本章也将壁垒较高的行业确定为以下两类：一类是行业壁垒指数在 7 及以上的行业，如能源设备与服务、金属与非金属采矿、汽车、资本市场、电力与燃气、复合公用事业与水务、公路与铁路运输及交通基础设施、媒体、海运与航空、航天与国防、多元电信服务等；另一类是指数在 3～6，如化工、机械、电气设备、建筑产品、房地产等行业。若民营企业经营业务中涉及以上行业，则 *BAR* 的值为 1，否则为 0。在稳健性检验中，我们还引入了变量进入程度（*BARR*），即企业进入壁垒行业的营业收入总和占总收入的比值。

（4）特征变量

在特征变量方面，我们控制了多个影响民营上市公司进入壁垒行业的公司特征变量：公司规模（*TA*）、财务杠杆（*LEV*）、上市时间（*LT*）。我们还定义了民营企业的主营业务收入是否为当地支柱产业即支柱性产业（*PL*）变量，若民营企业的主营业务为当地支柱产业，那么当地政府出于解决就业、增加税收等政治目的便会对该企业大力扶持，企业与政府形成政治关联也就更加容易。此外，我们还采用了虚拟变量来控制行业影响和年度的影响。行业（*IND*）虚拟变量依据证监会于 2012 年颁布的《上市公司行业分类指引》进行设定；年度（*YR*）虚拟变量则以不同的年份进行设定。详细的变量定义如表 13 - 1 所示。

表 13 - 1　变量的定义及说明

变量	变量符号	定义
进入壁垒变量		
是否进入高壁垒行业	*BAR*	虚拟变量，若民营企业经营业务中涉及以下 11 种：能源设备与服务、金属与非金属采矿、汽车、资本市场、电力与燃气、复合公用事业与水务、公路与铁路运输及交通基础设施、媒体、海运与航空、航天与国防、多元电讯服务，则 *BAR* 的值为 1，否则为 0
进入程度	*BARR*	企业进入壁垒行业的营业收入总和占总收入的比值

变量	变量符号	定义
政治资本	PI	虚拟变量，若企业存在文中分类的三种中任何一种形式的政治资本时则为1，否则为0
民营企业家参政	PC	虚拟变量，当企业实际控制人/董事长或总经理是地市级及以上人大代表或政协委员时为1，否则为0
非控股国有股权比例	SER	公司前十大股东中国有股本占公司前十大股东的总股本的比例
企业家社会资本	SC	虚拟变量，当企业实际控制人或总经理曾任职于政府相关部门，并担任县处级及以上职位，或其主要亲属、董事会成员担任上述政府部门的重要官员时为1，否则为0
制度环境变量		
地区产权保护水平指数	PPI	由市场中介组织的发育、对生产者合法权益的保护、对知识产权的保护以及对消费者权益保护等构成，该指数越高则地区产权保护水平越高
民营经济发展程度指数	DPI	由非国有经济在工业销售收入中所占比重、非国有经济在全社会固定资产总投资中所占比重、非国有经济就业人数占城镇总就业人数的比例等构成，该指数越高则当地民营经济发展程度越高
政府干预指数	GII	由市场分配资源的比重、减轻农民的税费负担、减少政府对企业的干预、减少企业的税费负担以及缩小政府规模等部分构成，该指数越高说明政府的干预力度越小
公司特征变量		
公司规模	TA	公司年末总资产的对数值
财务杠杆	LEV	公司年末总负债与总资产的比值
支柱性产业	PL	虚拟变量，如果是当地支柱性产业为1，否则为0
上市时间	LT	公司上市年数
年度	YR	虚拟变量，样本观测值处于该年度时为1，否则为0
行业	IND	虚拟变量，当企业处于该行业时为1，否则为0
变量	变量符号	定义
从政时间	PT	由于我国政府官员基本为5年一次换届，因而我们将5年及以下的从政时间赋值为1，10年及以下为2，20年及以下为3，20年以上为4
从政级别	LEVEL	曾任职的最高级别为科员及以下赋值1分，为处级及以下为2分，厅级及以下为3分，厅级以上为4分。司和厅、局，处和县，科和乡属于同一级别的不同称谓。若企业拥有不止一名前任政府官员，则将各分值加总计算

为了检验本章提出的假设 13.1 和假设 13.2，我们构造了如下的 logistic 模型：

$$\text{Prob}\ (BAR_{it} = 1)\ = \alpha_0 + \alpha_1 PC_{it} + \sum \beta\ Control_{it} + YR + IND + \varepsilon_{it} \tag{13.1}$$

在以上模型中我们控制了四个变量，即：

$$\sum \beta\ Control_{it} = \beta_1 TA_{it} + \beta_2 LEV_{it} + \beta_3 PL_{it} + \beta_4 LT_{it}$$

在模型（13.1）中，BAR 为被解释变量，表示民营上市公司是否进入高壁垒行业，PI 为政治资本变量，包括显性政治资本和隐性政治资本，即民营企业家参政（PC），非控股国有股权比例（SER），企业家社会资本（SC），i 代表横截面上不同的公司，t 表示不同的年份。

假设 13.3 则是为了检验不同类型的政治资本与制度环境对民营上市公司进入壁垒行业的影响是否存在替代关系。我们建立的模型如下：

$$\text{Prob}(BARR_{it} = 1)\ = \alpha_0 + \alpha_1 PC_{it} + \alpha_2 IE_{it} \times PC_{it} + \alpha_3 IE_{it} + \\ \sum \beta\ Control_{it} + YR + IND + \varepsilon_{it} \tag{13.2}$$

在模型（13.2）中，变量 IE 表示制度环境指标，包括地区产权保护水平指数（PPI）、民营经济发展程度指数（DPI）以及政府干预指数（GII）三个变量。控制变量与模型（13.1）相同。

13.4 实证结果及分析

13.4.1 描述性统计

表 13-2 是对研究变量的描述性统计结果。

表 13-2 研究变量的描述性统计

变量	观测值	最小值	最大值	均值	标准差
PI	1618	0	1	0.654	0.371
PC	1618	0	1	0.612	0.367
SER	1618	0	0.353	0.169	0.086
SC	1618	0	1	0.537	0.355

变量	观测值	最小值	最大值	均值	标准差
BAR	1618	0	1	0.631	0.371
BARR	1618	0	1	0.227	0.357
PPI	1618	0.170	19.890	10.513	7.110
DPI	1618	0.360	11.800	8.572	2.236
GII	1618	-4.680	10.420	8.641	3.682
TA	1618	17.826	35.734	20.682	3.361
LEV	1618	0.037	0.751	0.564	0.337
PL	1618	0	1	0.343	0.292
LT	1618	1	16	6.725	6.576

表13-2显示,政治资本(PI)的均值为0.654,表明样本公司中有近2/3的企业存在不同形式的政治资本,说明民营上市公司与政府建立政治关联的情况十分普遍。其中,民营企业家参政(PC)的均值为0.612,说明在所取样本中,有超过60%的企业其实际控制人或高管具有个人政治身份,并担任了地市级及以上的人大代表或政协委员。非控股国有股权比例(SER)的均值为0.169,说明在样本公司的股权结构中,国有股权占一定比重。企业家社会资本(SC)的均值为0.537,说明有一半以上的民营企业家与政府有关部门及其官员存在一定的关系。在进入壁垒方面,BAR的均值为0.631,说明有一半以上的民营上市公司进入了存在较高壁垒的行业,且平均进入程度达到22.7%。关于制度背景方面,中国各地区的制度环境存在较为明显的差异,以地区产权保护水平指数(PPI)为例,其均值为10.513,最大值为19.89,最小值仅为0.17。

另外,在控制变量方面,LEV的均值为56.4%,说明民营控股公司的整体负债正常;PL的均值为34.3%,说明超过1/3的民营控股公司的主营业务涉及当地的支柱性产业。

13.4.2 变量的相关性检验

表13-3给出了变量之间的Pearson相关系数矩阵。

表13-3显示,民营上市公司是否进入高壁垒行业(BAR)与民营企业家参政(PC)、非控股国有股权比例(SER)及企业家社会资本(SC)均

呈显著的正相关关系，且与企业家社会资本（SC）的相关性最为显著，说明民营上市公司拥有不同形式的政治资本有助于其进入壁垒较高的行业，该结果初步支持假设 13.1。此外，企业是否进入高壁垒行业（BAR）与支柱性产业（PL）在 10% 的水平下呈显著正相关关系，说明民营企业的经营业务若为当地支柱性产业，则更容易获取进入高壁垒行业的资格。另外，企业是否进入高壁垒行业（BAR）与公司规模（TA）、财务杠杆（LEV）、上市时间（LT）均为正相关关系，但并未通过显著性检验。从以上结果可看出，其他解释变量之间不存在明显的共线性问题。

表 13 – 3　研究变量的 Pearson 相关分析

变量	BAR	PC	SER	SC	PPI	DPI	GII	TA	LEV	PL	LT
BAR	1										
PC	0.134 **	1									
SER	0.205 **	0.047	1								
SC	0.313 ***	0.108	0.117	1							
PPI	0.116	0.114	0.096	0.132	1						
DPI	0.157	0.029	0.063	0.048	0.055	1					
GII	0.355	0.031	0.049	0.064	0.037	0.054	1				
TA	0.092	0.156 *	0.183 *	0.171	0.106	0.122	0.087	1			
LEV	0.089	0.076	0.051	0.038	0.043	0.046	0.052	0.113 *	1		
PL	0.184 *	0.123 **	0.139 *	0.116	0.113	0.161	0.096	0.126 *	0.068	1	
LT	0.085	0.202	0.088	0.135	0.066	0.067	0.072	0.142	0.027	0.159 *	1

注：*、**、*** 分别表示在 10%、5% 和 1% 的水平下显著。

13.4.3　回归结果分析

（1）民营企业政治资本与进入壁垒

表 13 – 4 给出了民营企业三种不同类型的政治资本对企业进入高壁垒行业影响的回归结果。

由表 13 – 4 列（1）可看出，在控制了年度（YR）、行业（IND）以及其他公司特征变量后，民营企业政治资本（PI）在 1% 的水平下显著为正，该结果使假设 13.1 得以验证，即相对于无政治资本的民营上市公司，拥有政治资本的企业更有可能进入高壁垒行业。这与罗党论和赵聪（2013）得出的民营企业采取政治策略有助于其进入政府管制行业的结论是一致的。在其他变量方面，公司规模（*TA*）、财务杠杆（*LEV*）以及上市时间（*LT*）的系数均为正，但都未通过显著性检验。而支柱性产业（*PL*）的系数在5%的水平下显著为正，说明民营企业的主营业务若为当地支柱性产业则越有可能进入高壁垒行业，这可能与当地政府出于地方经济发展、稳定就业的考虑而提供给企业的资源回报有关。

表 13 - 4　民营企业政治资本对企业进入壁垒的影响

	被解释变量：*BAR*			
	（1）	（2）	（3）	（4）
政治资本变量				
PI	0.092 ***	—	—	—
	(3.832)			
PC	—	0.066 **	—	—
		(1.792)		
SER	—	—	0.074 **	—
			(1.875)	
SC	—	—	—	0.085 ***
				(2.557)
公司特征变量				
TA	0.037	0.026	0.038	0.031
	(1.156)	(1.072)	(1.003)	(1.084)
LEV	0.064	0.051	0.061	0.052
	(1.228)	(0.862)	(0.985)	(0.902)
PL	0.072 **	0.053 *	0.071 **	0.068 **
	(2.247)	(1.321)	(2.046)	(2.237)
LT	0.028	0.039	0.039	0.032
	(0.937)	(1.034)	(1.124)	(1.108)
IND	控制	控制	控制	控制
YR	控制	控制	控制	控制
LR chi^2	112.83 ***	116.67 ***	120.17 ***	124.34 ***
Nagelkerke-R^2	0.178	0.195	0.208	0.211
N	1618	1618	1618	1618

注：* 、** 、*** 分别表示在10% 、5% 和1% 的水平下显著。

表 13 - 4 第（2）~（4）列分别为民营企业家参政（PC）、非控股国有股权比例（SER）以及企业家社会资本（SC）对民营上市公司是否进入高壁垒行业（BAR）影响的回归结果。从中可以看出，本章所研究的三种不同类型的政治资本均对民营企业是否进入高壁垒行业（BAR）具有显著的正向影响，该结果与假设 13.1 相符，但这三种政治资本的影响大小却不尽相同。由列（2）、列（3）可知，民营企业家参政（PC）及非控股国有股权比例（SER）均在 5% 的水平下显著为正；而企业家社会资本（SC）在 1% 的水平下显著为正。由此可知，企业家社会资本（SC）对民营上市公司是否进入高壁垒行业的影响最为显著，这显然与前文假设不一致，对于为何企业家社会资本发挥的作用是最为明显的，我们将在后文对此给出相应的理论解释与经验分析。在其他变量方面，第（2）~（4）列的回归结果与列（1）相类似。

综上所述，检验结果支持假设 13.1，而假设 13.2 则被推翻并得出新的结论。即相对于其他条件相同的民营企业来说，具有不同形式的政治资本能够帮助民营上市公司进入存在较高壁垒的行业。相对于其他条件相同的民营企业来说，企业家社会资本比企业含有部分国有股权及民营企业家参政更利于其进入高壁垒行业。如果企业家或公司高管曾任职于政府部门或其主要亲属、董事会成员中有人为政府官员，则这种隐性政治资本能够为民营上市公司进入存在较高壁垒的行业发挥最为显著的影响。

（2）民营企业政治资本、制度环境与进入壁垒

表 13 - 5 为引入制度环境变量后民营企业政治资本对其进入壁垒行业影响的回归结果。

表 13 - 5 为模型（13.2）的回归结果，通过引入交互项以考察政治资本与制度环境对企业是否进入高壁垒行业的影响关系。由第（1）~（3）列可以看出，民营企业家参政（PC）的系数均为正，且至少在 5% 的水平下显著，说明民营企业家的个人政治身份有利于企业进入高壁垒行业，这与前文的回归结果一致。而交互项 PPI × PC、DPI × PC 以及 GII × PC 的系数均在 1% 的水平下显著为负，该结果表明在产权保护水平较低、民营经济发展程度较低、政府干预较为严重的地区，民营企业通过企业家参政这种方式寻求与政府的政治关联将有利于企业进入高壁垒行业，即企业家参政这

种政治资本与政府建立的关联是一种有效的替代机制，有利于缓解因不完善的制度环境带来的消极影响。同时，在当地产权保护水平提高、民营经济发展程度增强、政府干预力度减弱后，民营企业通过企业家参政这种方式与政府建立的政治关联其效应将会减弱。也就是说，民营企业所处的制度环境与企业家的个人政治身份在对企业进入高壁垒行业的影响上存在替代关系。

表 13 – 5　民营企业政治资本、制度环境与进入壁垒

	被解释变量：BAR								
	(1)	(2)	(3)	(4)	(5)	(6)	(7)	(8)	(9)
政治资本变量									
PC	0.055 *** (2.387)	—	—	—	—	—	—	—	—
PC	—	0.056 *** (2.401)	—	—	—	—	—	—	—
PC	—	—	0.059 ** (1.948)	—	—	—	—	—	—
SER	—	—	—	0.057 *** (2.412)	—	—	—	—	—
SER	—	—	—	—	0.061 *** (2.399)	—	—	—	—
SER	—	—	—	—	—	0.064 *** (2.431)	—	—	—
SC	—	—	—	—	—	—	0.061 *** (2.561)	—	—
SC	—	—	—	—	—	—	—	0.064 *** (2.594)	—
SC	—	—	—	—	—	—	—	—	0.066 *** (3.672)
制度环境变量									
PPI	0.031 (0.683)	—	—	0.032 (0.736)	—	—	0.034 (1.104)	—	—
DPI	—	0.027 (0.892)	—	—	0.028 (0.931)	—	—	0.030 (0.907)	—
GII	—	—	0.034 (0.859)	—	—	0.033 (0.947)	—	—	0.035 (0.868)

续表

	被解释变量：BAR								
	(1)	(2)	(3)	(4)	(5)	(6)	(7)	(8)	(9)
公司特征变量									
TA	0.038	0.042	0.040	0.035	0.048	0.037	0.036	0.042	—
	(0.985)	(0.784)	(1.092)	(0.963)	(0.644)	(0.732)	(1.068)	(0.947)	
LEV	0.022	0.037 *	0.031	0.044	0.036 *	0.041	0.028	0.031	0.037
	(0.837)	(1.508)	(0.875)	(0854)	(1.616)	(0.894)	(0.724)	(1.179)	(0.867)
PL	0.041 **	0.044 *	0.043 **	0.049 **	0.042 **	0.051 **	0.047 *	0.052 **	0.053 **
	(2.103)	(1.542)	(1.773)	(2.323)	(1.984)	(1.738)	(1.446)	(1.976)	(1.983)
LT	0.022	0.034	0.028	0.032	0.033	0.029	0.054	0.037	0.051
	(0.865)	(0.759)	(1.045)	(0.737)	(0.784)	(1.083)	(0.724)	(1.115)	(0.953)
交互项									
PPI × PC	-0.003 ***	—	—	—	—	—	—	—	—
	(-2.615)								
DPI × PC	—	-0.008 ***	—	—	—	—	—	—	—
		(-2.904)							
GII × PC	—	—	-0.012 ***	—	—	—	—	—	—
			(-3.076)						
PPI × SER	—	—	—	-0.004 ***	—	—	—	—	—
				(-2.509)					
DPI × SER	—	—	—	—	-0.011 ***	—	—	—	—
					(-3.102)				
GII × SER	—	—	—	—	—	-0.008 ***	—	—	—
						(-3.005)			
PPI × SC	—	—	—	—	—	—	0.002 ***	—	—
							(2.414)		
DPI × SC	—	—	—	—	—	—	—	0.007 ***	—
								(3.084)	
GII × SC	—	—	—	—	—	—	—	—	0.006 ***
									(3.001)
IND	控制	控制	控制	控制	控制	控制	控制	控制	控制
YR	控制	控制	控制	控制	控制	控制	控制	控制	控制
LR chi^2	107.59 ***	111.68 ***	114.36 ***	116.48 ***	114.73 ***	119.96 ***	116.58 ***	118.46 **	122.59 ***
Nagelkerke-R^2	0.194	0.176	0.185	0.121	0.183	0.192	0.122	0.184	0.196
N	1618	1618	1618	1618	1618	1618	1618	1618	1618

注：*、**、***分别表示在10%、5%和1%的水平下显著。

第（4）~（6）列的回归结果显示，非控股国有股权比例（SER）的系数在1%的水平下显著为正，表明民营企业在公司所有权结构中含有的国有股权比例越高，越有利于其进入受政府严格管制的高壁垒行业，该回归结果与前文结论相符。而交互项 $PPI \times SER$、$DPI \times SER$ 以及 $GII \times SER$ 的系数均在1%的水平下显著为负，该结果与第（1）~（3）列的结果类似。通过以上对民营企业家参政（PC）及非控股国有股权比例（SER）这两种显性政治资本与制度环境关系的分析，我们得出了与前人研究相一致的结论，即在制度环境不完善的情况下，企业自身的显性政治资本是一种有效的非正式替代性机制（高冰、王延章，2014；李后建，2016），有利于企业从政府那里获取各种资源（戴娟萍、郑贤龙，2015），从而缓解因制度环境不完善对民营企业发展造成的阻碍（牛秀丽、罗健，2019）。

而第（7）~（9）列的结果显示，企业家社会资本（SC）的系数在1%的水平下显著为正，该结果与前文结论一致，即拥有隐性政治资本的企业更容易进入存在较高壁垒的行业。交互项 $PPI \times SC$、$DPI \times SC$ 以及 $GII \times SC$ 的系数均在1%的水平下显著为正，表明当企业所处的制度环境改善时，企业拥有的隐性政治资本仍能对其进入存在较高壁垒的行业发挥促进作用。也就是说，与上述两种显性政治资本在制度环境改善时其作用减弱的情况不一样，当地区的产权保护水平提高、民营经济发展程度增强、政府干预力度降低后，民营企业拥有的隐性政治资本对企业从政府那里获取资源所发挥的作用并不会减弱，反而会随着制度环境的改善而得到一定程度的增强。

基于上述回归结果，我们得知隐性政治资本对企业获取经济资源的影响最为显著，且其作用不随制度环境的改善而减弱，这与我们的假设预期不一致。但从我国传统社会治理与社会结构的角度以及实际经验来看，这一结果也是能被解释的。首先，我国几千年的封建制度与自给自足的小农经济构成的封闭社会结构，形成了以"权治"为核心的权制文明。皇权存在于从秦到清2000多年的中国政治体系中，可以说中国的传统社会是皇权支配一切，传统社会秩序与结构是以皇权制度为核心构建的，在这种制度体系下，皇帝成为国家政权的绝对主宰与权力中心，"权治"思想也就深植人心。延伸到中国传统乡村便是宗族制，宗族制是按家长制原则建立的，族长由族群中最有威望或实力的人担任，为一族之尊，掌管全族事务，对于族中纠纷、私事行处决之权，族民怀有绝对的信任与依赖。这种远离皇权中心的村落相对自治状态便形成了乡村的"人治"思想，即使随着宗族制的逐渐衰落与退出历史舞台，即使随着新中国的建设及法治体系的建立、法制观念的普及，这种思想仍根深蒂固。在乡村治理中，人们可能更依赖通过本宗族中的权威老人来调解纠纷而不求助村干部（费孝通，1985）。族规宗法代替法律的现象正是农村宗族"人治"思想主导下的行为表现（吴思红，2005）。由此可见，不管是"权治"还是"人治"思想，都在我国社会治理中发挥着重要作用，在当前我国的经济转型时期，"法治"处于相对低位和不足的状态，表现在公职人员身上便是不按程序和规则行使权力（胡锐军、杨卡，2016）。因而在某些经济资源的配给审批上，可能存在由某些掌握权力的核心人物说了算的现象，对于企业家来说，若其在政府部门有主要亲属、前同事等任职于关键职位，则将在经济资源获取上得到更大的便利。

其次，从中国传统社会结构来看，费孝通先生于 1947 年提出一个关于社会结构的"差序格局"概念，它指的是在乡土中国，人们之间的关系就像丢进水面的石头产生的一圈圈波纹，每个人都以自身为圈中心，他人与自己的亲疏远近就像推出去的波纹，越推越远（费孝通，1985）。虽然费先生"差序格局"这一概念主要探讨的是中国的社会结构，但后人也较多地引入对"关系"甚至是社会资源的分配模式的探讨中去。陈俊杰和陈震（1998）认为关系是人与人之间基于文化合理性条件下勾连出的一种关联状态，并可划分为伦理、情感和利益三种关联形式。唐玉生等（2018）指出中国人的社会关系是一种由自我开始依次向亲属、熟人、生人和陌生人推远的模式。在"差序格局"中，每个人以自我为中心，以血缘或地缘为纽带，形成一个个的"关系圈"，而通过这种网络中的人际关系来处理问题、解决问题则是儒家文化圈下人们的基本行为方式，同时人们通过关系的亲疏来判断是属于"圈内人"还是"圈外人"，并使之成为规章、制度的运行界限（王建斌，2012）。由于中国人特别注重人情、关系，中国传统社会是一个熟人社会，因而在资源稀缺且分布不均的情况下，"差序格局"就承载了资源配置的功能，人们往往依据关系的亲疏远近，离"己"越近，则得到的资源可能就越多（陈占江，2007）。因而，人们会将"关系"看作争取自己利益的一种行动策略（杨美惠，2009）。由于"人情""关系"是在"差序格局"下中国社会形成的非正式的交往方式，也是集体主义社会普遍存在的现象，因而这种关系的纽带往往在效用上高于组织的规章、制度（王建斌，2012）。而实际上，在法制体制尚不健全的经济转型国家，企业需要依赖一些非正规的替代性机制（比如政治关系）来保护并促进企业的发展（Allen et al.，2005）。

综上，我们有理由得出隐性政治资本在当前中国经济转型阶段起着重要作用的结论，即假设13.3未完全得证。以往认为政治资本是一种非正式的替代性制度，当制度环境得到改善后，政治资本作用将减弱的结论并不一致，本章通过对不同类型的政治资本进行区分，实证检验得出，显性政治资本与制度环境存在替代效应，而隐性政治资本却并不如此。企业拥有的社会资本作为一种隐性政治资本，其作用并不随制度环境的改善而减弱，相反，这种广泛存在于中国关系型社会中的关联途径在制度环境变好的情况下仍能发挥其特有的作用。就目前来说，我国的法治体系建设还不完善，而社会治理中的"权治""人治"思想仍然存在，社会结构仍主要为人情观念浓厚的熟人社会，因而隐性政治资本发挥作用的余地广阔就不难理解了。我们将本章的研究结果通过以下金字塔形结构来反映不同类型的政治资本与制度环境作用大小的关系（见图13-1）。

图13-1　作用大小的金字塔形结构

13.4.4　稳健性检验

（1）变量替换

为了确保上述研究结论的可靠性，我们对被解释变量进行了替换，即将是否进入高壁垒行业（*BAR*）变量替换为进入程度（*BARR*）变量，并代入模型重新进行回归分析，模型（13.1）的回归结果列于表 13 - 6，模型（13.2）的回归结果如表 13 - 7 所示。从稳健性检验的结果来看，主要变量的回归结果仍与先前的结果保持一致，说明本章的实证检验结果具有较高的稳定性和可靠性。

表 13 - 6　稳健性检验——政治资本对企业进入壁垒的影响

	被解释变量：*BARR*			
	（1）	（2）	（3）	（4）
政治资本变量				
PI	0.088 ***	—	—	—
	(2.893)			
PC	—	0.069 **	—	—
		(1.978)		
SER	—	—	0.075 **	—
			(2.342)	
SC	—	—	—	0.084 ***
				(2.677)
公司特征变量				
TA	0.035	0.031	0.036	0.028
	(1.063)	(1.084)	(0.949)	(0.748)
LEV	0.059	0.052	0.058	0.045
	(0.985	(0.902)	(0.732)	(0.478)
PL	0.073 **	0.068 **	0.075 **	0.064 **
	(2.046)	(2.237)	(2.164)	(1.893)
LT	0.039	0.032	0.036	0.028
	(1.124)	(1.108)	(0.603)	(0.878)
IND	控制	控制	控制	控制
YR	控制	控制	控制	控制
Adjusted-R^2	0.242	0.224	0.235	0.245
F Value	24.736 ***	22.374 ***	21.483 ***	24.054 ***
N	1618	1618	1618	1618

注：*、**、*** 分别表示在10%、5%和1%的水平下显著。

表 13 - 7　稳健性检验——民营企业政治资本、制度环境与进入壁垒

	被解释变量：BARR								
	（1）	（2）	（3）	（4）	（5）	（6）	（7）	（8）	（9）
政治资本变量									
PC	0.061 ***	—	—	—	—	—	—	—	—
	（3.303）								
PC	—	0.065 **	—	—	—	—	—	—	—
		（1.819）							
PC	—	—	0.068 ***	—	—	—	—	—	—
			（2.825）						
SER	—	—	—	0.063 ***	—	—	—	—	—
				（2.864）					
SER	—	—	—	—	0.066 ***	—	—	—	—
					（2.895）				
SER	—	—	—	—	—	0.072 ***	—	—	—
						（3.268）			
政治资本变量									
SC	—	—	—	—	—	—	0.069 ***	—	—
							（2.906）		
SC	—	—	—	—	—	—	—	0.073 ***	—
								（2.832）	
SC	—	—	—	—	—	—	—	—	0.077 ***
									（3.638）
制度环境变量									
PPI	0.027	—	—	0.034	—	—	0.033	—	—
	（0.735）			（0.984）			（1.075）		
DPI	—	0.033	—	—	0.031	—	—	0.034	—
		（0.957）			（0.791）			（0.997）	
GII	—	—	0.028	—	—	0.029	—	—	0.031
			（0.859）			（0.698）			（0.976）
公司特征变量									
TA	0.035	0.037	0.041	0.038	0.043	0.042	0.034	0.037	0.033
	（0.853）	（0.784）	（1.184）	（0.789）	（0.839）	（0.734）	（1.025）	（0.947）	（0.792）
LEV	0.030	0.040 *	0.034	0.037	0.028	0.033	0.031	0.035	0.036
	（0.972）	（1.508）	（0.965）	（0.922）	（1.107）	（1.204）	（0.697）	（1.105）	（0.995）
PL	0.048 **	0.045 *	0.052 **	0.046 **	0.047 **	0.054 **	0.050 **	0.048 **	0.044 **
	（1.893）	（1.594）	（1.904）	（2.063）	（1.784）	（1.895）	（2.218）	（1.863）	（2.216）

续表

	被解释变量：BARR								
	(1)	(2)	(3)	(4)	(5)	(6)	(7)	(8)	(9)
LT	0.021	0.038	0.029	0.033	0.029	0.025	0.043	0.038	0.037
	(0.869)	(0.908)	(1.104)	(0.926)	(0.847)	(0.859)	(0.832)	(1.036)	(0.859)
交互项									
PPI×PC	−0.006***	—	—	—	—	—	—	—	—
	(−2.786)								
DPI×PC	—	−0.011***	—	—	—	—	—	—	—
		(−2.958)							
GII×PC	—	—	−0.017***	—	—	—	—	—	—
			(−3.272)						
PPI×SER	—	—	—	−0.008***	—	—	—	—	—
				(−2.562)					
DPI×SER	—	—	—	—	−0.015***	—	—	—	—
					(−2.947)				
GII×SER	—	—	—	—	—	−0.014***	—	—	—
						(−3.422)			
PPI×SC	—	—	—	—	—	—	0.005***	—	—
							(2.677)		
DPI×SC	—	—	—	—	—	—	—	0.010***	—
								(3.178)	
GII×SC	—	—	—	—	—	—	—	—	0.012***
									(2.463)
IND	控制	控制	控制	控制	控制	控制	控制	控制	控制
YR	控制	控制	控制	控制	控制	控制	控制	控制	控制
Adjusted-R^2	0.372	0.306	0.289	0.314	0.294	0.284	0.342	0.329	0.305
F Value	21.356***	22.742***	19.875***	19.894***	21.478***	22.673***	20.724***	20.703***	21.539***
N	1618	1618	1618	1618	1618	1618	1618	1618	1618

注：*、**、*** 分别表示在10%、5%和1%的水平下显著。

（2）进一步检验

本章研究发现，民营企业隐性政治资本对企业获取经济资源的影响最为显著，但前文对隐性政治资本的选取是对企业家社会资本（SC）虚拟变量进行度量，即当企业拥有隐性政治资本时该变量赋值为1，否则为0，而未对民营企业拥有的隐性政治资本程度进行区分。接下来我们将隐性政治资本从从政时间（*PT*）和从政级别（*LEVEL*）两个维度进行评分刻画（见表13-8），以重新检验隐性政治资本对企业进入壁垒的影响，回归结果如表13-9所示。

表 13-8　隐性政治资本赋值度量

维度	变量符号	定义
从政时间	*PT*	由于我国政府官员基本为5年换届一次，因而我们将5年及以下的从政时间赋值为1，10年及以下为2，20年及以下为3，20年以上为4
从政级别	*LEVEL*	曾任职的最高级别为科员及以下赋值1分，为处级及以下为2分，厅级及以下为3分，厅级以上为4分。司和厅、局，处和县，科和乡属于同一级别的不同称谓。若企业拥有不止一名前任政府官员，则将各分值加总计算

表 13-9　进一步检验——隐性政治资本与企业进入壁垒

	BAR		BARR	
	（1）	（2）	（3）	（4）
隐性政治资本变量				
PT	0.046***	—	0.051***	—
	(5.672)		(3.496)	
LEVEL	—	0.048***	—	0.054***
		(3.633)		(4.348)
公司特征变量				
TA	0.028	0.032	0.031	0.033
	(1.142)	(0.683)	(0.844)	(0.535)
LEV	0.042	0.044	0.047	0.043
	(0.684)	(0.878)	(0.724)	(0.659)
PL	0.059*	0.053**	0.062**	0.063*
	(1.574)	(2.098)	(1.776)	(1.485)
LT	0.026	0.029	0.030	0.032
	(1.219)	(1.167)	(0.878)	(0.689)
IND	控制	控制	控制	控制
YR	控制	控制	控制	控制
LR chi^2	118.67***	121.25***		
Nagelkerke-R^2	0.187	0.185		
Adjusted-R^2			0.216	0.208

	BAR		BARR	
	（1）	（2）	（3）	（4）
F Value			20.775***	22.376***
N	1618	1618	1618	1618

注：*、**、*** 分别表示在10%、5%和1%的水平下显著。

表13-9是将隐性政治资本从政时间（PT）和从政级别（LEVEL）两个维度进行赋值度量后，重新代入模型进行回归分析的结果。表13-9显示，不管是对于企业是否进入高壁垒行业（BAR）还是进入程度（BARR）来说，企业家隐性政治资本的从政时间（PT）与从政级别（LEVEL）均在1%的水平下显著为正，说明民营企业拥有前任政府官员这种社会资本的从政时间越长或从政级别越高，对企业获取经济资源的影响就越强。从现实情况来看，通常是政府官员的级别越高权力越大，所能施加的影响也越大；任职时间越久越有可能被提拔，也越可能结识更多的官场同事、朋友，从而建立更强大的社会网络。检验结果进一步验证了隐性政治资本在公司获取经济资源方面发挥的重要作用，有力地支持了本章的研究结果。

13.5　本章小结

政治资本在我国民营经济发展的过程中发挥着重要作用，大量文献也对此进行了研究。然而对于不同类型的政治资本及其作用机制，很少有文献进行较为全面、深入的探讨。本章以民营上市公司2009~2014年的数据为样本，实证检验了民营企业不同类型的政治资本对其进入高壁垒行业的影响，并探讨政治资本在制度环境变化情况下的影响。研究结果表明：民营企业拥有的政治资本能显著增加其进入高壁垒行业的机会，其中，隐性政治资本即企业家社会资本对企业进入高壁垒行业的影响最大，国有股权次之，民营企业家参政的影响最小。此外，民营企业的政治资本是一种有效的外部制度替代机制，在地方产权保护力度较弱、民营经济发展水平较低、政府干预程度较大的环境下，政治资本能起到有效的保护作用，对企业进入高壁垒行业具有积极的影响。而随着制度环境的改善，显性政治资本的影响将减弱，隐性政治资本仍能继续发挥作用。之所以隐性政治资本的作用如此明显，是因为中国传统社会治理模式具有浓厚的"权治"及"人治"思想，这种思想对于逐步步入现代化并面临转型的中国来说仍具有较为深远的影响。

14 主要结论

14.1 研究结论

改革开放以来，中国的民营企业得到了快速发展。根据全国工商联 2018 年披露的数据，民营企业用近 40% 的资源，创造了我国 60% 以上的 GDP，缴纳了 50% 以上的税收，贡献了 70% 以上的技术创新和新产品开发，提供了 80% 以上的就业岗位。与此同时，随着社会主义市场经济体制的日趋完善，越来越多的民营企业通过首次股票公开发行（IPO）以及"买壳上市"等方式进入了中国的资本市场，截至 2018 年 11 月，在沪深两市 3558 家上市公司之中，民营上市公司达 2273 家，占比超过 60%，民营企业已发展成为社会主义市场经济的重要组成部分和国家经济社会发展的重要基础。为了使民营企业继续保持健康、高速发展，需要对其内在成长机理进行研究，其中政治关联是民营企业得以快速发展的重要因素。在这一背景下，本书主要研究了民营企业通过国有股权、企业家社会资本建立政治关联的内在机理、渠道以及不同制度环境下企业政治关联的作用效果。本书的主要研究结论如下。

民营企业中具有董事会席位的国有股能够提高企业绩效，其机制在于：国有股权依靠其与政府的天然联系，能够为民营控股公司带来更多的银行贷款，并且提高了企业进入高壁垒行业的机会，这有助于企业获取更多的经济资源与发展空间，从而促进了企业的经营发展。同时，具有董事会席位但并非公司控股股权的国有股，对企业的经营决策很难产生决定性影响，并不能够充分发挥其对民营企业控股股东的制衡作用，对民营控股股东掏空行为的抑制作用并不明显。

政治关联能够有效提升民营企业的私有产权水平，对其投资水平和技术创新都有显著的正向影响。与此同时，国有股权的政治关联方式在提升民营企业私有产权保护水平上比民营企业家参政的效果更好；并且，在不同的制度环境水平下，民营企业不同类型的政治关联方式对私有产权保护水平的影响也存在显著的差异。

民营控股公司是否含有非控股国有股权对其是否发放现金股利有显著的影响，含有非控股国有股权的民营企业更不倾向于发放现金股利。民营控股公司中非控股国有股权的持股比例对其是否发放现金股利有显著的影响，非控股国有股权比例越高的民营企业越不倾向于发放现金股利。民营控股公司是否含有非控股国有股权对其发放现金股利的力度有显著影响，含有非控股国有股权的民营企业发放每股股利的额度以及股利分配率可能会更低。民营控股公司中非控股国有股权比例对其发放现金股利的力度有显著影响，非控股国有股权比例越高的民营企业发放每股股利的额度以及股利分配率可能会更低。此外，对于全样本企业来说，企业净利润增长率与现金股利发放表现为不显著的正相关关系；但对于含有非控股国有股权的民营企业来说，企业净利润增长率与现金股利发放力度呈显著的负相关关系。

民营企业拥有一定的政治资本能显著影响其定向增发的审批时间、审批结果及融资规模。其中，企业家社会资本能显著缩短定向增发的审批时间，而民营企业家参政和国有股权这两种显性政治资本则对审批时间不具有显著的影响。国有股权对融资额度的影响最为显著，民营企业家参政及企业家社会资本对融资额度无显著的影响。在审批通过率方面，国有股权及民营企业家参政这些显性政治资本均对审批结果有显著的影响，隐性政治资本（企业家社会资本）则不具有显著的影响。

相较于其他条件相同的民营企业来说，具有金融机构工作背景的企业家能够帮助公司获得更多的金融支持，具有政府机构工作背景或干部家庭背景的企业家能够帮助公司更顺利地进入高壁垒行业。与此同时，企业家如果具有国有部门的工作背景或干部家庭背景，相比民营企业家参政对经济资源获取所发挥的作用更大，能够帮助公司获得更多的金融支持与发展空间。

CSR 信息披露与债务融资成本之间呈负相关关系，即披露的社会责任履行程度越好，企业的债务融资成本越低。企业政治关联会增强 CSR 信息披露与债务融资成本之间的关系，即企业政治关联可能影响债权人在进行债务决策时对 CSR 信息披露的依赖程度，从而出现 CSR 信息披露和债务融资成本之间的关系被削弱的结果。企业政治关联对 CSR 信息披露与债务融资成本之间的调节作用受到地区制度环境的影响。在制度环境差的地区，企业政治关联对 CSR 信息披露与债务融资成本之间关系的削弱作用更为显著。

国有股权是一种比民营企业家参政更为有效的政治关联机制。同时，在法制环境较好的地区，企业能够进入高壁垒行业，更多地基于其本身的质量；而在法制环境较差的地区，国有股权为降低壁垒门槛起到了重要的作用。

具有政府部门工作背景的企业家能够帮助公司获得更多的资源来提高公司绩效，企业家在政府部门的工作经历亦能够正向影响公司的绩效。与此同时，在法制环境不甚完善、金融市场不够发达、政府干预力度较大的地区，企业家的隐性政治资本对公司绩效提升能够发挥更大的作用。

民营企业拥有的政治资本能显著提高其进入高壁垒行业的机会，其中，隐性政治资本即企业家社会资本对企业进入高壁垒行业的影响最大，国有股权次之，民营企业家参政的影响最小。此外，民营企业的政治资本是一种有效的外部制度替代机制，在地方产权保护力度较弱、民营经济发展水平较低、政府干预程度较大的环境下，政治资本能起到有效的保护作用，对企业进入高壁垒行业具有积极的影响。而随着制度环境的改善，显性政治资本的影响将减弱，隐性政治资本仍能继续发挥作用。

14.2　研究启示

2013 年 11 月 15 日公布的《中共中央关于全面深化改革若干重大问题的决定》，鼓励发展非公有资本控股的混合所有制企业，意味着国有经济结构将发生重大变化。同样，国务院于 2015 年 9 月发布的《关于国有企业发展混合所有制经济的意见》提出以国企改革推动经济体制改革的深入。本书的研究重点是民营控股公司中含有的国有股权所带来的政治关联效应，即在混合所有制企业中，不同产权性质的大小股东，由于各自利益的差异，可能会在公司治理、股权制衡、资源依赖等功能上引发完全不同的经济结果，研究的目的是为政府部门对混合所有制改革进行制度设计提供一个理论与实证上的参考依据。本书的研究结果有着重要的启示与政策含义。首先，在经济转型过程中，政府应深化经济体制改革，只有企业的经营环境不断趋于完善，企业才能更加自觉地依靠市场机制来高效合理地配置资源，而不是主动寻求与政府的关联来获取利益。其次，在国有股权参股民营企业的经营过程中，应提高国有股权的公司治理水平，尽最大可能发挥制衡股东的监督作用，使国有资产保值增值，而不是反过来被控股的民营股东用作获取资源的政治资本。

本书的研究结果有着重要的启示：在经济转型过程中，政府应深化经济体制改革，加强法制建设，只有企业的经营环境不断趋于完善，企业才能更加自觉地依靠市场机制来高效合理地配置资源，而不是主动寻求各种社会资本来获取利益。随着我国市场化改革的不断深入和法制环境的逐步完善，更多的市场力量将会在资源配置中发挥更加重要的作用，企业社会资本的作用会相应减弱。

另外，社会资本与政治关联一样，有别于腐败。但应引起注意的是，公司或个人可能会运用各种社会网络资源使寻租行为成为可能。对此，我们应该对公司利用社会资本获取好处过程中的目的进行辨别。利用社会资本如果是为了提升公司的业绩，通过合法的途径，则是符合全社会利益的行为。利用社会资本如果是为了谋取个人私利，则会损害全社会的利益，并败坏社会风气，应该受到谴责。社会资本作为当今中国社会中普遍存在的一种隐性替代机制，对其不能一味"打压"，应该对其进行识别和管理。当出现与正式经济制度相背离的行为方式时，往往是背后的正式机制出现了问题。实践证明，流于形式的正式制度比没有该制度造成的影响更加恶劣，它会使人们对制度环境产生普遍的不信任，破坏法制的预期与清正廉明的社会制度文化。

参考文献

一 中文期刊

[1] 安灵，刘星，白艺昕．2008．股权制衡、终极所有权性质与上市企业非效率投资 [J]．管理工程学报，(2)：122-129．

[2] 白石．2004．中小企业融资问题讨论综述 [J]．经济理论与经济管理，(9)：75-79．

[3] 鲍常勇．2009．社会资本理论框架下的人口健康研究 [J]．人口研究，(2)：102-109．

[4] 边燕杰，丘海雄．2000．企业的社会资本及其功效 [J]．中国社会科学，(2)：87-99．

[5] 步丹璐，王晓艳．2014．政府补助、软约束与薪酬差距 [J]．南开管理评论，(2)：23-33．

[6] 蔡地，黄建山，李春米，刘衡．2014．民营企业的政治关联与技术创新 [J]．经济评论，(2)：65-76．

[7] 蔡地，万迪昉，罗进辉．2012．产权保护、融资约束与民营企业研发投入 [J]．研究与发展管理，(2)：85-93．

[8] 蔡庆丰，田霖，郭俊峰．2017．民营企业家的影响力与企业的异地并购——基于中小板企业实际控制人政治关联层级的实证发现 [J]．中国工业经济，(3)：156-173．

[9] 陈斌，佘坚，王晓津，赖建清．2008．我国民营上市公司发展实证研究 [J]．证券市场导报，(4)：42-47．

[10] 陈传明，孙俊华．2008．企业家人口背景特征与多元化战略选择——基于中国上市公司面板数据的实证研究 [J]．管理世界，(5)：15-27．

[11] 陈德萍，陈永圣．2011．股权集中度、股权制衡度与公司绩效关系研

究——2007～2009 年中小企业板块的实证检验 [J]. 会计研究，（1）：38－43.

[12] 陈耿，刘星，辛清泉. 2015. 信贷歧视、金融发展与民营企业银行借款期限结构 [J]. 会计研究，（4）：40－46.

[13] 陈汉文，周中胜. 2014. 内部控制质量与企业债务融资成本 [J]. 南开管理评论，（3）：103－111.

[14] 陈建林. 2015a. 家族控制、非控股国有股权与民营企业债务融资 [J]. 经济科学，（4）：95－106.

[15] 陈建林. 2015b. 家族所有权与非控股国有股权对企业绩效的交互效应研究——互补效应还是替代效应 [J]. 中国工业经济，（12）：99－114.

[16] 陈俊杰，陈震. 1998. "差序格局" 再思考 [J]. 社会科学战线，（1）：197－204.

[17] 陈凌，王昊. 2013. 家族涉入、政治联系与制度环境——以中国民营企业为例 [J]. 管理世界，（10）：130－141.

[18] 陈倩倩，尹义华. 2014. 民营企业、制度环境与社会资本——来自上市家族企业的经验证据 [J]. 财经研究，（11）：71－81.

[19] 陈维，吴世农，黄飘飘. 2015. 政治关联、政府扶持与公司业绩——基于中国上市公司的实证研究 [J]. 经济学家，（9）：48－58.

[20] 陈晓，江东. 2000. 股权多元化、公司业绩与行业竞争性 [J]. 经济研究，（8）：28－35.

[21] 陈信元，黄俊. 2007. 政府干预、多元化经营与公司业绩 [J]. 管理世界，（1）：92－97.

[22] 陈艳艳，谭燕，谭劲松. 2013. 政治联系与会计稳健性 [J]. 南开管理评论，（1）：33－40.

[23] 陈占江. 2007. 差序格局与中国社会转型 [J]. 社会科学评论，（3）：13－20.

[24] 代光伦，邓建平，曾勇. 2012. 金融发展、政府控制与融资约束 [J]. 管理评论，（5）：21－29.

[25] 戴娟萍，郑贤龙. 2015. 政治关联会影响企业风险承担吗？——来自民营上市公司的经验证据 [J]. 财经论丛，（10）：67－76.

［26］戴亦一，潘越，刘新宇．2014．社会资本、政治关系与我国私募股权基金投融资行为［J］.南开管理评论，（4）：88－97.

［27］党红．2008．关于股改前后现金股利影响因素的实证研究［J］.会计研究，（6）：63－71.

［28］邓建平，饶妙，曾勇．2012.市场化环境、企业家政治特征与企业政治关联［J］.管理学报，（6）：936－942.

［29］邓建平，曾勇．2011金融关联能否缓解民营企业的融资约束［J］.金融研究，（8）：78－92.

［30］邓建平，曾勇．2009.政治关联能改善民营企业的经营绩效吗［J］.中国工业经济，（2）：98－108.

［31］邓健，马红玲，马琳．2015.企业家社会资本、竞争战略选择与企业绩效——基于中国制造业上市公司的实证研究［J］.工业技术经济，（5）：150－160.

［32］邓新明．2011.我国民营企业政治关联、多元化战略与公司绩效［J］.南开管理评论，（4）：4－15.

［33］邓新明，熊会兵，李剑峰，侯俊东，吴锦峰．2014.政治关联、国际化战略与企业价值——来自中国民营上市公司面板数据的分析［J］.南开管理评论，（1）：26－43.

［34］丁启军，伊淑彪．2008.中国行政垄断行业效率损失研究［J］.山西财经大学学报，（2）：42－47.

［35］董艳，李凤．2011.管理层持股、股利政策与代理问题［J］.经济学（季刊），（3）：1015－1038.

［36］杜兴强，陈韫慧，杜颖洁．2010.寻租、政治联系与"真实"业绩——基于民营上市公司的经验证据［J］.金融研究，（10）：135－157.

［37］杜兴强，郭剑花，雷宇．2009.政治联系方式与民营上市公司业绩：政府干预抑或关系［J］.金融研究，（11）：158－173.

［38］杜兴强，曾泉，杜颖洁．2011.关键高管的政治联系能否有助于民营上市公司打破行业壁垒？［J］.经济与管理研究，（1）：89－99.

［39］杜兴强，周泽将．2009.政治联系层级与中国民营上市公司真实业绩［J］.经济与管理研究，（8）：37－43.

[40] 杜颖洁，杜兴强．2011．政治联系、涉案行为与审计意见——基于上海社保基金案的实证研究 [J]．管理学报，(2)：186–194.

[41] 封思贤，蒋伏心，肖泽磊．2012．企业政治关联行为研究述评与展望 [J]．外国经济与管理，(12)：63–70.

[42] 冯延超．2012．中国民营企业政治关联与税收负担关系的研究 [J]．管理评论，(6)：167–176.

[43] 傅慧，文彬，贺小刚．2007．企业竞争力的源泉：基于企业家背景的分析 [J]．学术研究，(12)：63–67.

[44] 傅强，朱浩．2013．中央政府主导下的地方政府竞争机制——解释中国经济增长的制度视角 [J]．公共管理学报，(1)：19–30.

[45] 高冰，王延章．2014．管理者政治关联、制度环境与企业绩效间关系的实证研究 [J]．技术经济，(11)：116–122.

[46] 高雅，李孔岳，吴晨．2013．企业家政治关系、市场化程度与行政垄断行业进入 [J]．经济与管理研究，(9)：95–104.

[47] 耿宏．2004．进入壁垒与中国企业竞争战略选择 [J]．产业经济研究，(1)：10–16.

[48] 龚军姣，王俊豪．2011．企业家能力与城市公用事业进入壁垒研究 [J]．经济学家，(11)：35–42.

[49] 苟琴，黄益平，刘晓光．2014．银行信贷配置真的存在所有制歧视吗？ [J]．管理世界，(1)：16–26.

[50] 郭剑花，杜兴强．2011．政治联系、预算软约束与政府补助的配置效率——基于中国民营上市公司的经验研究 [J]．金融研究，(2)：114–128.

[51] 郭丽婷．2016．市场机制、政治关联与债务融资——基于中小企业板上市公司的实证研究 [J]．国际商务（对外经济贸易大学学报），(2)：151–160.

[52] 郭娜．2013．政府？市场？谁更有效——中小企业融资难解决机制有效性研究 [J]．金融研究，(3)：194–206.

[53] 郝项超，张宏亮．2011．政治关联关系、官员背景及其对民营企业银行贷款的影响 [J]．财贸经济，(4)：55–61.

[54] 郝颖，林朝南，刘星．2010．股权控制、投资规模与利益获取 [J]．管

理科学学报，（7）：68 – 87.

［55］何镜清，李善民，周小春 . 2013. 民营企业家的政治关联、贷款融资与公司价值 ［J］. 财经科学，（1）：83 – 91.

［56］何贤杰，肖土盛，陈信元 . 2012. 企业社会责任信息披露与公司融资约束 ［J］. 财经研究，（8）：60 – 71.

［57］贺小刚，张远飞，连燕玲，吕斐斐 . 2013. 政治关联与企业价值——民营企业与国有企业的比较分析 ［J］. 中国工业经济，（1）：103 – 115.

［58］胡国柳，黄景贵 . 2005. 股权结构与企业股利政策选择关系：理论与实证分析 ［J］. 商业经济与管理，（12）：3 – 8.

［59］胡锐军，杨卡 . 2016. 人治祛魅与法治返魅：社会冲突治理的二维路径 ［J］. 行政论坛，（1）：31 – 35.

［60］胡旭阳 . 2010. 民营企业的政治关联及其经济效应分析 ［J］. 经济理论与经济管理，（2）：74 – 79.

［61］胡旭阳 . 2006. 民营企业家的政治身份与民营企业的融资便利——以浙江省民营百强企业为例 ［J］. 管理世界，（5）：107 – 113.

［62］胡旭阳，史晋川 . 2008. 民营企业的政治资源与民营企业多元化投资——以中国民营企业 500 强为例 ［J］. 中国工业经济，（4）：5 – 14.

［63］胡旭阳，吴一平 . 2016. 中国家族企业政治资本代际转移研究——基于民营企业家参政议政的实证分析 ［J］. 中国工业经济，（1）：146 – 160.

［64］黄灿 . 2013. 政治关联能改善民营企业的经营绩效吗？——基于全国民营企业抽样数据的再研究 ［J］. 财经问题研究，（12）：102 – 109.

［65］黄珺，魏莎 . 2016. 独立董事政治关联对企业信贷融资的影响研究 ［J］. 管理评论，（11）：182 – 190.

［66］黄珺，朱辉 . 2014. 政治背景、社会责任信息披露与银行贷款 ［J］. 管理学报，（4）：615 – 623.

［67］纪莺莺 . 2012. 文化、制度与结构：中国社会关系研究 ［J］. 社会学研究，（2）：60 – 85.

［68］贾明，张喆 . 2015. 双重金字塔结构、国有资产监督管理效率与国企绩效 ［J］. 管理评论，（1）：76 – 90.

［69］贾兴平，刘益 . 2014. 外部环境、内部资源与企业社会责任 ［J］. 南开

管理评论，（6）：13 – 18.

[70] 江若尘，莫材友，徐庆 . 2013. 政治关联维度、地区市场化程度与并购——来自上市民营企业的经验数据 ［J］. 财经研究，（12）：126 – 139.

[71] 江雅雯，黄燕，徐雯 . 2012. 市场化程度视角下的民营企业政治关联与研发 ［J］. 科研管理，（10）：48 – 55.

[72] 姜付秀，马云飙，王运通 . 2015. 退出威胁能抑制控股股东私利行为吗？［J］. 管理世界，（5）：147 – 159.

[73] 蒋琰 . 2009. 权益成本、债务成本与公司治理：影响差异性研究 ［J］. 管理世界，（11）：144 – 155.

[74] 靳来群，林金忠，丁诗诗 . 2015. 行政垄断对所有制差异所致资源错配的影响 ［J］. 中国工业经济，（4）：31 – 43.

[75] 剧锦文 . 2011. 民营企业进入垄断产业的壁垒 ［J］. 江苏行政学院学报，（3）：52 – 57.

[76] 李百兴，王博，卿小权 . 2018. 企业社会责任履行，媒体监督与财务绩效研究——基于 A 股重污染行业的经验数据 ［J］. 会计研究，（7）：64 – 71.

[77] 李传宪 . 2015. 政治关联、补贴收入与公司投资效率 ［J］. 财经问题研究，（8）：97 – 104.

[78] 李广子，刘力 . 2009. 债务融资成本与民营信贷歧视 ［J］. 金融研究，（12）：137 – 150.

[79] 李国民，高松 . 2015. 政治关联、会计稳健性与 IPO 抑价 ［J］. 经济经纬，（6）：126 – 131.

[80] 李浩波 . 2015. 我国上市民营企业政治关联动因研究 ［J］. 中国经济问题，（6）：97 – 106.

[81] 李后建，张剑 . 2015. 腐败与企业创新：润滑剂抑或绊脚石 ［J］. 南开经济研究，（2）：24 – 58.

[82] 李后建 . 2016. 政治关联、地理邻近性与企业联盟研发投入 ［J］. 经济评论，（4）：75 – 88.

[83] 李健，陈传明 . 2013. 企业家政治关联、所有制与企业债务期限结构——基于转型经济制度背景的实证研究 ［J］. 金融研究，（3）：157 –

169.

［84］李孔岳，谢琳，宋丽红．2012．企业家从政经历、参政身份与高壁垒行业的进入［J］．学术研究，(12)：74－79．

［85］李莉，高洪利，顾春霞，薛冬辉．2013．政治关联视角的民营企业行业进入选择与绩效研究：基于2005—2010年民营上市企业的实证检验［J］．南开管理评论，(4)：94－105．

［86］李礼，王曼舒，齐寅峰．2006．股利政策由谁决定及其选择动因——基于中国非国有上市公司的问卷调查分析［J］．金融研究，(1)：74－85．

［87］李诗田，邱伟年．2015．政治关联、制度环境与企业研发支出［J］．科研管理，(4)：56－64．

［88］李姝，谢晓嫣．2014．民营企业的社会责任、政治关联与债务融资——来自中国资本市场的经验证据［J］．南开管理评论，(6)：30－40．

［89］李姝，赵颖，童婧．2013．社会责任报告降低了企业权益资本成本吗？——来自中国资本市场的经验证据［J］．会计研究，(9)：64－70．

［90］李思飞，刘欢．2014．政治关联与民营企业银行贷款——基于不同所有权结构商业银行的实证检验［J］．中央财经大学学报，(2)：51－57．

［91］李四海，陈祺．2013．制度环境、政治关联与会计信息债务契约有用性——来自中国民营上市公司的经验证据［J］．管理评论，(1)：155－166．

［92］李维安，邱艾超，古志辉．2010a．双重公司治理环境、政治联系偏好与公司绩效——基于中国民营上市公司治理转型的研究［J］．中国工业经济，(6)：85－95．

［93］李维安，邱艾超．2010．民营企业治理转型、政治联系与公司转型［J］．管理科学，(4)：2－13．

［94］李维安，邱艾超，阎大颖．2010b．企业政治关系研究脉络梳理与未来展望［J］．外国经济与管理，(5)：48－55．

［95］李维安，王鹏程，徐业坤．2015．慈善捐赠、政治关联与债务融资——民营企业与政府的资源交换行为［J］．南开管理评论，(1)：4－14．

［96］李维安，徐业坤．2012．政治关联形式、制度环境与民营企业生产率［J］．管理科学，(2)：1－12．

［97］李维安，徐业坤．2013．政治身份的避税效应［J］.金融研究，(3)：114－129.

［98］李文贵，余明桂．2015．民营化企业的股权结构与企业创新［J］.管理世界，(4)：112－125.

［99］李文洲，冉茂盛，黄俊．2014．所有制、政治关联与企业超额信贷［J］.经济评论，(2)：77－89.

［100］李颖琦，俞俊利．2012．股权制衡与内部控制有效性——基于2008—2010年酿酒类上市公司的案例分析［J］.会计研究，(2)：50－56.

［101］李志军，王善平．2011．货币政策、信息披露质量与公司债务融资［J］.会计研究，(10)：56－62.

［102］连军，刘星，杨晋渝．2011．政治联系、银行贷款与公司价值［J］.南开管理评论，(5)：48－57.

［103］梁莱歆，冯延超．2010．民营企业政治关联、雇员规模与薪酬成本［J］.中国工业经济，(10)：127－137.

［104］林润辉，谢宗晓，李娅，王川川．2015．政治关联、政府补助与环境信息披露——资源依赖理论视角［J］.公共管理学报，(2)：30－41.

［105］林亚清，赵曙明．2013．政治网络战略、制度支持与战略柔性——恶性竞争的调节作用［J］.管理世界，(4)：82－93.

［106］林毅夫，李志赟．2004．政策性负担、道德风险与预算软约束［J］.经济研究，(2)：17－27.

［107］刘剑民．2017．政府补贴对国有资本配置的双重效应［J］.中国社会科学院研究生院学报，(5)：52－59.

［108］刘林．2016．基于信号理论视角下的企业家政治联系与企业市场绩效的关系研究［J］.管理评论，(3)：93－105.

［109］刘林．2015．企业家社会资本的研究评论［J］.重庆大学学报（社会科学版），(1)：77－90.

［110］刘凝霜．2016．政治关系、非正式制度与民营企业发展路径——基于研究脉络与理论逻辑的双视角考察［J］.经济学动态，(10)：86－97.

［111］刘瑞明，石磊．2011．上游垄断、非对称竞争与社会福利——兼论大中型国有企业利润的性质［J］.经济研究，(12)：86－96.

[112] 刘小玄，张蕊．2014．可竞争市场上的进入壁垒——非经济垄断的理论和实证分析 [J]．中国工业经济，(4)：71-83．

[113] 刘小玄．2003．中国转轨经济中的产权结构和市场结构：产业绩效水平的决定因素 [J]．经济研究，(1)：21-29．

[114] 刘行，李小荣．2012．金字塔结构、税收负担与企业价值：基于地方国有企业的证据 [J]．管理世界，(8)：91-105．

[115] 刘迎秋，剧锦文．2008．中国现阶段民营企业人力资本与企业竞争力关系调查与分析 [J]．新视野，(1)：22-27．

[116] 刘永泽，张多蕾，唐大鹏．2013．市场化程度、政治关联与盈余管理——基于深圳中小板民营上市公司的实证研究 [J]．审计与经济研究，(2)：49-58．

[117] 鲁桂华，肖永慧．2015．逆向 GLS 模型、IPO 估值泡沫与政治联系 [J]．中央财经大学学报，(2)：51-59．

[118] 陆瑶，何平，吴边．2011．非控股国有股权、投资效率与公司业绩 [J]．清华大学学报（自然科学版），(4)：513-520．

[119] 逯东，王运陈，王春国，杨丹．2013．政治关联与民营上市公司的内部控制执行 [J]．中国工业经济，(11)：96-108．

[120] 栾天虹，何靖．2013．高管政治关联与企业现金持有："扶持"还是"掠夺"？——基于不同产权视角的研究 [J]．商业经济与管理，(6)：68-76．

[121] 罗党论，黄琼宇．2008．民营企业的政治关系与企业价值 [J]．管理科学，(6)：21-28．

[122] 罗党论，刘璐．2010．民营上市公司"出身"、政治关系与债务融资 [J]．经济管理，(7)：112-119．

[123] 罗党论，刘晓龙．2009．政治关系、进入壁垒与企业绩效：来自中国民营上市公司的经验证据 [J]．管理世界，(5)：97-106．

[124] 罗党论，唐清泉．2009．中国民营上市公司制度环境与绩效问题研究 [J]．经济研究，(2)：106-118．

[125] 罗党论，魏翥．2012．政治关联与民营企业避税行为研究——来自中国上市公司的经验证据 [J]．南方经济，(11)：29-39．

[126] 罗党论，杨玉萍. 2013. 产权、政治关系与企业税负——来自中国上市公司的经验证据 [J]. 世界经济文汇，(4): 1－19.

[127] 罗党论，应千伟. 2012. 政企关系、官员视察与企业绩效——来自中国制造业上市企业的经验证据 [J]. 南开管理评论，(5): 74－83.

[128] 罗党论，赵聪. 2013. 什么影响了企业对行业壁垒的突破——基于中国上市公司的经验证据 [J]. 南开管理评论，(6): 95－105.

[129] 罗党论，甄丽明. 2008. 民营控制、政治关系与企业融资约束——基于中国民营上市公司的经验证据 [J]. 金融研究，(12): 164－178.

[130] 罗进辉. 2013. "国进民退"：好消息还是坏消息 [J]. 金融研究，(5): 99－113.

[131] 罗进辉. 2012. 媒体报道对权益成本和债务成本的影响及其差异——来自中国上市公司的经验证据 [J]. 投资研究，(9): 95－112.

[132] 罗劲博. 2016. 高管的"红顶商人"身份与公司商业信用 [J]. 上海财经大学学报，(3): 48－61.

[133] 马君，王雎，杨灿. 2012. 差序格局下绩效评价公平与员工绩效关系研究 [J]. 管理科学，(4): 56－68.

[134] 毛新述，周小伟. 2015. 政治关联与公开债务融资 [J]. 会计研究，(6): 26－33.

[135] 苗月霞. 2006. 社会资本与经济发展：理论脉络与争辩 [J]. 江苏社会科学，(5): 59－64.

[136] 牛秀丽，罗健. 2019. 制度环境、政治关联与民营企业内部控制质量 [J]. 江汉学术，(3): 94－99.

[137] 潘红波，夏新平，余明桂. 2008. 政府干预、政治关联与地方国有企业并购 [J]. 经济研究，(4): 41－52.

[138] 潘克勤. 2009. 实际控制人政治身份降低债权人对会计信息的依赖吗——基于自我约束型治理视角的解释和实证检验 [J]. 南开管理评论，(5): 38－46.

[139] 潘越，戴亦一，李财喜. 2009. 政治关联与财务困境公司的政府补助——来自中国ST公司的经验证据 [J]. 南开管理评论，(12): 6－17.

[140] 潘越，王宇光，戴亦一. 2013. 税收征管、政企关系与上市公司债务

融资 [J].中国工业经济,(8):109-121.

[141] 潘镇,戴星星,李健.2017.政治基因、市场化进程与企业创新的可持续性 [J].广东财经大学学报,(4):24-31.

[142] 钱先航,曹春方.2013.信用环境影响银行贷款组合吗——基于城市商业银行的实证研究 [J].金融研究,(4):57-70.

[143] 钱先航,徐业坤.2013.官员更替、政治身份与民营上市公司的风险承担 [J].经济学(季刊),(4):1437-1460.

[144] 钱颖一.1988.克鲁格模型与寻租理论 [J].经济社会体制比较,(5):17-18.

[145] 冉茂盛,李文洲,黄俊.2013.政治关系、企业超额贷款与大股东资金侵占——来自中国家族上市公司的证据 [J].山西财经大学学报,(8):76-85.

[146] 任颋,茹璟,尹潇霖.2015.所有制性质、制度环境与企业跨区域市场进入战略选择 [J].南开管理评论,(2):51-63.

[147] 山立威,杨超.2016.家族企业实际控制人"亲政"——基于法与金融的视角 [J].中国经济问题,(3):80-94.

[148] 沈红波,廖冠民,曹军.2011.金融发展、产权性质与上市公司担保融资 [J].中国工业经济,(6):120-129.

[149] 沈洪涛,王立彦,万拓.2011.社会责任报告及鉴证能否传递有效信号?——基于企业声誉理论的分析 [J].审计研究,(4):87-93.

[150] 沈洪涛,游家兴,刘江宏.2010.再融资环保核查、环境信息披露与权益资本成本 [J].金融研究,(12):159-172.

[151] 宋增基,冯莉茗,谭兴民.2014.国有股权、民营企业家参政与企业融资便利性:来自中国民营控股上市公司的经验证据 [J].金融研究,(12):133-147.

[152] 苏忠秦,沈中华,黄登仕.2012.政治关联、终极控制人性质与权益资本成本 [J].南方经济,(10):74-87.

[153] 孙刚.2013.税务稽查、公司避税与债务融资成本 [J].山西财经大学学报,(3):78-89.

[154] 孙俊华,陈传明.2009.企业家社会资本与公司绩效关系研究——基

于中国制造业上市公司的实证研究 [J].南开管理评论,(2):28-36.

[155] 孙铮,刘凤委,李增泉.2005.市场化程度、政府干预与企业债务期限结构——来自我国上市公司的经验证据 [J].经济研究,(5):52-63.

[156] 唐松,孙铮.2014.政治关联、高管薪酬与企业未来经营绩效 [J].管理世界,(5):93-105.

[157] 唐玉生,邓秋迎,张晓溪,张耕宁.2018.管理学视域下现代儒家缘分关系构念研究的评述与展望 [J].管理学报,(7):1090-1097.

[158] 田利辉.2005.国有股权对上市公司绩效影响的U型曲线和政府股东两手论 [J].经济研究,(10):48-58.

[159] 田利辉,张伟.2013.政治关联影响我国上市公司长期绩效的三大效应 [J].经济研究,(11):71-86.

[160] 涂国前,刘峰.2010.制衡股东性质与制衡效果——来自中国民营化上市公司的经验证据 [J].管理世界,(11):132-142.

[161] 汪伟,史晋川.2005.进入壁垒与民营企业的成长:吉利集团案例研究 [J].管理世界,(4):132-140.

[162] 王革,张玉利,吴练达.2004.企业社会资本静态与动态分析 [J].天津师范大学学报(社会科学版),(1):16-37.

[163] 王建斌.2012.差序格局下本土组织行为探析 [J].软科学,(10):66-70.

[164] 王建玲,李玥婷,吴璇.2016.企业社会责任报告与债务资本成本——来自中国A股市场的经验证据 [J].山西财经大学学报,(7):113-124.

[165] 王俊秋,江敬文.2012.政治关联、制度环境与高管变更 [J].管理评论,(12):156-165.

[166] 王俊秋,倪春晖.2012.政治关联、会计信息与银行贷款成本——基于中国民营上市公司的经验证据 [J].经济与管理研究,(8):30-38.

[167] 王俊秋.2013.政治关联、盈余质量与权益资本成本 [J].管理评论,(10):80-90.

[168] 王露璐.2015. 伦理视角下中国乡村社会变迁中的"礼"与"法"[J]. 中国社会科学,(7):94-107.

[169] 王满,刘子旭.2016. 民营企业政治关联对财务柔性储备的替代作用研究 [J]. 管理科学,(5):116-133.

[170] 王珮,蔡安辉,高海梅.2013. 金融危机下房地产企业现金股利分配倾向的实证研究 [J]. 管理评论,(4):158-165.

[171] 王伟,彭鹏.2014. 政治关系、经营环境与民营上市公司银行贷款及其经济后果 [J]. 山西财经大学学报,(12):83-95.

[172] 王伟.2016. 政治关系、金融发展与货币政策有效性——基于我国民营上市公司银行贷款视角 [J]. 管理评论,(6):52-64.

[173] 王砚羽,谢伟,乔元波,李习保.2014. 隐形的手:政治基因对企业并购控制倾向的影响——基于中国上市公司数据的实证分析 [J]. 管理世界,(8):102-114.

[174] 王永进,盛丹.2012. 政治关联与企业的契约实施环境 [J]. 经济学(季刊),(4):1193-1218.

[175] 王运通,姜付秀.2017. 多个大股东能否降低公司债务融资成本 [J]. 世界经济,(10):119-143.

[176] 王珍义,何胡琴,苏丽.2014. 政治关联、进入壁垒与中小高新技术企业技术创新 [J]. 华东经济管理,(3):114-119.

[177] 王仲玮.2015. 制度环境、政治关联与税收优惠——基于民营上市公司的经验数据 [J]. 江西师范大学学报(哲学社会科学版),(6):28-36.

[178] 魏锋,沈坤荣.2009. 所有制、债权人保护与企业信用贷款 [J]. 金融研究,(9):26-39.

[179] 魏志华,王贞洁,吴育辉,李常青.2012. 金融生态环境、审计意见与债务融资成本 [J]. 审计研究,(3):98-105.

[180] 温军,冯根福.2012. 异质机构、企业性质与自主创新 [J]. 经济研究,(3):53-64.

[181] 温素彬,方苑.2008. 企业社会责任与财务绩效关系的实证研究——利益相关者视角的面板数据分析 [J]. 中国工业经济,(10):150-

160.

[182] 邬爱其，金宝敏 . 2008. 个人地位、企业发展、社会责任与制度风险：中国民营企业家政治参与动机的研究 [J]. 中国工业经济，(7)：141 - 150.

[183] 巫岑，黎文飞，唐清泉 . 2016. 银企关系、银行业竞争与民营企业研发投资 [J]. 财贸经济，(1)：74 - 91.

[184] 巫景飞，何大军，林日韦，王云 . 2008. 高层管理者政治网络与企业多元化战略：社会资本视角——基于我国上市公司面板数据的实证分析 [J]. 管理世界，(8)：107 - 118.

[185] 吴红军，吴世农 . 2009. 股权制衡、大股东掏空与企业价值 [J]. 经济管理，(3)：44 - 52.

[186] 吴克平，于富生 . 2013. 制度环境、政治关联与会计信息质量 [J]. 山西财经大学学报，(11)：116 - 124.

[187] 吴思红 . 2005. 乡村秩序的基本逻辑 [J]. 中国农村观察，(4)：65 - 73.

[188] 吴文锋，吴冲锋，刘晓薇 . 2008. 中国民营上市公司高管的政府背景与公司价值 [J]. 经济研究，(7)：130 - 141.

[189] 吴延兵 . 2012. 中国哪种所有制类型企业最具创新性? [J]. 世界经济，(6)：3 - 25.

[190] 武立东，丁昊杰，王凯 . 2016. 民营企业创始人特质与公司治理机制完善程度对职业经理人引入影响研究 [J]. 管理学报，(4)：505 - 515.

[191] 夏宁，王元芳 . 2015. 农业企业政治关联、多元化与绩效实证研究 [J]. 山西财经大学学报，(4)：102 - 110.

[192] 肖浩，夏新平 . 2010. 政府干预、政治关联与权益资本成本 [J]. 管理学报，(6)：921 - 929.

[193] 肖泽忠，邹宏 . 2008. 中国上市公司资本结构的影响因素和股权融资偏好 [J]. 经济研究，(6)：119 - 134.

[194] 肖作平，廖理 . 2012. 终极控制股东、法律环境与融资结构选择 [J]. 管理科学学报，(9)：84 - 96.

[195] 谢家智，刘思亚，李后建 . 2014. 政治关联、融资约束与企业研发投入 [J]. 财经研究，(8)：81 – 93.

[196] 谢琳，李孔岳，周影辉 . 2012. 政治资本、人力资本与行政垄断行业进入——基于中国私营企业调查的实证研究 [J]. 中国工业经济，(9)：122 – 134.

[197] 辛明磊，高勇强 . 2014. 政治关系、市场化程度与公司债融资——来自我国上市公司的经验证据 [J]. 经济管理，(7)：100 – 110.

[198] 邢春玉，张立民，李琰 . 2016. 政治关联、内部控制与过度投资——来自中国民营上市公司的经验证据 [J]. 科学决策，(9)：23 – 42.

[199] 熊家财 . 2012. 政治关联、企业价值与企业行为：一个述评 [J]. 金融评论，(4)：107 – 117.

[200] 徐国祥，苏月中 . 2005. 中国股市现金股利悖论研究 [J]. 财经研究，(6)：132 – 144.

[201] 徐思远，洪占卿 . 2016. 信贷歧视下的金融发展与效率拖累 [J]. 金融研究，(5)：51 – 64.

[202] 徐业坤，李维安 . 2016. 政绩推动、政治关联与民营企业投资扩张 [J]. 经济理论与经济研究，(5)：5 – 22.

[203] 徐业坤，钱先航，李维安 . 2013. 政治不确定性、政治关联与民营企业投资——来自市委书记更替的证据 [J]. 管理世界，(5)：116 – 130.

[204] 薛爽，肖星 . 2011. 捐赠：民营企业强化政治关联的手段？ [J]. 财经研究，(11)：102 – 122.

[205] 薛有志，张鲁彬，李国栋 . 2010. 民营企业多元化战略、政治资源与公司绩效 [J]. 商业经济与管理，(6)：18 – 25.

[206] 阎大颖 . 2004. 中国上市公司控股股东价值取向对股利政策影响的实证研究 [J]. 南开经济研究，(6)：94 – 100.

[207] 阎明 . 2016. "差序格局"探源 [J]. 社会学研究，(5)：189 – 214.

[208] 杨灿明 . 2001. 产权特性与产业定位——关于国有企业的另一个分析框架 [J]. 经济研究，(9)：53 – 59.

[209] 杨继生，阳建辉 . 2015. 行政垄新、政治庇佑与国有企业超额成本 [J]. 经济研究，(4)：50 – 61.

[210] 杨兰品，陈锡金，唐留昌．2015．国有垄断行业要素收入分配的结构性偏差——基于工业部门不同类型行业的比较研究［J］．经济评论，(2)：101 - 114．

[211] 杨美惠．2009．"关系"的韧性及其新运作空间：对新近"关系"研究的批判［J］．中国农业大学学报（社会科学版），(2)：61 - 71．

[212] 杨鹏鹏，万迪昉，王廷丽．2005．企业家社会资本及其与企业绩效的关系——研究综述与理论分析框架［J］．当代经济科学，(4)：85 - 91．

[213] 杨星，田高良，司毅，Fonseka M M．2016．所有权性质、企业政治关联与定向增发——基于我国上市公司的实证分析［J］．南开管理评论，(1)：134 - 141．

[214] 杨玉龙，潘飞，张川．2014．差序格局视角下的中国企业业绩评价［J］．会计研究，(10)：66 - 73．

[215] 杨中芳，彭泗清．1999．中国人人际信任的概念化：一个人际关系的观点［J］．社会学研究，(2)：1 - 21．

[216] 杨中仑，冯莉茗，宋增基．2014．制度环境与国有股权的政治关联效应——对中国民营控股上市公司的一项实证研究［J］．投资研究，(7)：144 - 157．

[217] 姚德权，章剑辉．2014．政治关联、贷款融资与民营企业绩效研究［J］．财经问题研究，(12)：84 - 90．

[218] 姚圣．2011．政治关联、环境信息披露与环境业绩——基于中国上市公司的经验证据［J］．财贸研究，(4)：78 - 85．

[219] 姚耀军，董钢锋．2014．中小银行发展与中小企业融资约束——新结构经济学最优金融结构理论视角下的经验研究［J］．财经研究，(1)：105 - 115．

[220] 姚耀军，吴文倩，王玲丽．2015．外资银行是缓解中国企业融资约束的"白衣骑士"吗？——基于企业异质性视角的经验研究［J］．财经研究，(10)：58 - 68．

[221] 叶康涛，张然，徐浩萍．2010．声誉、制度环境与债务融资——基于中国民营上市公司的证据［J］．金融研究，(8)：171 - 183．

[222] 叶林，曾国安．2013．进入壁垒、策略性阻止与企业创新 [J]．经济评论，(5)：61-67．

[223] 应千伟，罗党论．2015．政治关联程度与授信额度获取 [J]．金融学季刊，(2)：126-148．

[224] 游家兴，刘淳．2011．嵌入性视角下的企业家社会资本与权益资本成本：来自我国民营上市公司的经验证据 [J]．中国工业经济，(6)：109-119．

[225] 于斌斌．2012．家族企业接班人的胜任一绩效建模——基于越商代际传承的实证分析 [J]．南开管理评论，(3)：61-71．

[226] 于蔚，汪淼军，金祥荣．2012．政治关联和融资约束：信息效应与资源效应 [J]．经济研究，(9)：125-139．

[227] 于蔚，俞成森，汪淼军．2014．企业为何建立政治关联？——关于政治关联的研究回顾和展望 [J]．浙江社会科学，(4)：33-39．

[228] 余东华，邱璞．2016．产能过剩、进入壁垒与民营企业行为波及 [J]．改革，(10)：54-64．

[229] 余汉，杨中仑，宋增基．2017．国有股权能够为民营企业带来好处吗？——基于中国上市公司的实证研究 [J]．财经研究，(4)：109-119．

[230] 余明桂，回雅甫，潘红波．2010．政治联系、寻租与地方政府财政补贴有效性 [J]．经济研究，(3)：65-77．

[231] 余明桂，潘红波．2008a．政府干预、法治、金融发展与国有企业银行贷款 [J]．金融研究，(9)：1-22．

[232] 余明桂，潘红波．2008b．政治关系、制度环境与民营企业银行贷款 [J]．管理世界，(8)：9-21．

[233] 俞红海，徐龙炳，陈百助．2010．终极控股股东控制权与自由现金流过度投资 [J]．经济研究，(8)：103-114．

[234] 袁建国，后青松，程晨．2015．企业政治资源的诅咒效应——基于政治关联与企业技术创新的考察 [J]．管理世界，(1)：139-155．

[235] 张闯，李骥，关宇虹．2014．契约治理机制与渠道绩效：人情的作用 [J]．管理评论，(2)：69-79．

[236] 张闯，张涛，庄贵军.2012. 渠道关系强度对渠道权力应用的影响——关系嵌入的视角 [J].管理科学，(3)：56-68.

[237] 张川，娄祝坤，詹丹碧.2014. 政治关联、财务绩效与企业社会责任——来自中国化工行业上市公司的证据 [J].管理评论，(1)：130-139.

[238] 张敦力，李四海.2012. 社会信任、政治关系与民营企业银行贷款 [J].会计研究，(8)：17-24.

[239] 张洪刚，赵全厚.2014. 政治关联、政治关联成本与财政补贴关系的实证研究——来自深、沪证券市场的经验数据 [J].当代财经，(4)：108-118.

[240] 张建君，张志学.2005. 中国民营企业家的政治战略 [J].管理世界，(7)：94-105.

[241] 张敏，黄继承.2009. 政治关联、多元化与企业风险——来自我国证券市场的经验证据 [J].管理世界，(7)：156-164.

[242] 张敏，李延喜.2013. 制度环境对融资方式选择的影响研究——基于地区差异视角的实证分析 [J].当代经济科学，(4)：42-52.

[243] 张敏，张胜，王成方，申慧慧.2010. 政治关联与信贷资源配置效率——来自我国民营上市公司的经验证据 [J].管理世界，(11)：143-153.

[244] 张培尧.2012. 论国有股权的基本属性 [J].北方法学，(2)：63-67.

[245] 张平，黄智文.2015. 企业政治关联、领导风格与企业绩效的研究 [J].预测，(4)：41-46.

[246] 张萍，梁博.2012. 政治关联与社会责任履行——来自中国民营企业的证据 [J].会计与经济研究，(5)：14-23.

[247] 张铄，宋增基.2016. 国有股权对私有产权保护水平的影响研究 [J].管理学报，(12)：1873-1881.

[248] 张天舒，陈信元，黄俊.2015. 政治关联、风险资本投资与企业绩效 [J].南开管理评论，(5)：18-27.

[249] 张维迎.1995. 从现代企业理论看国有企业改革 [J].改革，(1)：30-33.

[250] 张伟，于良春.2011. 行业行政垄断的形成及治理机制研究 [J].中国工业经济，(1)：69-78.

[251] 张雯，张胜，李百兴.2013. 政治关联、企业并购特征与并购绩效 [J].

南开管理评论，（2）：64 – 74.

[252] 张祥建，郭岚. 2010. 政治关联的机理、渠道与策略：基于中国民营企业的研究 [J]. 财贸研究，（9）：99 – 104.

[253] 张祥建，郭丽虹，徐龙炳. 2015. 中国国有企业混合所有制改革与企业投资效率——基于留存国有股控制和高管政治关联的分析 [J]. 经济管理，（9）：132 – 145.

[254] 张雨潇，方明月. 2016. 民营企业为什么要戴上"红帽子"——基于行政壁垒的一个解释 [J]. 经济学动态，（2）：31 – 40.

[255] 张云武. 2009. 不同规模地区居民的人际信任与社会交往 [J]. 社会学研究，（4）：112 – 132.

[256] 张志平，白锐锋，金玉娜. 2013. 政治关联与政府干预对民营企业信号传递的影响——基于自愿性内部控制鉴证报告的经验证据 [J]. 现代财经（天津财经大学学报），（6）：101 – 111.

[257] 赵峰，高明华. 2012. 民营企业的政治关联能降低权益资本成本吗 [J]. 山西财经大学学报，（8）：88 – 98.

[258] 赵峰，马光明. 2011. 政治关联研究脉络述评与展望 [J]. 经济评论，（3）：151 – 160.

[259] 赵良玉，阮心怡，刘芬芬. 2017. 社会责任信息披露对企业融资成本的影响——基于我国上市公司的经验证据 [J]. 贵州财经大学学报，（6）：44 – 56.

[260] 赵玉芳，余志勇，夏新平，汪宜霞. 2011. 定向增发、现金分红与利益输送——来自我国上市公司的经验证据 [J]. 金融研究，（11）：153 – 166.

[261] 郑建明，刘琳，刘一凡. 2014. 政治关联的结构特征、多元化驱动与公司价值 [J]. 金融研究，（2）：167 – 179.

[262] 钟昀珈，陈德球. 2018. 产权保护水平的动态性与企业创新 [J]. 北京工商大学学报（社会科学版），（3）：58 – 69.

[263] 周黎安. 2018. "官场＋市场"与中国增长故事 [J]. 社会，（2）：1 – 45.

[264] 周林洁，邱汛. 2013. 政治关联、所有权性质与高管变更 [J]. 金融研究，（10）：194 – 206.

[265] 周延风，罗文恩，肖文建.2007.企业社会责任行为与消费者响应——消费者个人特征和价格信号的调节 [J].中国工业经济，（3）：62－69.

[266] 周业安.2001.关于当前中国新制度经济学研究的反思 [J].经济研究，（7）：19－27.

[267] 周业安.1999.金融抑制对中国企业融资能力影响的实证研究 [J].经济研究，（2）：15－22.

[268] 周泽将，高雅.2019.独立董事本地任职抑制了大股东掏空吗？[J].中央财经大学学报，（7）：103－114.

[269] 朱建军，张蕊.2016.经济增长、民生改善与地方官员晋升再考察——来自2000－2014年中国省级面板数据的经验证据 [J].经济学动态，（6）：50－61.

[270] 庄贵军.2012.关系在中国的文化内涵：管理学者的视角 [J].当代经济科学，（1）：18－29.

[271] 邹颖，杨晓玮.2014.政治关联、金融生态环境与股权资本成本——基于2005－2012年的数据分析 [J].华东经济管理，（10）：98－104.

二 中文专著

[272] 陈强.2010.高级计量经济学及 Stata 应用 [M].北京：高等教育出版社.

[273] 樊纲，王小鲁，朱恒鹏.2011.中国市场化指数——各地区市场化相对进程2011年报告 [M].北京：经济科学出版社.

[274] 费孝通.1985.乡土中国 [M].北京：三联书店.

[275] 国家统计局.2016.中国统计年鉴 [M].北京：中国统计出版社.

[276] 李亚，郝臣.2015.中国民营企业上市公司治理报告 [M].北京：中国经济出版社.

[277] 世界银行.2006.2006年世界发展报告：公平与发展 [M].北京：清华大学出版社.

[278] 王钦敏.2015.中国民营经济发展报告（2013－2014）[M].北京：社会科学文献出版社.

［279］ 王小鲁，樊纲，胡李鹏．2019．中国分省份市场化指数报告（2018）［M］．北京：社会科学文献出版社．

［280］ 王小鲁，余静文，樊纲．2013．中国分省企业经营环境指数2013年报告［M］．北京：中信出版社．

［281］ 谢识予，朱弘鑫．2005．高级计量经济学［M］．上海：复旦大学出版社．

三 英文期刊

［282］ Acemoglu D, Johnson S, Kermani A, Kwak J. 2016. The Value of Connections in Turbulent Times：Evidence from the United States ［J］. Journal of Financial Economics, 121 (2)：368 – 391.

［283］ Adhikari A, Derashid C, Zhang H. 2006. Public Policy, Political Connections, and Effective Tax Rates：Longitudinal Evidence from Malaysia ［J］. Journal of Accounting and Public Policy, 25 (5)：574 – 595.

［284］ Agrawal A, Jayaraman N. 1994. The Dividend Policies of All – Equity Firms：A Direct Test of the Free Cash Flow Theory ［J］. Managerial and Decision Economics, 15 (2)：139 – 148.

［285］ Agrawal A, Knoeber C R. 2001. Do Some Outside Directors Play a Political Role? ［J］. Journal of Law and Economics, 44 (1)：179 – 198.

［286］ Allen F, Qian J, Qian M. 2005. Law, Finance, and Economic Growth in China ［J］. Journal of Financial Economics, 77 (1)：57 – 116.

［287］ Anderson E, Gatignon H. 1986. Modes of Foreign Entry：A Transaction Cost Analysis and Propositions ［J］. Journal of international business studies, 17 (3)：1 – 26.

［288］ Ang J, Boyer C. 2007. Finance and Politics：The Wealth Effects of Special Interest Group Influence during the Nationalization and Privatization of Conrail ［J］. Cambridge Journal of Economics, 31 (2)：193 – 215.

［289］ An H, Chen Y, Luo D, Zhang T. 2016. Political Uncertainty and Corporate Investment：Evidence from China ［J］. Journal of Corporate Finance, 36：174 – 189.

［290］ Bai C E, Lu J, Tao Z. 2006. Property Rights Protection and Access to

Bank Loans: Evidence from Private Enterprises in China [J]. Economics of Transition, 14 (4): 611 – 628.

[291] Bao X, Johan S, Kutsuna K. 2016. Do Political Connections Matter in Accessing Capital Markets? Evidence from China [J]. Emerging Markets Review, 29: 24 – 41.

[292] Barney J. 1991. Firm Resources and Sustained Competitive Advantage [J]. Journal of Management, 17 (1): 99 – 120.

[293] Becker G S. 1983. A Theory of Competition Pressure Group for Political Influence [J]. Quarterly Journal of Economics, 98 (3): 371 – 400.

[294] Bertrand M, Kramarz F, Schoar A, Thesmar D. 2007. Politically Connected CEOs and Corporate Outcomes: Evidence from France [R]. Working Paper, University of Chicago. Bhattacharya, S. Imperfect Information, Dividend Policy and "The Bird in the Hand" Fallacy [J]. Bell Journal of Economics, 1979, 10 (1): 259 – 270.

[295] Bhattacharya S. 1979. Imperfect Information, Dividend Policy and "The Bird in the Hand" Fallacy [J]. Bell Journal of Economics, 10 (1): 259 – 270.

[296] Boubakri N, Cosset J C, Saffar W. 2008. Political Connections of Newly Privatized Firms [J]. Journal of Corporate Finance, 14 (5): 654 – 673.

[297] Bourdieu P. 1980. Le Capital Social: Notes Provisoires [J]. Actes De La Recherche En Sciences Sociales, 31 (1): 2 – 3.

[298] Brandt L, Li H. 2003. Bank Discrimination in Transition Economies: Ideology, Information, or Incentives? [J]. Journal of Comparative Economics, 31 (3): 387 – 413.

[299] Broadman H. 2000. Reducing Structural Dominance and Entry Barriers in Russian Industry [J]. Review of Industrial Organization, 17 (2): 155 – 175.

[300] Cai S, Yang Z. 2014. The Role of the Guanxi, Institution in Skill Acquisition between Firms: A Study of Chinese Firms [J]. Journal of Supply Chain Management, 50 (4): 3 – 23.

[301] Calomiris C W, Fisman R, Wang Y. 2010. Profiting from Government Stakes

in a Command Economy: Evidence from Chinese Asset Sales [J]. Journal of Financial Economics, 96 (3): 399 – 412.

[302] Cao J X, Ding Y, Zhang H. 2016. Social Capital, Informal Governance, and Post-IPO Firm Performance: A Study of Chinese Entrepreneurial Firms [J]. Journal of Business Ethics, 134 (4): 529 – 551.

[303] Cauley J, Cornes R, Sandler T. 1999. Stakeholder Incentives and Reforms in China's State-Owned Enterprises: A Common-Property Theory [J]. China Economic Review, 10 (2): 191 – 206.

[304] Chai S, Rhee M. 2010. Confucian Capitalism and the Paradox of Closure and Structural Holes in East Asian Firms [J]. Management and Organization Review, 6 (1): 5 – 29.

[305] Chan K S, Dang V Q T, Yan I K M. 2014. Chinese Firms' Political Connection, Ownership, and Financing Constraints [J]. Economics Letters, 115 (2): 164 – 167.

[306] Charumilind C, Kali R, Wiwattanakantang Y. 2006. Connected Lending: Thailand before the Financial Crisis [J]. Journal of Business, 79 (1): 181 – 218.

[307] Chen C J P, Ding Y, Kim C F. 2010. High – Level Politically Connected Firms, Corruption, and Analyst Forecast Accuracy Around the World [J]. Journal of International Business Studies, 41 (9): 1505 – 1524.

[308] Chen C J P, Li Z, Su X, Sun Z. 2011. Rent-Seeking Incentives, Corporate Political Connections, and the Control Structure of Private Firms: Chinese Evidence [J]. Journal of Corporate Finance, 17 (2): 229 – 243.

[309] Chen C M, Ariff M, Hassan T, Mohamad S. 2013. Does a Firm's Political Connection to Government have Economic Value? [J]. Journal of the Asia Pacific Economy, 18 (3): 477 – 501.

[310] Chen C R, Li Y, Luo D, Zhang T. 2017. Helping Hands or Grabbing Hands? An Analysis of Political Connections and Firm Value [J]. Journal of Banking and Finance, 80: 71 – 89.

[311] Chen Y, Luo D, Li W. 2014. Political Connections, Entry Barriers, and Firm Performance [J]. Chinese Management Studies, 8 (3): 473 – 486.

[312] Chen Z, Sun Y, Newman A, Xu W. 2012. Entrepreneurs, Organizational Members, Political Participation and Preferential Treatment: Evidence from China [J]. International Small Business Journal, 30 (8): 873 – 899.

[313] Choi C J, Lee S H, Kim J B. 1999. A Note on Countertrade: Contractual Uncertainty and Transaction Governance in Emerging Economies [J]. Journal of International Business Studies, 30 (1): 189 – 201.

[314] Claessens S, Feijen E, Laeven L. 2008. Political Connections and Preferential Access to Finance: The Role of Campaign Contributions [J]. Journal of Financial Economics, 88 (3): 554 – 580.

[315] Coase R H. 1937. The Nature of the Firm [J]. Economica, 4 (16): 386 – 405.

[316] Coase R H. 1960. The Problem of Social Cost [J]. Journal of Law and Economics, 3: 1 – 44.

[317] Coleman J S. 1988. Social Capital in the Creation of Human Capital [J]. American Journal of Sociology, 94: 95 – 120.

[318] Cooper M J, Gulen H, Ovtchinnikov A V. 2010. Corporate Political Contributions and Stock Returns [J]. Journal of Finance, 65 (2): 687 – 724.

[319] Cull R, Xu L C. 2005. Institutions, Ownership, and Finance: The Determinants of Profit Reinvestment among Chinese Firms [J]. Journal of Financial Economics, 77 (1): 117 – 146.

[320] Detomasi D. 2008. The Political Roots of Corporate Social Responsibility [J]. Journal of Business Ethics, 82 (4): 807 – 819.

[321] Ding S, Jia C, Wilson C, Wu Z. 2015. Political Connections and Agency Conflicts: The Roles of Owner and Manager Political Influence on Executive Compensation [J]. Review of Quantitative Finance and Accounting,

45 (2): 407 – 434.

[322] Ding S, Jia C, Wu Z, Zhang X. 2014. Executive Political Connections and Firm Performance: Comparative Evidence from Privately-Controlled and State – Owned Enterprises [J]. International Review of Financial Analysis, 36: 153 – 167.

[323] Du J, Girma S. 2010. Red Capitalists: Political Connections and Firm Performance in China [J]. Kyklos, 63 (4): 530 – 545.

[324] Erickson B H. 1996. Culture, Class, and Connections [J]. American Journal of Sociology, 102 (1): 217 – 251.

[325] Faccio M. 2010. Differences between Politically Connected and Nonconnected Firms: A Cross-Country Analysis [J]. Financial Management, 39 (3): 905 – 927.

[326] Faccio M, Masulis R W, McConnell J J. 2006. Political Connections and Corporate Bailouts [J]. Journal of Finance, 61 (6): 2597 – 2635.

[327] Faccio M. 2006. Politically Connected Firms [J]. American Economic Review, 96 (2): 369 – 386.

[328] Falck O, Heblich S. 2007. Corporate Social Responsibility: Doing Well by Doing Good [J]. Business Horizons, 50 (3): 247 – 254.

[329] Fan J P H, Wong T J, Zhang T. 2007. Politically-Connected CEOs, Corporate Governance, and Post-IPO Performance of China's Newly Partially Privatized Firms [J]. Journal of Financial Economics, 84 (2): 330 – 357.

[330] Feng X, Johansson A C, Zhang T. 2015. Mixing Business with Politics: Political Participation by Entrepreneurs in China [J]. Journal of Banking and Finance, 59: 220 – 235.

[331] Fenn G W, Liang N. 2001. Corporate Payout Policy and Managerial Stock Incentives [J]. Journal of Financial Economics, 60 (1): 45 – 72.

[332] Ferguson T, Voth H J. 2008. Betting on Hitler: The Value of Political Connections in Nazi Germany [J]. Quarterly Journal of Economics, 123 (1): 101 – 137.

［333］ Firth M, Lin C, Liu P, Wong S M L. 2009. Inside the Black Box: Bank Credit Allocation in China's Private Sector ［J］. Journal of Banking and Finance, 33 （6）: 1144 – 1155.

［334］ Fisman R. 2001. Estimating the Value of Political Connections ［J］. American Economic Review, 91 （9）: 1095 – 1102.

［335］ Fisman R, Wang Y. 2015. The Mortality Cost of Political Connections ［J］. Review of Economic Studies, 82 （4）: 1346 – 1382.

［336］ Flap H D, De Graaf N D. 1986. Social Capital and Attained Occupational Status ［J］. Netherlands Journal of Sociology, 22: 145 – 161.

［337］ Fonseka M M, Yang X, Tian G L, Colombage S R N. 2015. Political Connections, Ownership Structure and Private – Equity Placement Decision: Evidence from Chinese Listed Firms ［J］. Applied Economics, 52 （47）: 5648 – 5666.

［338］ Francis B B, Hasan I, Sun X. 2009. Political Connections and the Process of Going Public: Evidence from China ［J］. Journal of International Money and Finance, 28 （4）: 696 – 719.

［339］ Frye T, Shleifer A. 1997. The Invisible Hand and the Grabbing Hand ［J］. American Economic Review, 87 （2）: 354 – 358.

［340］ Fung S Y K, Gul F A, Radhakrishnan S. 2015. Corporate Political Connections and the 2008 Malaysian Election ［J］. Accounting, Organizations and Society, 43: 67 – 86.

［341］ Fu P P, Tsui A S, Dess G G. 2006. The Dynamics of Guanxi in Chinese Hightech Firms: Implications for Knowledge Management and Decision Making ［J］. Management International Review, 46 （3）: 277 – 305.

［342］ Gargiulo M, Benassi M. 2000. Trapped in Your Own Net? Network Cohesion, Structural Holes and the Adaptation of Social Capital ［J］. Organization Science, 11 （2）: 183 – 196.

［343］ Ge J, Stanley L J, Eddleston K, Kellermanns F W. 2017. Institutional Deterioration and Entrepreneurial Investment: The Role of Political Connections ［J］. Journal of Business Venturing, 32 （4）: 405 – 419.

[344] Gnyawali D R, Madhavan R. 2001. Cooperative Networks and Competitive Dynamics: A Structural Embeddedness Perspective [J]. Academy of Management Review, 26 (3): 431 –445.

[345] Goldman E, Rocholl J, So J. 2009. Do Politically Connected Boards Affect Firm Value? [J]. Review of Financial Studies, 22 (6): 2331 –2360.

[346] Gray S, Harymawan I, Nowland J. 2016. Political and Government Connections on Corporate Boards in Australia: Good for Business? [J]. Australian Journal of Management, 41 (1): 3 –26.

[347] Gu F F, Hung K, Tse D K. 2008. When Does Guanxi Matter? Issues of Capitalization and Its Dark Sides [J]. Journal of Marketing, 72 (4): 12 –28.

[348] Guo, C, Miller, J K. 2010. Guanxi Dynamics and Entrepreneurial Firm Creation and Development in China [J]. Management and Organization Review, 6 (2): 267 –291.

[349] Guo H, Xu E, Jacobs M. 2014. Managerial Political Ties and Firm Performance during Institutional Transitions: An Analysis of Mediating Mechanisms [J]. Journal of Business Research, 67 (2): 116 –127.

[350] Harvey C R, Lins K V, Roper A H. 2004. The Effect of Capital Structure when Expected Agency Costs are Extreme [J]. Journal of Financial Economics, 74 (1): 3 –30.

[351] Hillman A J, Dalziel T. 2003. Boards of Directors and Firm Performance: Integrating Agency and Resource Dependence Perspectives [J]. Academy of Management Review, 28 (3): 383 –396.

[352] Hillman A J, Keim G D, Luce R A. 2001. Board Composition and Stakeholder Performance: Do Stakeholder Directors Make a Difference? [J]. Business and Society, 40 (3): 295 –314.

[353] Houston J F, Jiang L, Lin C, Ma Y. 2014. Political Connections and the Cost of Bank Loans [J]. Journal of Accounting Research, 52 (1): 193 –243.

[354] Hung C H D, Jiang Y, Liu F H, Tu H, Wang S. 2017. Bank political

connections and performance in China [J]. Journal of Financial Stability, 32: 57 – 69.

[355] Jackowicz K, KozLowski L, Mielcarz P. 2014. Political Connections and Operational Performance of Non-Financial Firms: New Evidence from Poland [J]. Emerging Markets Review, 20: 109 – 135.

[356] Jiang F, Kim K A. 2015. Corporate Governance in China: A Modern Perspective [J]. Journal of Corporate Finance, 32: 190 – 216.

[357] John K, Lang L H P. 1991. Insider Trading around Dividend Announcements: Theory and Evidence [J]. Journal of Finance, 46 (4): 1361 – 1389.

[358] John K, Williams J. 1985. Dividends, Dilution, and Taxes: A Signalling Equilibrium [J]. Journal of Finance, 40 (4): 1053 – 1070.

[359] Johnson S, McMillan J, Woodruff C. 2002. Property Rights and Finance [J]. American Economic Review, 92 (5): 1335 – 1356.

[360] Johnson S, Mitton T. 2003. Cronyism and Capital Controls: Evidence from Malaysia [J]. Journal of Financial Economics, 67 (2): 351 – 382.

[361] Khwaja A I, Mian A. 2005. Do Lenders Favor Politically Connected Firms? Rent Provision in an Emerging Financial Market [J]. Quarterly Journal of Economics, 120 (4): 1371 – 1411.

[362] Kostovetsky L. 2013. Political Capital and Moral Hazard [J]. Journal of Comparative Economics, 41 (1): 74 – 90.

[363] La Porta R, Lopez – de – Silanes F, Shleifer A. 1999. Corporate Ownership around the World [J]. Journal of Finance, 54 (2): 471 – 517.

[364] La Porta R, Lopez – de – Silanes F, Shleifer A, Vishny R W. 2002. Investor Protection and Corporate Valuation [J]. Journal of Finance, 57 (3): 1147 – 1170.

[365] La Porta R, Lopez – de – Silanes F, Shleifer A, Vishny R W. 1998. Law and Finance [J]. Journal of Political Economy, 106: 1113 – 1155.

[366] Laumann E O, Galaskiewicz J, Marsden P V. 1978. Community Structure as Interorganizational Linkages [J]. Annual Review of Sociology, 4: 455 –

484.

[367] Leana C R, Van Buren H J. 1999. Organizational Social Capital and Employment Practices [J]. Academy of Management Review, 24 (3): 538 – 555.

[368] Li G, Zhou H. 2015. Political Connections and Access to IPO Markets in China [J]. China Economic Review, 33: 76 – 93.

[369] Li H, Meng L, Wang Q, Zhou L A. 2008. Political Connections, Financing and Firm Performance: Evidence from Chinese Private Firms [J]. Journal of Development Economics, 87 (2): 283 – 299.

[370] Li H, Meng L, Zhang J. 2006. Why Do Entrepreneurs Enter Politics? Evidence from China [J]. Economic Inquiry, 44 (3): 559 – 578.

[371] Li J, Qian C. 2013. Principal – Principal Conflicts under Weak Institutions: A Study of Corporate Takeovers in China [J]. Strategic Management Journal, 34 (4): 498 – 508.

[372] Li S, Song X, Wu H. 2015. Political Connection, Ownership Structure, and Corporate Philanthropy in China: A Strategic-Political Perspective [J]. Journal of Business Ethics, 129 (2): 399 – 411.

[373] Liu Q, Luo J, Tian G G. 2016. Managerial Professional Connections Versus Political Connections: Evidence from Firms' Access to Informal Financing Resources [J]. Journal of Corporate Finance, 41: 179 – 200.

[374] Liu Q, Tang J, Tian G G. 2013. Does Political Capital Create Value in the IPO Market? Evidence from China [J]. Journal of Corporate Finance, 23: 395 – 413.

[375] Li W, He A, Lan H, Yiu D. 2012. Political Connections and Corporate Diversification in Emerging Economies: Evidence from China [J]. Asia Pacific Journal of Management, 29 (3): 799 – 818.

[376] Li W, Zhang R. 2010. Corporate Social Responsibility, Ownership Structure, and Political Interference: Evidence from China [J]. Journal of Business Ethics, 96 (4): 631 – 645.

[377] Luo D, Ying Q. 2014. Political Connections and Bank Lines of Credit

［J］. Emerging Markets Finance and Trade, 50 (3): 5 – 21.

［378］ Luo Y. 1997. Guanxi and Performance of Foreign – Invested Enterprises in China: An Empirical Inquiry ［J］. Management International Review, 37 (1): 51 – 70.

［379］ Lu Y, Png I P L, Tao Z. 2013. Do Institutions Not Matter in China? Evidence from Manufacturing Enterprises ［J］. Journal of Comparative Economics, 41 (1): 74 – 90.

［380］ Lu Y. 2011. Political Connections and Trade Expansion: Evidence from Chinese Private Firms ［J］. Economics of Transition, 19 (2): 231 – 254.

［381］ Lv H, Li W, Gao S. 2012. Dividend Tunneling and Joint Expropriation: Empirical Evidence from China's Capital Market ［J］. European Journal of Finance, 18: 369 – 392.

［382］ Ma L, Ma S, Tian G. 2013. Political Connections, Founder-Managers, and Their Impact on Tunneling in China's Listed Firms ［J］. Pacific-Basin Finance Journal, 24 (3): 312 – 339.

［383］ Markussen T, Tarp F. 2014. Political Connections and Land-Related Investment in Rural Vietnam ［J］. Journal of Development Economics, 110: 291 – 302.

［384］ Miller M H, Rock K. 1985. Dividend Policy under Asymmetric Information ［J］. Journal of Finance, 40 (4): 1031 – 1051.

［385］ Nahapiet J, Ghoshal S. 1998. Social Capital, Intellectual Capital, and the Organizational Advantage ［J］. Academy of Management Review, 23 (2): 242 – 266.

［386］ Newbert L S. 2007. Empirical Research on the Resource-Based View of the Firm: An Assessment and Suggestions for Future Research ［J］. Strategic Management Journal, 28 (2): 121 – 146.

［387］ Nys E, Tarazia A, Trinugroho I. 2015. Political Connections, Bank Deposits, and Formal Deposit Insurance ［J］. Journal of Financial Stability, 19: 83 – 104.

［388］ Oslington P. 2012. God and the Market: Adam Smith's Invisible Hand ［J］. Journal of Business Ethics, 108 (4): 429 – 438.

［389］ Park S H, Luo Y. 2001. Guanxi and Organizational Dynamics: Organizational Networking in Chinese Firms ［J］. Strategic Management Journal, 22 (5): 455 – 477.

［390］ Peltzman S. 1976. Toward a More General Theory of Regulation ［J］. Journal of Law and Economics, 19: 211 – 240.

［391］ Peng H, Duysters G, Sadowski B. 2016. The Changing Role of Guanxi in Influencing the Development of Entrepreneurial Companies: A Case Study of the Emergence of Pharmaceutical Companies in China ［J］. International Entrepreneurship and Management Journal, 12 (1): 215 – 258.

［392］ Pistor K, Raiser M, Gelfer S. 2000. Law and Finance in Transition Economies ［J］. Economics of Transition, 8 (2): 325 – 368.

［393］ Pittman J A, Fortin S. 2004. Auditor Choice and the Cost of Debt Capital for Newly Public Firms ［J］. Journal of Accounting and Economics, 37 (1): 113 – 136.

［394］ Podolny J M, Page K L. 1998. Network Forms of Organization ［J］. Annual Review of Sociology, 24: 57 – 76.

［395］ Portes A. 1998. Social Capital: Its Origins and Applications in Modern Sociology ［J］. Annual Review of Sociology, 24: 1 – 24.

［396］ Putnam R D. 1993. The Prosperous Community: Social Capital and Public Life ［J］. American Prospect, 13 (4): 35 – 42.

［397］ Qian Y, Weingast B R. 1996. China's Transition to Markets: Market-Preserving Federalism, Chinese Style ［J］. Journal of Policy Reform, 1 (2): 149 – 185.

［398］ Qin Z, Deng X. 2016. Government and Family Guanxi in Chinese Private Firms: Perceptions and Preference ［J］. Review of Managerial Science, 10: 35 – 60.

［399］ Rajan R G, Zingales L. 2003. The Great Reversals: The Politics of Financial Development in the Twentieth Century ［J］. Journal of Financial Economics, 69 (1): 5 – 50.

[400] Schooley D K, Barney L D. 1994. Using Dividend Policy and Managerial Ownership to Reduce Agency Costs [J]. Journal of Financial Research, 17 (3): 363 – 373.

[401] Sheng S, Zhou K Z, Li J J. 2011. The Effects of Business and Political Ties on Firm Performance: Evidence from China [J]. Journal of Marketing, 75 (1): 1 – 15.

[402] Shi Y, Cheng M. 2016. Impact of Political, Guanxi Ties on Corporate Value [J]. Chinese Management Studies, 10 (2): 242 – 255.

[403] Shleifer A, Vishny R W. 1993. Corruption [J]. Quarterly Journal of Economics, 108 (3): 599 – 617.

[404] Shou Z, Chen J, Zhu W, Yang L. 2014. Firm Capability and Performance in China: The Moderating Role of Guanxi and Institutional Forces in Domestic and Foreign Contexts [J]. Journal of Business Research, 67 (2): 77 – 82.

[405] Simon G D, Hitt A M, Ireland D R. 2007. Managing Firm Resources in Dynamic Environments to Create Value: Looking Inside the Black Box [J]. Academy of Management Review, 32 (1): 273 – 292.

[406] Song Z, Nahm A Y, Yang J. 2016. Institutional Environment, Political Connections of Partial State Ownership, and Performance [J]. International Journal of Social Economics, 43 (8): 856 – 870.

[407] Song Z, Nahm A Y, Zhang Z. 2017. Partial State Ownership, Political Connection, and Financing: Evidence from Chinese Publicly Listed Private Sector Enterprises [J]. Emerging Markets Finance and Trade, 53 (3): 611 – 628.

[408] Song Z, Nahm A Y, Zhang Z. 2015. The Value of Partial State Ownership in Publicly Listed Private Sector Enterprises: Evidence from China [J]. Post-Communist Economies, 27 (3): 336 – 353.

[409] Spence M. 1973. Job Market Signaling [J]. Quarterly Journal of Economics, 87 (3): 355 – 374.

［410］ Stigler G J. 1971. Theory of Economic Regulation ［J］. Bell Journal of E-conomics and Management Science, 2 （1）: 3 – 21.

［411］ Stiglitz J E. 1989b. Markets, Market Failure, and Development ［J］. A-merican Economic Review, 79 （2）: 197 – 203.

［412］ Sun Q, Tong W H S. 2003. China Share Issue Privatization: The Extent of Its Success ［J］. Journal of Financial Economics, 70 （2）: 183 – 222.

［413］ Sun Q, Tong W H S, Tong J. 2002. How does Government Ownership Affect Firm Performance? Evidence from China's Privatization Experience ［J］. Journal of Business Finance and Accounting, 29: 1 – 27.

［414］ Su Z, Fung H G, Huang D, Shen C H. 2014. Cash Dividends, Expropriation, and Political Connections: Evidence from China ［J］. International Review of Economics and Finance, 29: 260 – 272.

［415］ Su Z, Fung H G. 2013. Political Connections and Firm Performance in Chinese Companies ［J］. Pacific Economic Review, 18 （3）: 283 – 317.

［416］ Tan L H, Wang J. 2007. Modelling an Effective Corporate Governance System for China's Listed State-Owned Enterprises: Issues and Challenges in a Transitional Economy ［J］. Journal of Corporate Law Studies, 7 （1）: 143 – 183.

［417］ Tao Q, Sun Y, Zhu Y, Yang X. 2017. Political Connections and Government Subsidies: Evidence from Financially Distressed Firms in China ［J］. Emerging Markets Finance and Trade, 53 （8）, 1854 – 1868.

［418］ Waddell K. 2014. Understanding Management in China-Past, Present and Future ［J］. Journal of Chinese Human Resource Management, 5 （2）: 186 – 189.

［419］ Wang C L. 2007. Guanxi vs. Relationship Marketing: Exploring Underlying Differences ［J］. Industrial Marketing Management, 36 （1）: 81 – 86.

［420］ Wang L. 2015. Protection or Expropriation: Politically Connected Independent Directors in China ［J］. Journal of Banking and Finance, 55: 92 – 106.

［421］ Wernerfelt B. 1984. A Resource – Based View of the Firm ［J］. Strategic Management Journal, 5 （2）: 171 – 180.

［422］ Westlund H, Boltion R. 2003. Local Social Capital and Entrepreneurship ［J］. Small Business Economics, 21 （2）: 77 – 123.

［423］ Wu J, Cheng M L. 2011. The Impact of Managerial Political Connections and Quality on Government Subsidies: Evidence from Chinese Listed Firms ［J］. Chinese Management Studies, 5 （2）: 207 – 226.

［424］ Wu J, Li S, Li Z. 2013. The Contingent Value of CEO Political Connections: A Study on IPO Performance in China ［J］. Asia Pacific Journal of Management, 30 （4）: 1087 – 1114.

［425］ Wu W, Johan S A, Rui O M. 2016. Institutional Investors, Political Connections, and the Incidence of Regulatory Enforcement Against Corporate Fraud ［J］. Journal of Business Ethics, 134 （4）: 709 – 726.

［426］ Wu W, Wu C, Rui O M. 2012a. Ownership and the Value of Political Connections: Evidence from China ［J］. European Financial Management, 18 （4）: 659 – 729.

［427］ Wu W, Wu C, Zhou C, Wu J. 2012b. Political Connections, Tax Benefits and Firm Performance: Evidence from China ［J］. Journal of Accounting and Public Policy, 31 （3）: 277 – 300.

［428］ Xin K, Pearce J. 1996. Guanxi: Connections as Substitute for Formal Institutional Support ［J］. Academy of Management Journal, 39 （6）: 1641 – 1658.

［429］ Xu C. 2011. The Fundamental Institutions of China's Reforms and Development ［J］. Journal of Economic Literature, 49 （4）: 1076 – 1151.

［430］ Xu N, Xu X, Yuan Q. 2013. Political Connections, Financing Friction, and Corporate Investment: Evidence from Chinese Listed Family Firms ［J］. European Financial Management, 19: 675 – 702.

［431］ Xu N, Yuan Q, Jiang X, Chan K C. 2015. Founder's Political Connections, Second Generation Involvement, and Family Firm Performance: Evidence from China ［J］. Journal of Corporate Finance, 33: 243 – 259.

［432］ Yang Z, Wang C L. 2011. Guanxi as a Governance Mechanism in Business Markets: Its Characteristics, Relevant Theories, and Future Re-

search Directions [J]. Industrial Marketing Management, 40 (4): 492 –
495.

[433] Yen D A, Barnes B R, Wang C L. 2011. The Measurement of Guanxi:
Introducing the GRX Scale [J]. Industrial Marketing Management, 40
(1): 97 –108.

[434] Yeung I Y M, Tung R L. 1996. Achieving Business Success in Confucian
Societies: The Importance of Guanxi [J]. Organizational Dynamics, 25
(2): 54 –65.

[435] Yu H, Nahm A Y, Song Z. 2017. Guanxi, Political Connections and Re-
source Acquisition in Chinese Publicly Listed Private Sector Firms [J]. A-
sia Pacific Business Review, 23 (3): 336 –353.

[436] Zhang J, Tan J, Wong P K. 2015. When does Investment in Political Ties
Improve Firm Performance? The Contingent Effect of Innovation Activities
[J]. Asia Pacific Journal of Management, 32 (2): 363 –387.

[437] Zhang W, Mauck N. 2018. Government-Affiliation, Bilateral Political Re-
lations and Cross-Border Mergers: Evidence from China [J]. Pacific-Ba-
sin Finance Journal, 51: 220 –250.

[438] Zhang Y, Zhang Z. 2006. Guanxi and Organizational Dynamics in China:
A Link between Individual and Organizational Levels [J]. Journal of Busi-
ness Ethics, 67: 375 –392.

[439] Zhao H, Lu J. 2016. Contingent Value of Political Capital in Bank Loan
Acquisition: Evidence from Founder – Controlled Private Enterprises in
China [J]. Journal of Business Venturing, 31 (2): 153 –174.

[440] Zhou W. 2013. Political Connections and Entrepreneurial Investment: Evi-
dence from China's Transition Economy [J]. Journal of Business Ventu-
ring, 28 (2): 299 –315.

[441] Zhu X. 2012. Understanding China's Growth: Past, Present, and Future
[J]. Journal of Economic Perspectives, 26 (4): 103 –124

[442] Zou H, Adams M B. 2008. Debt Capacity, Cost of Debt, and Corporate
Insurance [J]. Journal of Financial and Quantitative Analysis, 43 (2):

433 – 466.

四　英文专著

[443] Adler P S, Kwon S W. 2000. Social Capital: The Good, the Bad, and the Ugly [M]. Boston, MA: Butterworth – Heinemann.

[444] Atkinson A B, Stiglitz J E. 1980. Lectures on Public Economics [M]. London: McGraw-Hill.

[445] Bain J S. 1956. Barriers to New Competition Barriers to New Competition: Their Character and Consequences in Manufacturing Industries [M]. Mass: Harvard University Press.

[446] Becker W E. 2000. Achieving Success through Social Capital: Tapping the Hidden Resources in Your Personal and Business Networks [M]. San Francisco: Jossey-Bass.

[447] Buchanan J M, Tullock G. 1962. The Calculus of Consent: The Logical Foundation of Constitutional Democracy [M]. Ann Arbor: University of Michigan Press.

[448] Burt R S. 1962. Structural Holes: The Social Structure of Competition [M]. Cambridge, MA: Harvard University Press.

[449] Casson M C. 1995. Entrepreneurship and Business Culture [M]. Aldershot: Edward Elgar.

[450] Flap H D, Boxman E. 2001. Getting Started: The Influence of Social Capital on the Start of the Occupational Career [M]. New York: Aldine de Gruyter.

[451] Lin N. 2001. Social Capital: A Theory of Social Structure and Action [M]. New York: Cambridge University Press.

[452] Loury G A. 1977. Dynamic Theory of Racial Income Differences, in Women, Minorities, and Employment Discrimination [M]. Lexington, MA: Lexington books.

[453] North D C. 1990. Institutions, Institutional Change and Economic Performance [M]. New York: Cambridge University Press.

[454] Pennings J M, Lee K. 1999. Structural Holes: The Social Structural of Competition [M]. Cambridge, MA: Harvard University Press.

[455] Putnam R D. 1999. Marking Democracy Work Civic Traditions in Modern Italy [M]. Princeton, NJ: Princeton University Press.

[456] Shleifer A, Vishny R W. 1998. The Grabbing Hand: Government Pathologies and Their Cures [M]. Cambridge, Mass: Harvard University Press.

[457] Stiglitz J E. 1989a. The Economic Role of the State [M]. Oxford: Blackwell.

[458] Stiglitz J E. 2000. Economics of the Public Sector [M]. New York: W. W. Norton and Company.

[459] Yang M M. 1994. Gifts, Favors, Banquets: The Art of Social Relationship in China [M]. Ithaca, NY: Cornell University Press.

图书在版编目（CIP）数据

民营企业国有股权及其效用研究／余汉，宋增基著
. -- 北京：社会科学文献出版社，2020.4
ISBN 978 - 7 - 5201 - 6024 - 7

Ⅰ.①民…　Ⅱ.①余…②宋…　Ⅲ.①民营企业 - 国
有股权管理 - 研究 - 中国　Ⅳ.①F279.245

中国版本图书馆 CIP 数据核字（2020）第 014466 号

民营企业国有股权及其效用研究

著　　者／余　汉　宋增基

出 版 人／谢寿光
责任编辑／王小艳
文稿编辑／李吉环

出　　版／社会科学文献出版社·当代世界出版分社（010）59367004
　　　　　　地址：北京市北三环中路甲 29 号院华龙大厦　邮编：100029
　　　　　　网址：www. ssap. com. cn
发　　行／市场营销中心（010）59367081　59367083
印　　装／三河市尚艺印装有限公司

规　　格／开本：787mm×1092mm　1/16
　　　　　　印张：20.5　字数：323 千字
版　　次／2020 年 4 月第 1 版　2020 年 4 月第 1 次印刷
书　　号／ISBN 978 - 7 - 5201 - 6024 - 7
定　　价／98.00 元

本书如有印装质量问题，请与读者服务中心（010 - 59367028）联系